越前中世城郭図面集
II

－越前中部編(福井市・越前町・鯖江市)－

令和2年8月

佐 伯 哲 也

目　次

◎本書の概要説明

◎本書の概要説明

1．本書は福井県福井市・越前町・鯖江市の城館を対象とした。

2．本書は下記の通り4部構成とした。
　　①城館遺構　　　：城館と断定できる遺構、および城館本体の遺構
　　②城館関連遺構：城館本体から遠距離に位置し、それ本体では城館とは断定できないもの。
　　　　　　　　　　「狼煙台」・「大手門」・「城主屋敷」と称されているものを言う。
　　③城館候補遺構：断定はできないが、城館の可能性を残しているもの。
　　④城館類似遺構：城館遺構に似ているが、城館とは別の遺構のもの。寺跡や水田・畑跡・塚
　　　　　　　　　　などの場合が多い。全く見当がつかないものも、これに含めた。

3．本書に記載する城館は、遺構がある程度確認でき、平面図（縄張図）が作成できる城館のみ
　　とした。従って、伝承のみで現地に遺構を残さないものについては記載していない。

4．本書は現況における詳細な平面図（縄張図）作成を第一義としている。従って伝説伝承・文
　　献史料・発掘調査の成果は、必要最小限の記載、あるいは省略しているケースがある。

5．各項目の①〜⑩の記載内容は下記の通りである。年代が明らかにできないものについては、
　　推定年代とした。複数の所在地に位置しているものについては、代表的な所在地についての
　　み記載した。
　　①所在地　②別称　③築城年代　④主要年代　⑤廃城年代　⑥主な城主　⑦形式　⑧現存遺
　　構　⑨規模　⑩標高・比高　⑪位置図番号

6．本書で扱う史料は下記の通りとする。
（1）『越前国古城跡并館屋敷蹟』は享保5年(1720)福井藩主松平吉邦の命によって編纂された。
　　　　正確性には若干問題はあるものの、最初の越前総合城郭本としては、重要である。現在も
　　　　城郭基本史料としての価値は失わない。以下、『城跡考』と略す。
（2）『日本城郭大系　第11巻　京都・滋賀・福井』（新人物往来社発行　1980）は『大系』と
　　　　略す。
（3）『福井県の中・近世城館跡』（福井県教育委員会　1987）は『城館跡』と略す。
（4）『第十二回戦国大名朝倉氏　その戦いの軌跡をさぐる』（福井県立一乗谷朝倉氏遺跡資料
　　　　館　2002）は、『戦国大名朝倉氏』と略す。
（5）『第15回企画展　古文書が語る朝倉氏の歴史』（福井県立一乗谷朝倉氏遺跡資料館　2006）
　　　　は、『古文書が語る朝倉氏の歴史』と略す。
（6）『福井県立一乗谷朝倉氏遺跡資料館古文書調査資料1　朝倉氏五代の発給文書』（福井県
　　　　立一乗谷朝倉氏遺跡資料館　2004）は、『発給文書』と略す。
（7）『福井県立一乗谷朝倉氏遺跡資料館古文書調査資料3　越前・朝倉氏関係年表』（福井県
　　　　立一乗谷朝倉氏遺跡資料館　2010）は、『朝倉氏関係年表』と略す。
（8）『朝倉始末記』は『福井市史　資料編2　古代中世』（福井市 1989）のものを記載した。
（9）『福井市史　資料編1　考古』（福井市 1990）は、『福井市史資料編1』と略す。
（10）『福井市史　資料編2　古代中世』（福井市 1989）は、『福井市史資料編2』と略す。

(11)『福井市史　通史編 1　古代中世』（福井市 1997）は、『福井市史通史編 1』と略す。

(12)『福井県史　通史編 2　中世』（福井県 1994）は、『福井県史通史編 2』と略す。

(13)『福井県史　通史編 3　近世一』（福井県 1994）は、『福井県史通史編 3』と略す。

(14)『戎光祥研究叢書　第 14 巻　戦国期越前の領国支配』（松浦義則　2017）は『戦国期越前の領国支配』と略す。

(15)『一乗谷城の基礎的研究　－中世山城の構造と変遷－』（南洋一郎　2016）は『一乗谷城の基礎的研究』と略す。

(16)『第十二回戦国大名朝倉氏　その戦いの軌跡をさぐる』（福井県立一乗谷朝倉氏遺跡資料館　館　2002）は、『戦国大名朝倉氏』と略す。

(17)『信長公記』。奥野高弘・岩沢愿彦校注。角川文庫 1993 年発行のものを使用した。

７．巻末の位置図は、方位は上が北、縮尺は 1/25,000 を使用した。

８．城館の名称及び所在地については、統一性を図るため、『福井県の中・近世城館跡』（福井県教育委員会　1987）に準拠した。ただし、明らかな誤りについては、訂正した箇所もある。

９．巻末の一覧表は、2021 年発行予定の越前中世城郭図面集Ⅲに一括して記載するため、本書での掲載は省略した。

１０．筆者は平面図（縄張図）作成は、城館研究における重要な作業の一つと思っている。現況における詳細な姿を平面図作成によって一般に周知し、そのことによって城館を不慮の開発から守り、城館が地域史解明の遺跡として活用されることを切に願う次第である。

１１．平地城館の多くは私有地あるいは寺社境内地となっている。従ってほとんどが調査許可・掲載許可を得ることができず、掲載できなかった。痛恨の極みである。

１２．中世の遺構をほぼ残さない福井城は除外した。

１３．本書掲載の図及び表を一部及び全部を使用（転載）する場合の厳守事項

　本書掲載の図及び表を一部及び全部を使用（転載）する場合は、下記項目を厳守して下さい。このようなことを明記するのは本意ではありませんが、現在研究者の常識の無さ・モラルの低下が叫ばれており、ルールを無視した無断使用（転載）が目立っております。大変残念で悲しいことですが、本書掲載の図及び表を一部及び全部を使用（転載）する場合は、下記項目を厳守して下さい。これはインターネット等に掲載する場合も該当します。

①使用（転載）した作図（作表）の作図（作表）者の姓名を明記すること。姓のみは不可。姓名をはっきり明記すること。

②使用（転載）した本の名前及び発行社・発行者の名前・発行年を明記すること。

③使用（転載）の許可を書面にて作図（作表）者に申請すること。

④使用（転載）の許可を書面にて発行者に申請すること。

Ⅰ．城館遺構

1. 朝 倉 山 城（あさくらやまじょう）

①福井市深坂　②－　③16世紀　④16世紀後半　⑤16世紀後半　⑥朝倉景連・一向一揆　⑦山城
⑧削平地・切岸・土塁・竪堀・横堀　⑨290m×130m　⑩標高173.1m、比高130m　⑪1

『城跡考』は朝倉玄蕃助景連の居城と述べている。景連は朝倉義景の近臣で、朝倉氏奉行衆を務めている。景連は永禄8年(1565)足利義輝殺害事件において、上杉謙信の重臣・直江実綱と連絡を取り合っている（『発給文書』）。なお景連は、朝倉義景が美濃長滝寺経聞坊に送った書状（年未詳、『白鳥町史史料編』　白鳥町 1998）にも登場するため、対外的な交渉を担当する重臣だったと推定される。朝倉氏奉行人連署奉書では、景連の名は天文19年(1550)～永禄9年(1566)まで見られる（『発給文書』）。従って景連の朝倉山居城が事実ならば、この頃を比定することができよう。一方、『朝倉始末記』には、天正3年(1575)織田信長越前進攻にあたり、一向一揆が「深坂ノ朝倉山ヲソ城郭ニ拵ヘケル」とあり、一揆軍が築城したと述べている。

城跡は通称朝倉山山頂に位置する。山頂からの眺望は素晴らしく、日本海とその沿岸集落を眺望することができる。遺構の残存状態は概ね良好。しかし主郭Aには太平洋戦争当時陸軍の監視哨が置かれていたことから、この時の遺物と考えられるコンクリート・レンガ・瓦片が主郭Aに散乱している。従って主郭Aに残る窪地や土塁は、戦国期のものかどうか、検討を要す。

明確に城外と開口している虎口は、虎口①である。従って虎口①を大手虎口と推定することができる。虎口①は前面に横堀②を設けることにより、大軍に直撃されることを防いでいる。さらに別添詳細図のように切岸を設けることにより、敵軍は大きく迂回しなければ虎口①に入れない構造となっている。これにより敵軍の進行速度は大きく鈍り、城内から放たれる弓矢の命中率は格段に向上したであろう。枡形までに発達していないものの、技術的に進歩した虎口と評価でき、16世紀後半の構築が推定できよう。

虎口①からB曲輪に入った敵軍は、虎口③を通過してC曲輪に入ったと推定される。ここからは虎口⑤から横堀⑥を通過して主郭Aに進んだと考えられる。虎口⑤を入らない敵軍が、主郭Aの背後に敵軍が廻り込まないようにするため、土塁を付属させた竪堀④を設けている。

虎口⑤は櫓台⑦で防御力を増強しているものの、枡形虎口までに発達していない。敵軍は横堀⑥を通過するとき、主郭A・D曲輪から初めて明確な横矢に晒されることになる。横堀⑥を通過した敵軍は⑧付近を通過して主郭Aに入ったと推定される。しかし⑧付近は監視哨設置時に掻き均されたらしく、虎口は残存しておらず、詳細は不明である。

一方、北麓から登城する場合、明確な虎口が存在しないため、どこから入ったか明確にできないが、⑨地点から虎口⑩を経由して主郭に入ったと推定される。こちらは⑨地点を突破すれば、ダイレクトに主郭Aを攻撃することができ、手薄な防御形態と言える。B・C曲輪に防御された南方との防御構造の違いを明確に指摘することができる。つまり城主は、南側の尾根続きが弱点と考え、防御の主眼を南側に置いたのである。

⑨地点をE曲輪の虎口とする推定が正しければ、現在北麓から登ってくる遊歩道が、中世の登城道とほぼ近いルートと言える。そして竪堀⑪は、虎口⑨に入らない敵軍がE曲輪の背後（すなわち主郭Aの背後）に廻り込まないようにするための竪堀と理解できる。進攻してくる可能性は低いものの、城主は主郭背後に敵軍が廻り込むのを嫌っていたのである。

以上、朝倉山城の縄張りを概説した。虎口は枡形まで発達していないものの、土塁で明確にして、また横堀や切岸・櫓台を用いて防御力を増強させている。また、横堀を通路として利用して計画的な通路設定を行い、横矢掛けに成功している。

このような縄張り構造は、やはり16世紀後半とみなすことができる。仮説の範疇にとどめたいが、伝承通り朝倉景連の居城とすることができる。一揆軍は再使用したのみと考えたい。なお、北麓には景連の屋敷跡があったと伝わるが、明瞭な遺構は現存しておらず、確認できなかった。また、監視哨設置にあたり、珠洲甕に納められた経筒が発見（『一乗谷城の基礎的研究』）された。周囲に残る礫集中箇所は、築城以前の宗教関連遺跡とみなすこともできよう。

朝倉山城

平成22年4月25日　調査測量　佐伯哲也

0m　　　　　25m　　　　　50m

２. 高須山城（たかのすやまじょう）

①福井市高須　②鷹巣山城　③南北朝時代　④16世紀　⑤16世　⑥畑氏・朝倉氏？　⑦山城
⑧削平地・切岸・横堀・堀切・竪堀　⑨220m×180m　⑩標高438m　比高220m　⑪1

　南北朝期の城郭として知られている。「得江頼員軍忠状」（『福井市史資料編2』）によれば、暦応3年(1340)10月19日得江軍は、南朝方の畑時能が在城する「畑城」（高須山城と考えられる）に攻め入り、同月21日「打破一二木戸焼払麓城」となり、時能は降伏している。

　高須山は北・西・東の三方は急峻な地形に守られた天然の要害であり、南北朝時代の城郭が選地するに相応しい山である。主郭は山頂のA曲輪。しかし周囲には広々とした自然地形が広がっており、明確な曲輪は確認できない。山頂部は後世の開発行為により、若干の破壊行為を受けている。それを考慮しても、ほぼ自然地形の山頂部だったと推定される。

　人工的な防御施設が見られるのは、縁辺部である。まず、唯一の尾根続きである南方に虎口を設けている。恐らく竪堀①の東側を別添図のように進んだと考えられる。虎口には敵軍が多数押し寄せるため、横堀②を設けて防御力を増強している。東端にも竪堀④があり、その真上に櫓台を設けているため、ここにも虎口が存在していた可能性がある。しかし入り方を詳らかにすることはできない。西側は切岸と一部横堀を設け、防御線を構築している。北端は堀切⑤を設けて完全に遮断する。

　以上が高須山城の縄張りである。自然地形が多く残っており、臨時色の強い城郭である。不明瞭ながらも、竪堀（あるいは櫓台）を用いて虎口を構築している点から、現存遺構は16世紀に軍事目的のみに構築された臨時城郭と考えたい。つまり戦国期に再利用されたのである。なお南方尾根続きの溝状遺構は、道跡あるいは土地境の遺構と考え、城郭遺構から除外した。

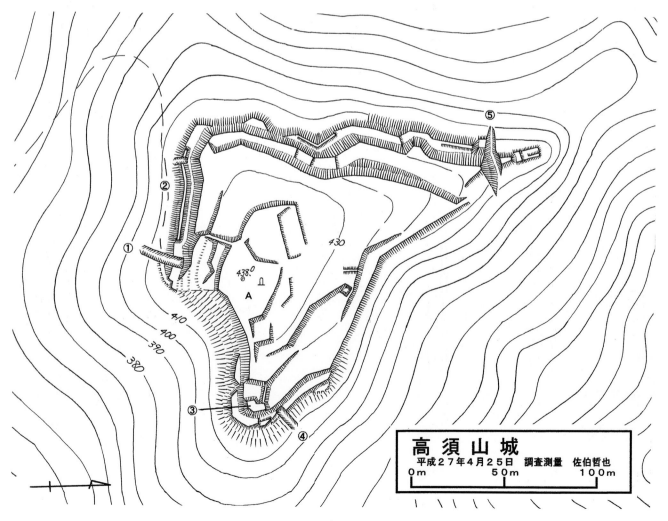

高須山城
平成27年4月25日　調査測量　佐伯哲也
0m　　　50m　　　100m

3. 大 歳 高 城 （おおとしたかじょう）

①福井市大年　②－　③南北朝期？　④戦国期　⑤戦国期　⑥細川越中守・出羽守　⑦山城
⑧削平地・切岸・堀切・竪堀　⑨210m×100m　⑩標高277m　比高250m　⑪2

　　『城館跡』では城主を細川越中守と記載している。南洋一郎氏は著書『一乗谷城の基礎的研究』
の中で、斯波高経の家臣細川出羽守が居城したという伝承を記載している。
　　主郭は三方を堀切で遮断しているA曲輪であろう。しかし平坦面の削平は甘く、ほぼ自然地形
である。これは全ての曲輪に該当し、臨時的な城郭だったことを連想させる。居住施設である平
坦面はほぼ未施工だが、防御施設は完工している。三方に堀切を設けて敵軍の攻撃を遮断してい
る。特に北側を遮断する堀切①は、上幅16m・長さ60mもあり、完全に遮断している。堀切②
は二重堀切で、堀切間を土塁状に削ることにより、さらに越えにくくしている。その先にも平坦
面は存在するが、やはり削平は甘い。堀切③は単純な堀切で、この先は麓の集落に降りていく。
恐らくこちらが登城道だったのであろう。
　　以上が大歳高城の縄張りである。削平地は未完成だが、防御施設は完成した臨時城郭と考えら
れる。二重堀切があることから、戦国期に純軍事的施設として築城されたと推定したい。

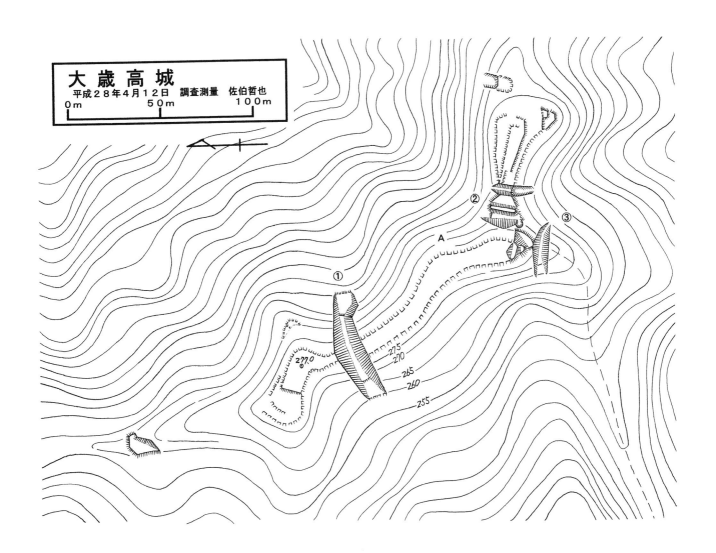

4. 三宅黒丸城 (みやけくろまるじょう)

①福井市三宅　②大黒丸城　③中世　④中世　⑤中世　⑥朝倉広景・高景・敏景　⑦丘城
⑧土塁・横堀　⑨100m×30m　⑩標高16m　比高10m　⑪2

　　『城館跡』によれば、朝倉氏代々の居城だったようである。しかし異説も存在し、確定はしていない。後述のように遺構は大きく破壊されており、地表面観察では判定不可能である。文献調査あるいは考古学調査による研究が必要となろう。

　　城跡は九頭竜川に臨む微高地上に存在する。遺構は土砂採取により大きく破壊されている。小林健太郎氏が昭和36年に調査した平面図（『一乗谷城の基礎的研究』所収）によれば、四方に土塁と横堀を巡らせ、約70m四方の単郭方形館だったと推定される。小林図では既に南側が土砂採取によって破壊されているが、それでも土塁は北・東側、横堀は北・西・東側の三方に残存し、比較的旧状を残していたことが判明する。しかし筆者が調査した2017年は、さらに破壊が進み、東側の土塁と横堀の一部しか残存していない状況になっていた。小林図に記載されていた土塁・横堀を縄張図に点線で記入した。

　　このような現状で推定するのは非常に危険だが、単郭の方形館だったと可能性が高い。城跡南直下には、春江・坂井に通じる街道が通り、東側には九頭竜川が流れる交通の要衝であり、それらを管理・掌握する在地国人の居館だったのであろう。

　　時期については全く不明である。残存遺構は小規模になってしまったが、発掘調査を実施し、使用期間等を推定していくのが、今後の検討課題である。城郭（居館）の可能性は高いが、寺院・中世墓地の可能性も捨てきれない。こちらも視野に入れて研究すべきであろう。

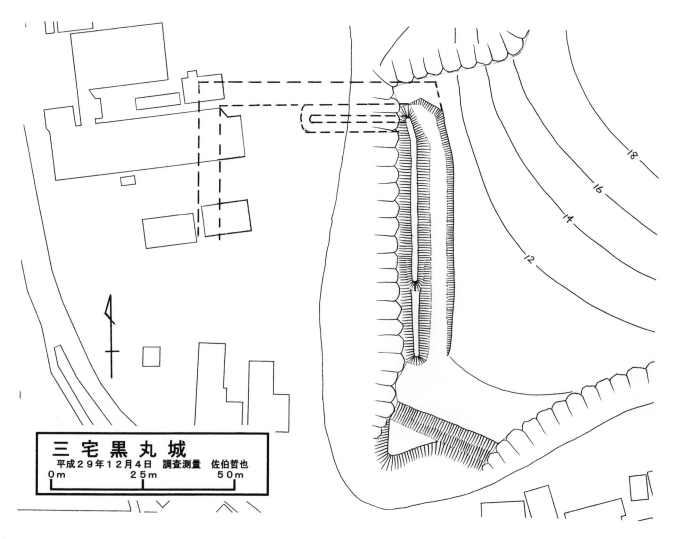

三宅黒丸城
平成29年12月4日　調査測量　佐伯哲也
0m　　　　25m　　　　50m

5. 内 山 梨 子 城 （うちやまなしこじょう）

①福井市内山梨子町　②－　③16世紀　④16世紀　⑤16世紀　⑥在地土豪？　⑦山城
⑧削平地・切岸・堀切・土塁・竪堀　⑨100m × 50m　⑩標高90m　比高80m　⑪2

　福井県遺跡地図によれば、「内山梨子城跡　城跡　中世」と記載されている。『大系』の巻末の一覧表には「内山梨子砦　堀切が明瞭に残る」と記載されている。

　『大系』の記載通り、西側の尾根続きを、明瞭な堀切①で遮断する。主郭はAだが、明瞭な遺構は残っていない。東側は竪堀②から切岸・横堀を経由して竪堀③に至る防御ラインを構築し、尾根続きを遮断している。その東側にも、いくつかの小平坦面を構築している。

　以上が内山梨子城の概要である。竪堀・切岸・横堀を連結させた防御ラインの構築は戦国期の特徴であり、16世紀に構築されたことを物語る。堀切等の防御施設は完成しているものの、平坦面はほとんど未整形であり、純軍事施設だったことを物語る。在地土豪が軍事的緊張が高まった16世紀において、軍事的な目的で構築した臨時城郭だったことが推定されよう。

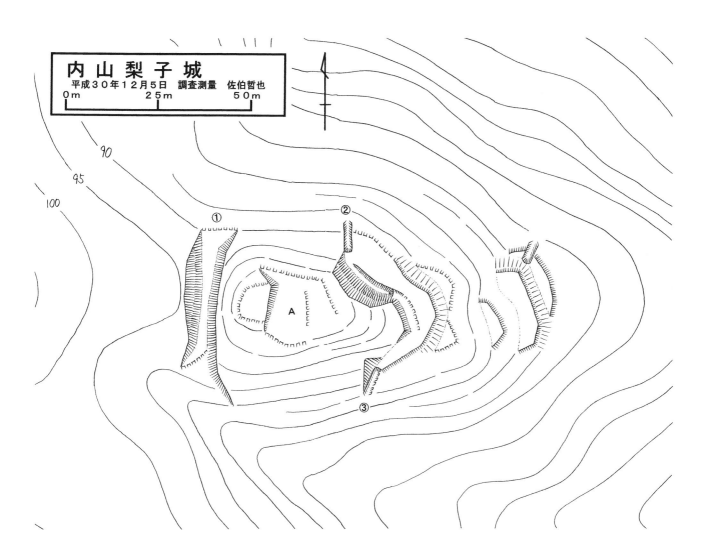

内山梨子城
平成30年12月5日　調査測量　佐伯哲也
0m　　　　25m　　　　50m

6. 岸 水 城 (きしみずじょう)

①福井市岸水　②－　③16世紀　④16世紀　⑤16世紀　⑥岸水寺？　⑦山城
⑧削平地・切岸・堀切・土塁・竪堀　⑨200m×90m　⑩標高90m　比高80m　⑪2

　『一乗谷城の基礎的研究』の著者南洋一郎氏が近年発見された城郭である。従って、古記録・伝承は存在しておらず、城主等一切不明である。
　城跡は、九頭竜川に臨む尾根の突端に位置する。過去の民間による開発により、一部遺構が破壊されている。しかし概ね残存状況は良好で、旧状を推定することができる。主郭はA曲輪であろう。かつての開発行為により上下2段になっているが、旧状もそうだったのか判然としない。その先端にB・C曲輪を設けて主郭Aを防御する。さらにその先端には大規模な切岸を設け、山麓から進攻する敵軍の攻撃を遮断する。なお、曲輪を繋ぐ通路や虎口は確認できない。
　主郭Aの西側に堀切①を設けるが、浅くてあまり意味がない。あるいは古墳等の周濠を再利用したのかもしれない。従って、主郭A・D曲輪はかつて古墳だった可能性が出てくる。
　堀切②・③・④は深く掘り込まれ、明らかに戦国期の様相を示す。特にE曲輪には櫓台⑤を設け、堀切③から進攻してくる敵軍の攻撃に備えている。つまり堀切と櫓台がセットになった防御施設と理解でき、現存遺構の構築年代が16世紀であることを推定させる。
　岸水城との関連で注目されているのが、南麓にあったとされる岸水寺である。岸水寺は応永21年（1414）には存在して（『福井市史資料編2』）しており、朝倉教景（宗滴）の祈願所でもあった（『福井市史資料編2』）。岸水寺には往生院という塔頭があり、天正2年（1574）天正の一揆で焼亡したようである（『朝倉始末記』）。岸水寺と岸水城とは隣接することから、岸水寺の築城と推定することも可能である。しかし確証は無く、現段階において仮説の範疇に留めておきたい。

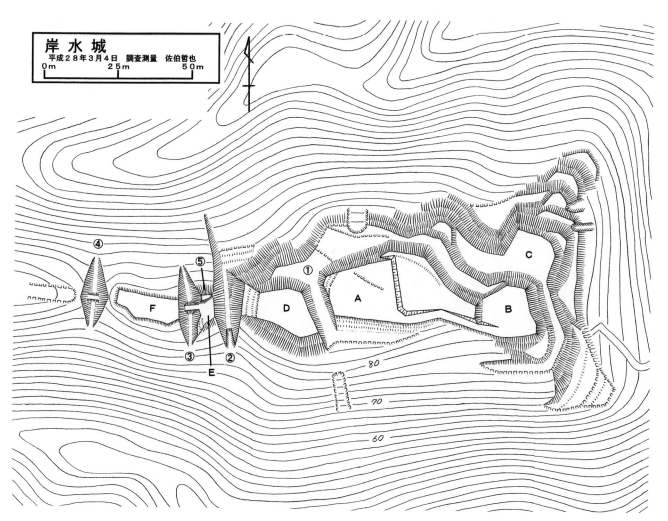

岸 水 城
平成28年3月4日　調査測量　佐伯哲也
0m　　　25m　　　50m

7. 江守城 (えもりじょう)

①福井市大島　②高釣瓶山城　③南北朝期？　④16世紀後半　⑤16世紀後半　⑥吉田修理・一条少
将行実　⑦山城　⑧削平地・切岸・堀切・竪堀　⑨130m × 40m　⑩標高90m　比高80m　⑪3

『城跡考』は足羽七城の一つとして、南北朝期に一条行実が拠った城としている。さらに『城跡考』は慶長年間に松平家旧臣吉田修理の下屋敷だったとも述べている。

城跡は東西の尾根続きを土砂採取によって大きく破壊されている。それでも三重堀切①が残り、さらに竪堀②によって廻り込みを阻止しているため、A曲輪が主郭として良い。主郭Aの頂部に古墳（前方後円墳？）が残っているが、南半分が破壊されている。かなり古い段階での破壊と考えられ、ひょっとしたら築城段階での破壊かもしれない。西端は土砂採取で破壊されており、土塁状の高まりが半壊状態で残る。これも古墳かもしれない。

東端は堀切③・④で遮断し、しかも堀切④は上幅16mの巨大なものである。従って東端は土砂採取で破壊されているが、これより東側に遺構は存在していなかったと推定される。

以上が江守城の概要である。平坦面が少なく未整形な反面、防御施設は完存しており、しかも竪堀をミックスさせた三重堀切である。従って現存遺構は、純軍事目的で16世紀後半に構築されたと考えられる。『城跡考』が述べる吉田修理の下屋敷は、別の地点に求めたい。

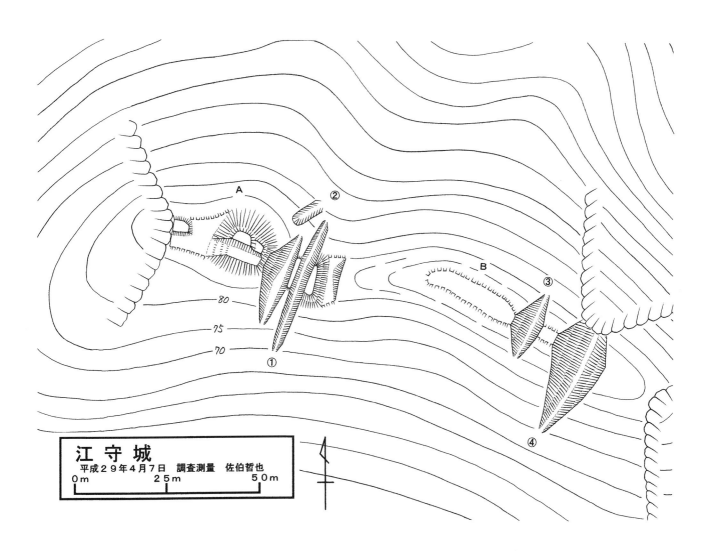

江守城
平成29年4月7日　調査測量　佐伯哲也
0m　　　25m　　　50m

8. 鎗噛山城 (やりかみやまじょう)

①福井市安田　②－　③16世紀　④16世紀　⑤16世紀　⑥村野源五郎兼光・鳴神新吾左衛門
⑦山城　⑧削平地・切岸・堀切・竪堀　⑨130m×70m　⑩標高110m　比高100m　⑪10

　城主について『城跡考』には、簡単に「朝倉家」と記すのみである。『福井市史資料編1』では「越前国古今城跡考」を引用して、朝倉家の家臣・村野源五郎兼光の子孫が代々居城したとも、鳴神新吾左衛門が居城したとも伝えられている。

　城内最高所のA曲輪が主郭。主郭には明治4年(1871)に建てられた即位記念碑がある。記念碑を麓から上げるために、堀切①の一部を破壊し、土橋を設けて記念碑を運搬しやすくしている。このように土橋は廃城以降に造設されるケースが多い。さらにB曲輪を公園として使用していた時期があったのだろうか。B曲輪には桜の木が植えられている。従って土橋通路⑤も公園化のときに造設した可能性を指摘することができる。このように城郭は地元住民にとってシンボル的な存在であり、廃城以降に使用・改変されるケースが多い。城跡に存在する遺構全てを、城郭遺構と即決するのは危険である。

　一方、記念碑運搬に支障とならなかった堀切③・④・⑥・切岸②は、当時の姿を残している。四方に伸びる尾根全てを、堀切等で遮断している縄張りは見事である。

　当公園化で破壊された可能性は否定できないが、枡形虎口等特殊技能を用いた遺構は存在しない。

　南麓の八幡神社は屋敷跡と伝えられ、殿池と呼ばれる湧水も存在する。神社境内に屋敷跡を示す遺構は確認できないが、16世紀代における山麓の居館と山上の詰城がセットになった標準的な在地土豪の城郭と判断される。

　記念碑設置によって多少改変されてるとはいえ、ほぼ当時の遺構が完存していると言って良い。その縄張りは、塁線土塁・コーナーの櫓台・土塁で構築された枡形虎口は残存していない。とすれば、織豊系武将の関与は認められないと判断できる。その意味で朝倉家の家臣・村野源五郎兼光の子孫が代々居城したとも、鳴神新吾左衛門が居城したという伝承は正しいと考えられる。

しかし気になるのは、B曲輪の削平が甘く、自然地形が多く残っているということである。これでは大規模かつ堅牢な建物は建たない。小規模な小屋程度である。つまり居住施設としての平坦面ではないということである。鎗噛山城の場合、比高が100mしかないため、居住施設は山麓の神社付近に存在していたのであろう。

　構築年代を絞り込む顕著な遺構は存在していないため、特定は難しいが、堀切③は端部を竪堀として落としているため、戦国期の所産と推定できる。とすれば、16世紀の城郭と推定することが可能となろう。

　なお、遺構は未更毛川に接する尾根にも存在しているとの情報を得て、再調査を踏査したが、城郭としての遺構は確認できなかった。従って鎗噛山城の城域は、当縄張図の範囲のみとしたい。

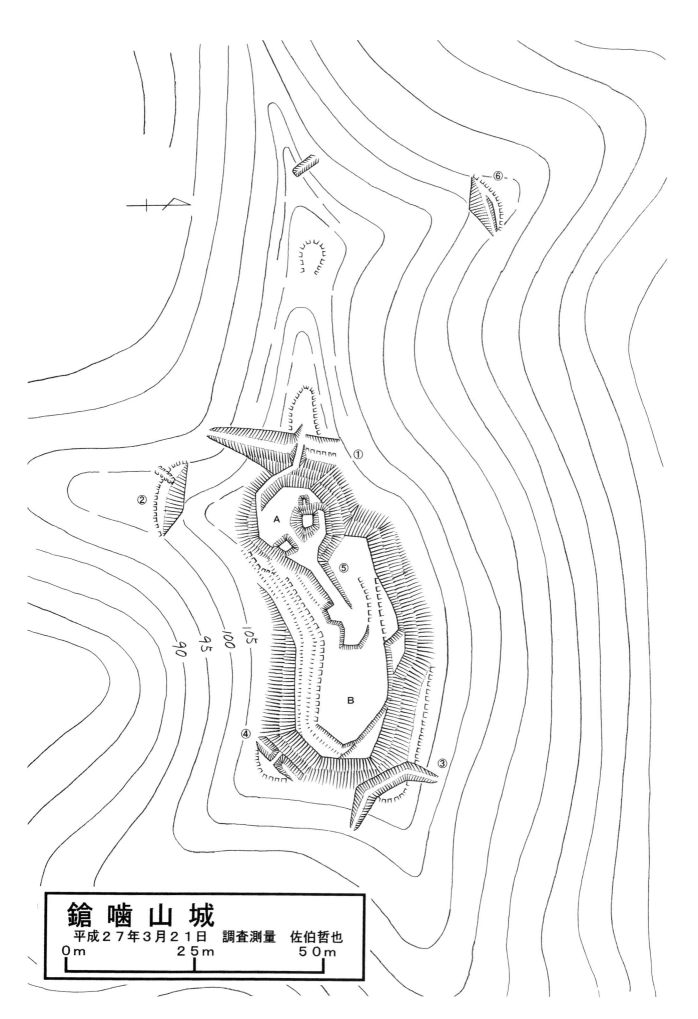

鎗噛山城

平成27年3月21日　調査測量　佐伯哲也

0m　　　　　25m　　　　　50m

9. 蒔 野 寺 城（ふきのじじょう）

①福井市南居　②冬野城・南居城　③南北朝期？　④16世紀　⑤16世紀　⑥新田義貞？　⑦山城
⑧削平地・切岸・堀切・竪堀・土塁　⑨740m×60m　⑩標高202.1m　比高180m　⑪3

　「得江頼員軍忠状」（『福井市史資料編2』）によって、暦応2年(1339)に「蒔野寺城」として
登場するので、南北朝期に存在していたことは確実である。地元では、新田義貞が拠った城とい
う伝承が残る。なお「冷泉為広越後下向日記」（小葉田淳「冷泉為広卿の越後下向日記と越前の
旅路」『福井県史研究第3号』福井県総務部県史編纂課 1986）では、延徳3年(1491)3月8日条
に「冬野城　エモリ（江守）ノ里」と記載している。残念ながら城主まで記載していないが、こ
の時期に蒔野寺城（冬野城）が存在していたことを示す貴重な史料である。恐らく北之庄朝倉氏
関連の部将が在城していたのであろう。ちなみに冷泉為広は、その夜（3月8日）北之庄朝倉土
佐館に一泊し、朝倉当主貞景が夕朝の一献以下を張行している。
　通称城山の山頂を中心として、東西に延びる尾根上約740mに亘って遺構が散在する。最高所
に位置するA曲輪が主郭であろう。中央部の土壇は古墳かもしれない。東西の尾根続きを堀切で
遮断すると共に、堀切①には竪堀を付属させ、敵軍が斜面を迂回するのを阻止する。築城は南北
朝期かもしれないが、現存遺構は16世紀代ということを推定させる。B曲輪は通称二ノ丸。削
平は甘く、顕著な遺構は認められない。その先端に堀切を設け、敵軍の攻撃を遮断する。
　C曲輪は通称中屋敷。こちらはきちんと削平されている。さらにその東側には二重堀切とされ
る堀切②が存在する。堀底が幅広なので、堀底中央部に障壁となる土塁を設け、敵軍の行動に制
限を加えている。つまり堀底に障壁（＝土塁）を設けた1重の堀切と考えられる。障子堀に近い
発想の堀である。いずれにせよ、16世紀代の遺構と考えられよう。
　以上、蒔野寺城の縄張りを述べた。築城期は南北朝時代だが、堀切②の存在から、最終改修年
代は16世紀代まで下ることが推定される。しかし、塁線土塁や櫓台・虎口といった防御施設は
設けられておらず、また、遺構の分布も散在的である。さらに各曲輪の連携も悪い。基本的には
古いパターンの縄張りと言える。冷泉為広が見た蒔野寺城の遺構がそのまま残っていることも指
摘できる。低丘陵が多かった福井平野において蒔野寺が築かれた城山は、標高200mと比較的
高く、眺望が良い。北之庄朝倉氏の詰城として、あるいは狼煙等の中継所・見張り台等として使
用されていたのであろう。
　基本的には古い遺構だが、堀切②により16世紀に改修されたことが推定できる。朝倉一族の
重要な城郭なのに、なぜ改修にあたり畝状空堀群が導入されなかったのか、残された重要な課題
は多い。

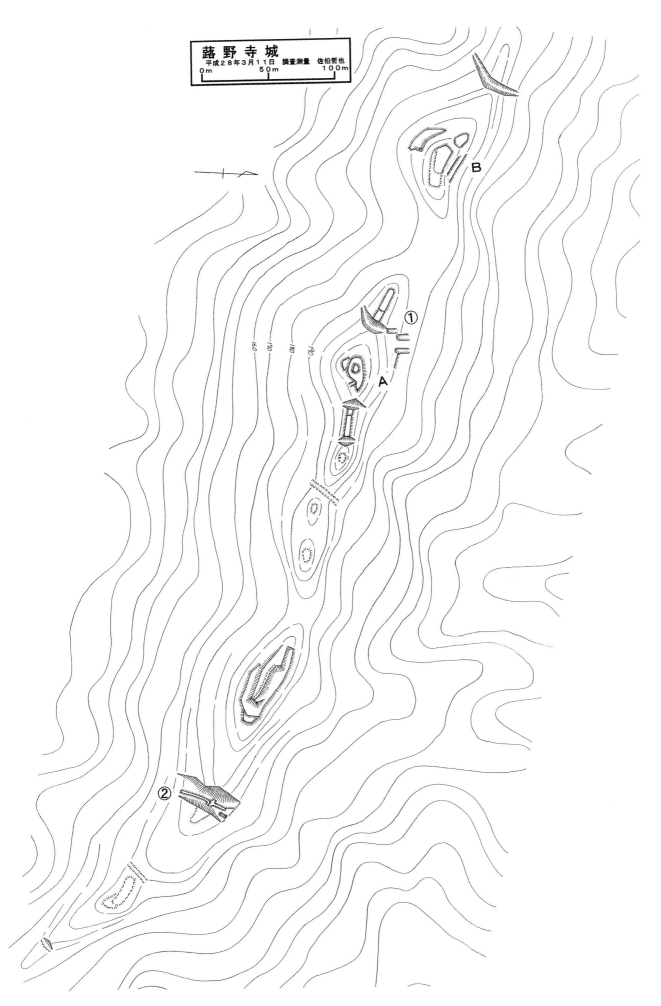

蕗野寺城
平成28年3月11日　調査測量　佐伯哲也
0m　　　50m　　　100m

10. 坂下城 (さかしたじょう)

①福井市坂下 ②戸倉城 ③16世紀後半? ④16世紀後半 ⑤16世紀後半 ⑥柴田徳永
⑦山城 ⑧削平地・切岸・堀切・竪堀・土塁・畝状空堀群・横堀 ⑨160m×80m
⑩標高178m 比高160m ⑪4

　　『城跡考』は「戸倉城跡」の項に城主として、柴田徳永を記載する。南洋一郎氏が『一乗谷城の基礎的研究』の中で考察しているように、坂下城と戸倉城は同一の城郭と考えられる。その城主である柴田徳永は、『柴田勝家公始末記』によれば、柴田勝家の一族と考えられるが、詳細は不明。年未詳柴田勝家奉行人連署状（『福井市史資料編2』）に、奉行衆の一人として某徳庵の名が見える。ひょっとするとこの徳庵が徳永かもしれない。

　　城内最高所のA曲輪が主郭。中央の櫓台①は、かつての古墳を長方形に加工して櫓台として使用していたと推定される。それにしても形が不自然すぎる。廃城後における再利用（宗教施設等）の可能性も視野に入れるべきである。不明瞭な遺構が多い主郭Aにおいて、道跡⑤は明瞭すぎて違和感を覚える。これも宗教施設の付属施設で、廃城後の遺構かもしれない。櫓台①から南側には不明瞭な段が続くのみで、判然としない。

　　B地点は、切岸や削平地を加工して曲輪を構築していると思われる。しかしこちらも曲輪になりきっておらず、どのような構成を試みようとしていたのか判然としない。

　　主郭Aの北側には横堀②を巡らし、尾根方向から進攻する敵軍の攻撃に備える。横堀②の北端は竪堀状に落として明確に遮断するが、西端は不明瞭に終わる。坂下城の弱点の一つとして、西側の尾根続きがあげられる。しかし明瞭な防御施設は存在せず、なぜ敵軍の攻撃を遮断するような防御施設（堀切等）を設けなかったのか不思議である。竪堀③は横堀②と連動して、敵軍が東斜面に廻り込むのを防ぐ。

　　北端には、切岸と横堀・竪堀がセットになった防御ライン④を構築している。切岸の上端には犬走り状の平坦面を併設して、城兵の足掛かりを確保している。ここからは防御ラインを見下ろすことができ、横堀内の敵軍を攻撃できるようになっている。横堀は一部途切れているが、かつては繋がっていたと推定される。

　　主郭Aの南端に、切岸を用いてC曲輪を構築している。こちらも平坦面の削平は甘い。先端に大規模な二重堀切⑥を構築して完全に遮断し、さらに先端を竪堀状（あるいは切岸）に落として、敵軍が両斜面に廻り込むのを防いでいる。これだけ長ければ、防御ラインとして良いであろう。

　　壁面に石積み状の遺構が残る。自然の露頭石か人工的工作物なのか判断に迷う。仮に人工的な石積みだとしても、堀底に石を積む必要性が全く理解できない。ひょっとしたら廃城以降に峠道を補強するための石積みかもしれない。いずれにせよ、城郭遺構ではないと判断した。

　　C曲輪直下には高さ5mの切岸を巡らし、さらにその直下に小曲輪Dを構築して二重堀切⑥を監視する。小曲輪Cに駐屯する城兵の安全を確保するため、土塁や一部横堀を設置する。

　　二重堀切⑥を構築しても、城主は両斜面を廻り込む敵軍の動きが心配だったと見えて、竪堀⑦と畝状空堀群⑧を構築している。二重堀切⑥との見事な連動と言える。

　　以上、坂下城の縄張りを述べた。防御ラインの構築、そして畝状空堀群との連動、どれを取っても16世紀後半の遺構と言える。しかし曲輪の構築は曖昧で、長期間使用されたとは考えられない。また、織豊系城郭の特徴も見当たらない。一定水準以上の築城技術が必要なことから、朝倉関係武将が、16世紀後半に純軍事目的で構築したとする推定が可能であろう。柴田勝家関係武将の在城が真実だとしても、一時的な在城のみだったと推定したい。

　　西側の尾根続きには前方後円墳が存在する。尾根を遮断するように溝が巡るが、傾斜が緩く防御施設とならない。純然たる古墳の周濠と推定される。また周濠にかかる土橋は、廃城後に山道を通行しやすくするための造設と思われる。従ってこれら一連の遺構は、城郭遺構から除外した。

　　なお、当該地点から北側の山頂(168.3m)にも城跡があったと伝えている。現地調査の結果、古墳は存在するが、城郭遺構は確認できなかった。

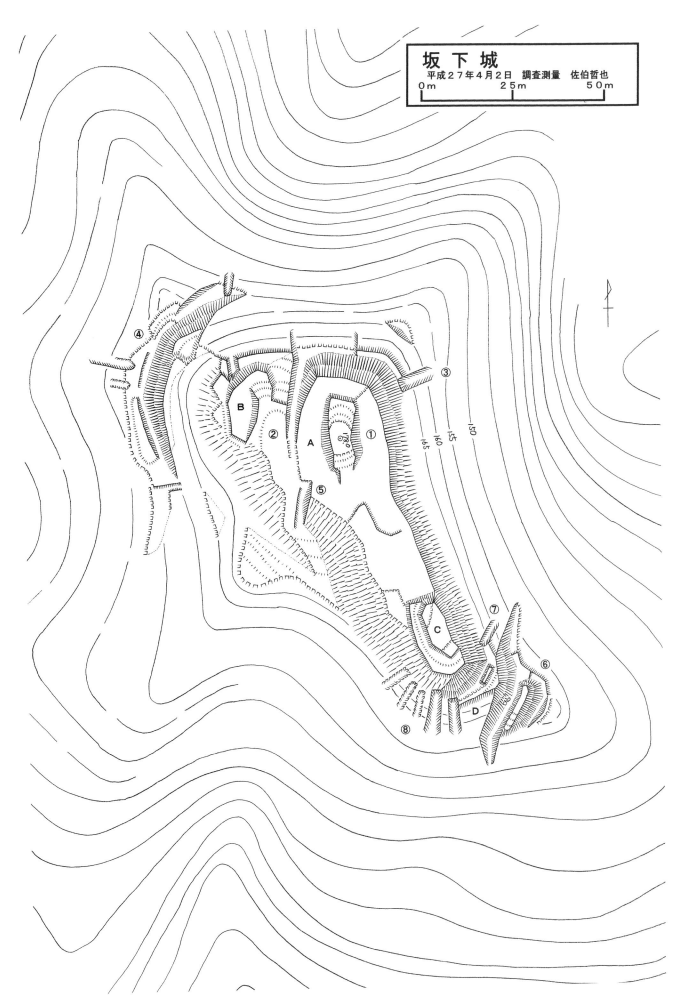

坂 下 城

平成27年4月2日　調査測量　佐伯哲也

0 m　　　　　25 m　　　　　50 m

11. 成願寺城 (じょうがんじじょう)

①福井市成願寺　②－　③14世紀？　④16世紀後半　⑤16世紀後半　⑥前波九郎兵衛
⑦山城　⑧削平地・切岸・竪堀・堀切・土塁・畝状空堀群　⑨360m×260m
⑩標高214.1m　比高190m　⑪5

１．歴史

　東郷槇山城と共に、一乗谷城の北側を防御する出城として有名である。城名の由来となった成願寺は、「文安六年(1449)東寺修造料足奉加人数注進状」(『福井市史資料編1』)に見える。しかし成願寺城と最も密接に係わっていたのは、城跡直下に位置する波着寺である。

　波着寺は真言宗寺院で、文安2年(1445)には6人の住僧がいたことが判明している(『一乗谷の宗教と信仰』福井県立一乗谷朝倉氏遺跡資料館 1999)。年未詳だが波着寺照任・空歓は、観音御開帳について滝谷寺を導師として招き、その日時や導師について朝倉氏が決定していることも判明している(「波着寺照任・空歓連署状」『福井市史資料編2』)。朝倉貞景・孝景も参詣したとされていることから、朝倉氏と密接にかかわった寺院といえる。朝倉氏滅亡後、天正年中に長谷川秀一は波着寺を愛宕山(足羽山)に移したとされている。従って成願寺城と波着寺の存続期間は、ほぼラップしていると考えて間違いなかろう。秀一は東郷槇山城主だが、天正13年(1585)のみ堀秀政の臨時代行として北庄を支配していた(『福井市史資料編2』)。とすれば、波着寺愛宕山移転は天正13年に限定できよう。

　成願寺城は14世紀に築城されたとされているが、詳細は不明。『福井市史資料編1』所収「朝倉盛衰記(下巻)」によれば、前波九郎兵衛の城としている。そして「成願寺ハ一乗三ノ丸前波此城代也」と記載しているように、一乗谷城の出城と位置付けされていたようである。

　前波九郎兵衛吉継は朝倉氏の重臣。元亀3年(1572)8月3日朝倉義景に従軍して近江大嶽城に入ったが、8月8日織田信長に寝返っている。寝返りはさらに続き、翌日には富田長繁・毛屋猪介・戸田与次が寝返った(『信長公記』)。朝倉家内部崩壊の兆しは既に前年からはじまっていたのである。吉継は天正元年(1573)朝倉氏滅亡後越前国守護代に任命されるが、翌天正2年一向一揆と結んだ富田長繁に大敗して自刃する話は有名である。

２．縄張り

(1) 山上の城郭遺構 (図1・2)

　成願寺城は美濃街道と朝倉街道が交差する交通の要衝に選地する。足羽川を遡り、一乗谷城を攻める敵軍を迎え撃つには、絶好の位置と言えよう。

　福井平野に位置する山城の多くは古墳群とラップしており、成願寺城も見事なまでにラップしている。このためどこまでを城域とするのか明確な判断はできず、研究者によって城域が大きく異なっているのが現状である。実は筆者も未だに明確な答えは出せず、悩んでいる。『福井市史通史1』では城域は全長は1kmを越え、さらに篠尾町・高尾町まで広がる広大な城郭として紹介している。勿論筆者も全域を調査した。しかし古墳は確認できても城郭遺構は確認できなかった。その結果、曖昧ながらも導き出したのが、上記の数字(360m)である。

　もっとも、成願寺城の西端には成願寺城先端遺構が存在する(後述)。しかし成願寺城と先端遺構とは約500mも離れており、その間は古墳は存在するが、城郭遺構は存在しない。よって先端遺構は別個の城郭として扱い、成願寺城の城域には加えなかった。このように別個の城郭として扱うか、それとも城域として含めるか、このような操作によっても城域が大きく異なってしまうのであろう。

　尾根上に存在するのが成願寺遺構、その直下の平坦面A・B・C及び湧水Dが波着寺関連遺構。E曲輪が成願寺城の主郭。古墳を利用して構築されているため盗掘を受けている。このため破壊が著しいが、それでも塁線土塁を巡らし、二重堀切①に面した箇所に櫓台②を設ける。堀切と櫓台がセットになった防御施設である。さらに南直下に設けた腰曲輪に、二重堀切①を越えた敵軍

が突入するのを防止するために櫓台③を設ける。堀切だけを設けた防御施設より、明らかに進歩した防御施設である。この遺構により、現存遺構は16世紀後半に構築された可能性が高いことを指摘することができる。

　二重堀切①によって完全に尾根続きを遮断したため、大規模な防御施設を設ける必要性が無くなる。従って東側尾根続きは、古墳を残しつつ小規模な堀切が続き、堀切④で実質上城域は終了する。さらにその東側のF地区には、古墳構築後、明らかに人工的な造作の手が加えられている。しかしそれは城郭遺構とは断定できない、なんとも表現のしようがない遺構である。従ってF地区は城域から除外した。

　E曲輪の西側は、小規模な堀切を経てG曲輪を設ける。その前面には堀切⑤を設け、堀切⑤に面した箇所のみに防御力増強として土塁を設けている。主郭Eと同じように、堀切と土塁（櫓台）がセットになった防御施設である。

　二重堀切①と堀切⑤は、両端を竪堀状に落として敵軍が両斜面に廻り込むのを防いでいる。それでも心配だったのか、城主は竪堀⑥・⑦・畝状空堀群⑧を設ける。⑧は竪堀が三本あるため、かろうじて畝状空堀群と成り得るが、極めて部分的な使用に留まる。百本以上存在する一乗谷城の畝状空堀群と同レベルで扱うべきではない。構築者・構築年代を厳しくチェックする必要があろう。むしろ、1)堀切の両端を竪堀状に落とす、2)堀切と土塁（櫓台）をセットで用いる、3)部分的に畝状空堀群を用いる、この3点は坂下城と酷似する。坂下城との類似性を探るべきである。

　堀切⑤の西側は、古墳を残しつつ、小規模な堀切や切岸を設けて尾根続きを遮断している。実質的な城域の北端は切岸⑨、西端は堀切⑩と考えたい。

（２）波着寺跡遺構について（図１）

　成願寺城は、中腹の遺構にも注目しなければならない。堀切⑩は西側の尾根続きを遮断する防御施設であると共に、堀底道にもなっている。堀底道は明確な出入口⑪を経由して平坦面Hに繋がる。また堀底道は、尾根上の成願寺城とも繋がっていたと推定される。

　出入口⑪は、明確な出入口であると共に、両脇に土塁を付属させて明確に内外を区画している。堀底道を通じて山上遺構（成願寺城）と繋がっているが、その違いを明確にさせているわけである。また、平坦面Iと山上遺構が直接繋がっていた形跡（道跡）も確認できない。さらに山上遺構に明確な出入口（虎口）は存在しない。従って出入口⑪の内側にあたる平坦面H・I・J・Kは、山上遺構と違った性格の遺構と考えられる。

　それでは、平坦面H・I・J・Kはどのような性格の遺構だったのであろうか。東側に隣接する平坦面群は、波着寺の遺構と理解されている。平坦面A（通称本堂跡）・平坦面B（通称鐘楼跡）・平坦面C（観音堂跡）・湧水D（通称御泉水）が残っている。特に平坦面A・B付近では現在でも中世の土師器皿片を採取することができる。平坦面A・B・Cには建物が建っていたことを推定させる基壇も残る。典型的な中世山岳寺院と評価できよう。

　前述の史料によって波着寺は戦国期も存在し、朝倉氏と密接に繋がっていたことが判明している。そして「波着寺照任・空歓蓮署状」（『福井市史1』）により、宝珠坊・玉養坊・財林坊・実泉坊・安養房（坊？）が存在していたことも判明している。とすれば、平坦面A・B・Cは主要伽藍、平坦面H・I・J・Kは僧坊跡と理解するのが素直な解釈であろう。

　波着寺は成願寺城と隣接しているにもかかわらず、主要伽藍と主要曲輪群が直結しているのではなく、先端の僧坊と城域の西端が繋がっていたのである。これは中世山岳寺院と中世城郭の有り方を考える上で、重要な事実となる。さらに遺構の下限を天正年間（恐らく天正13年）に限定できる山岳寺院としても重要といえよう。

３．まとめ

　以上、成願寺城と波着寺の概要を述べた。成願寺城の遺構は16世紀後半の様相を示しているが、虎口等は全く発達しておらず、天正元年(1573)朝倉氏滅亡とともに廃城になったのであろう。一乗谷城の重要な出城にもかかわらず、畝状空堀群の使い方は一致しない。さらに城域はどこまで広がるのか、残された課題は多いと言えよう。

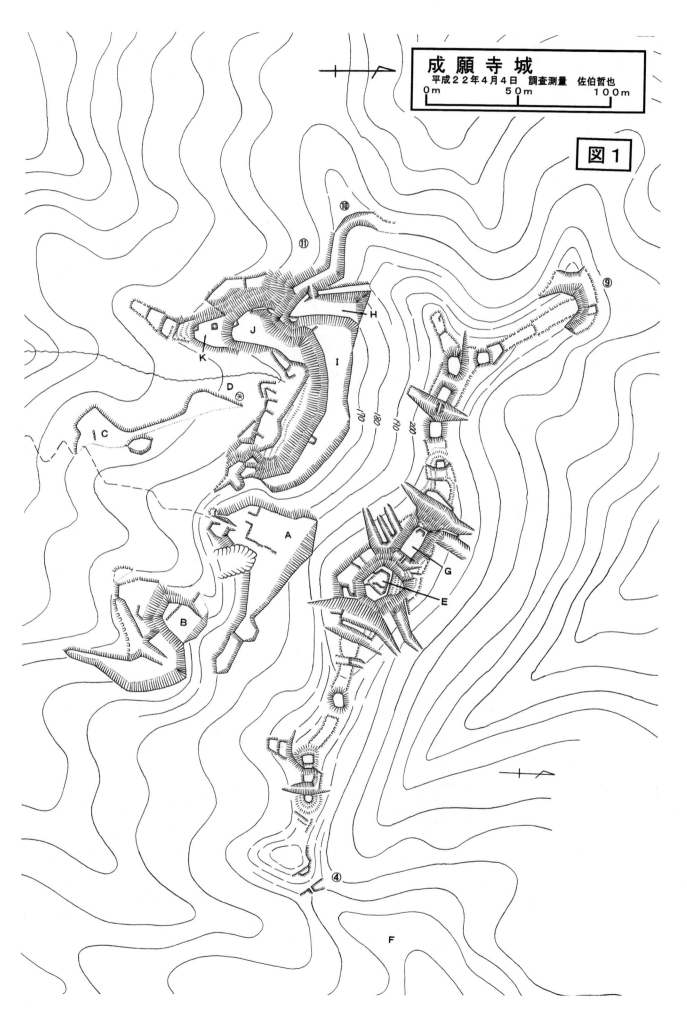

成願寺城
平成22年4月4日　調査測量　佐伯哲也
0m　　　50m　　　100m

図1

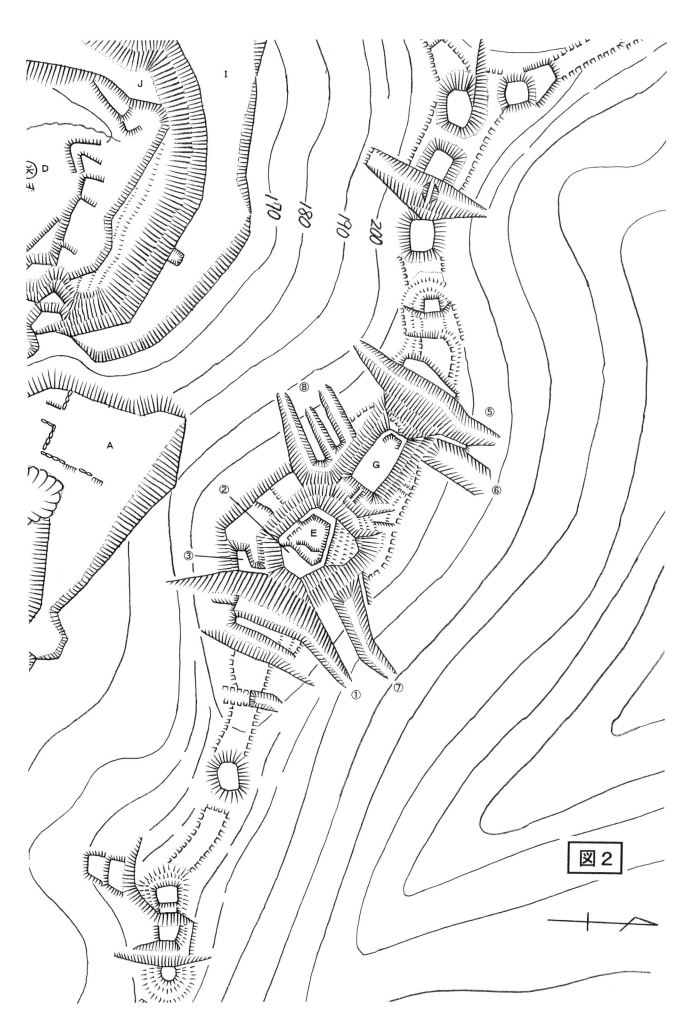

図2

12. 成願寺城西端遺構 (じょうがんじじょうせいたんいこう)

①福井市成願寺　②－　③１６世紀後半　④16世紀後半　⑤16世紀後半　⑥前波氏　⑦山城
⑧削平地・切岸・堀切・竪堀　⑨80m×60m　⑩標高120m　比高100m　⑪5

　成願寺城が位置する尾根の先端に構築されている。直下には朝倉街道と美濃街道が交差しており、交通の要衝でもある。成願寺城の一部とも理解できるが、成願寺城主要曲輪群とは約500m も離れており、あえて別個の城郭として紹介する。
　城内最高所のA曲輪が主郭。平面形状から、前方後円墳を加工して構築した可能性を臭わす。①に不明瞭ながらも窪地が残る。入る時に平坦面Bから横矢が掛かるため、虎口と推定される。先端には、竪堀とセットになった切岸②で遮断する。一部土塁が残っているため、切岸直下は横堀だったと推定される。尾根続きは、こちらも竪堀とセットになった堀切③で遮断する。なお、南側は連続竪堀となり、畝状空堀群に近い思想となる。それでも不安だったのか、さらに堀切④を設ける。その先は古墳群が延々と続くが、城郭遺構ではないと判断したため、省略した。
　以上、先端遺構の縄張りを述べた。堀切の両端に竪堀（一部連続竪堀）を設け、敵軍が両斜面を迂回するのを阻止する縄張り思想は、成願寺城と一致する。恐らく戦国が激化する 16 世紀後半において、成願寺城主（前波氏）が朝倉街道と美濃街道の監視を強化する目的で構築したのであろう。

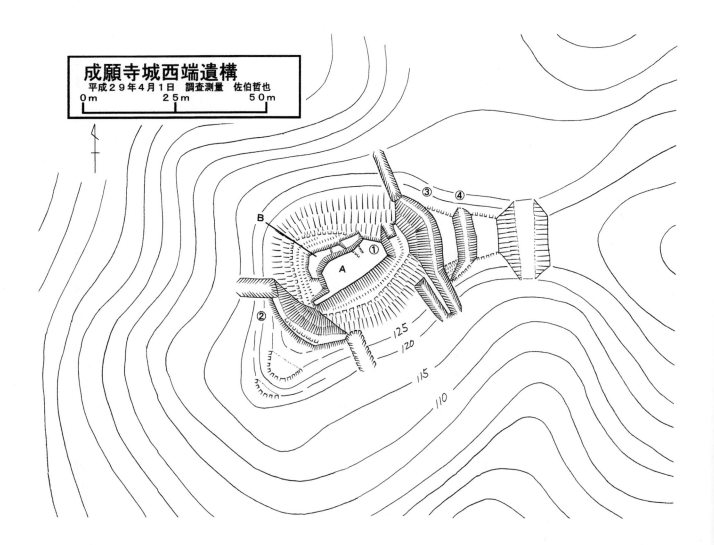

成願寺城西端遺構
平成２９年４月１日　調査測量　佐伯哲也
0m　　　　25m　　　　50m

13. 東郷槙山城 (とうごうまきやまじょう)

①福井市小安 ②－ ③15世紀前半？ ④16世紀末 ⑤慶長5年？ ⑥朝倉氏・長谷川氏 ⑦山城
⑧削平地・切岸・土塁・堀切・石垣・竪堀 ⑨600m×360m ⑩標高116m、比高100m ⑪7

1. 歴史

(1) 朝倉時代

　『大系』によれば、朝倉氏景（大功）の次男正景が15世紀前半頃、一条家の庄園東郷庄を預けられてその庄官となり東郷下総守と称したという。従って城が築かれたのもこの頃ではないかと推定している。しかし、貞治5年(1366)足利義詮は朝倉高景（徳岩）に東郷庄等の地頭職を与えており（『朝倉氏関係年表』）、この時から既に朝倉氏による東郷庄の支配は始まっていたと推定される。従って『大系』の考えには若干の疑問が残る。

　朝倉氏が本拠を一乗谷へ移すと、東郷槙山城は成願寺城と共に重要な出城となり、一族・譜代クラスの武将が在城したと考えられる。大規模な改修も実施されたと考えられるが、城主ともに詳らかにすることはできない。

(2) 長谷川時代

　東郷槙山城で最も知られている城主は、長谷川藤五郎秀一である。秀一越前転封を示す最も早い記録は、天正13年(1585)7月19日付長谷川秀一書状（『福井市史資料編2』）である。この頃の越前は、同年の佐々征伐による越中出征や、丹羽長重から堀秀政の領主替えで多少混乱しており、北庄周辺の領主は秀一が臨時代行していた。従って前述の書状は、北庄周辺の石工衆に出されている。ちなみに『兼見卿記』天正13年閏8月12日条には「大野郡ハ長谷川藤五郎ニ被遣之地」（『新修小松市史資料編1 小松城』小松市 1999　以後、小松市史と略す）とあり、秀一が賜ったのは大野郡と述べる。

　秀一の石高は『福井県史通史編3』によれば、天正16年(1588)は12万6千600石、文禄3年(1594)は10万石となっている。天正15年九州出陣の動員数を示した「天正15年正月豊臣秀吉朱印状」（『小松市史』）では「羽柴東郷侍従（長谷川秀一）殿　三千」とある。動員数三千は十万石相当であり、石高十万石は妥当な数字と言えよう。秀一の通称が東郷侍従だったことは、「天正16年聚楽行幸記」（『小松市史』）に「東郷侍従秀一朝臣」と出てくることからも確実である。

　越後の上杉景勝が大坂への上坂途中、秀一が景勝を出迎えている。すなわち『上越市史別編2 上杉氏文書集二』（上越市 2004　以降、上杉氏文書集二と略す）所収「天正十四年(1586)上洛日帳」の5月3日の条では、「同三日　北庄御立、麻生津（福井市浅水）ニ而長谷川藤五郎殿御昼通之御振舞、仮屋二百間計ニ打、惣人数ヘ振舞、中々金銀を被鏤候、同日越前府中ヘ御着」とあり、長さ400m弱の豪華な仮屋を建てて景勝一行に昼食を振舞っている。ちなみに景勝一行の帰路は、同年5月27日敦賀を出発して同日鯖江で宿泊し、翌日金津で宿泊している。北庄は素通りしたようである。

　秀一は文禄元年(1592)朝鮮へ出征する。秀一の朝鮮での存在を示す記録として、文禄2年(1593)3月10日「朝鮮国目楚城取巻衆」（『上杉氏文書集二』）がある。これは目楚城（晋州城）を攻める動員計画書で、様々な理由から実行されなかったが、同書には「一、三千人　東郷侍従（長谷川秀一）」と記載されている。三千人の動員は先の九州出陣と同数であり、秀一の軍役は約三千人だったことが判明する。

　秀一は文禄3年2月朝鮮で陣没したとされている。しかしその死去年月日は、良質の史料で裏付けられたわけではない。陣没したとされる年月以降も長谷川氏が東郷周辺を支配していたのは事実で、秀一の一族と考えられる権介秀康や長谷川嘉竹の書状が残り、少なくとも文禄5年(1596)年1月15日まで支配が続いていたことを推定させる（『福井市史資料編2』）。秀一は「小竹」と呼ばれていた（『多聞院日記』（『小松市史』）天正13年閏8月16日条には「長谷川小竹」とある）

ことから、嘉竹は秀一のことかもしれない。

秀一自身も朝鮮から帰陣後、暫く生存していた可能性がある。死去年月の２ヶ月後の文禄３年４月、豊臣秀吉が前田利家邸に御成りしたときの御相伴衆に「東郷侍従」の名が見える（『新修七尾市史３武士編』七尾市 2001）。さらに同年 11 月秀吉が上杉景勝邸に御成りしたときにも御相伴衆に「東郷侍従」の名が見える（『上杉氏文書集二』）。つまり秀一は帰国して、大坂にいたわけである。

さらに生存の記録は残る。文禄４年７月 20 日上杉景勝等二十八名連署起請文の中に「羽柴東郷侍従」が花押血判している（『上杉氏文書集二』）。そして慶長元年(1596)と推定される伏見城普請負担記録に「十萬石　東江（郷）侍従」（『新修七尾市史３武士編』　記述は文禄３年とあるが、前田利家の官位から慶長元年と推定される）とある。勿論東郷侍従は秀一没後の城主丹羽長正の可能性も残る。しかし石高を十万石としている（長正の石高は５万石）ことから、秀一として良いであろう。つまり秀一は少なくとも慶長元年まで生存していた可能性が高い。

それを裏付ける傍証として、東郷槙山城山麓の愛宕神社鳥居がある。現存しないが鳥居には「願主長谷川周防守重次　慶長二年九月吉日」という銘文があったという（『福井市史資料編１』）。重次は秀一の一族と考えられ、長谷川氏が慶長２年まで東郷周辺を支配していた傍証となろう。

以上、一次史料を用いて考察した。少なくとも秀一は慶長元年まで生存し、慶長２年まで長谷川氏は東郷周辺をしていた可能性が高くなった。さらなる調査を文献史学者にお願いしたい。

（３）丹羽時代

長谷川秀一の次の城主は、丹羽長正とされている。『小松市史』所収『寛永諸家系図伝』によれば、長正は丹羽長秀の次男で備中守となっている。

『福井県史通史編３』所収『寛政重修諸家譜』によれば、長正は天正 15 年豊臣秀吉から「越前藤枝の城主」として５万石を賜ったとある。しかし藤枝城の所在は不明であり、さらに何時東郷に移封されたのかも不明。いずれにせよ、前述のように少なくとも慶長２年まで長谷川氏が東郷を支配していたので、長正の東郷支配は、最長でも慶長２〜５年の僅かな期間でしかない。なお江戸期の二次史料（『漸得雑記』『山口軍記』）は、関ヶ原合戦時の城主を長谷川秀一としている。短期間のため、世間一般に対するイメージが低く、誤伝されたのであろうか。

長正は慶長５年関ヶ原合戦で西軍に付いたため除封され、東郷槙山城は破却されたと言われている。『福井県史通史編３』所収『廃絶録』によれば、長正の石高は５万石と記載されている。この破却により東郷槙山城は廃城になったと考えられるが、詳細は不明である。

２．縄張り

通称城山山頂に位置する。西麓に朝倉街道が通る交通の要衝でもあった。南側は一乗谷と尾根続きになっていることから、平野部の情報をいち早く朝倉館へ伝達することができた。そして足羽川沿いに進攻する敵軍を、成願寺城とともに迎え撃つ一乗谷城の出城として重要視された。

遺構の保存状態は悪い。これは近代以降の公園化に伴う破壊もあると思われるが、除封されるにあたり、西軍の城ということで破却されたのであろう。公園化されていない場所でも、石垣や虎口といった重要施設が徹底的に破壊され、再使用不可能な状態となっている。このため判別しずらい遺構がさらに判別しにくくなっている。

大手道は、三社神社方面から登ってくるＥ曲輪方向であろう。恐らくＥ曲輪周辺に大手門があったと推定されるが、位置の特定は不明。Ｅ曲輪の両サイドには、Ｄ・Ｆ曲輪がＥ曲輪を見下ろし、大手道を監視する。

Ｅ曲輪からは谷道を登り、Ｃ曲輪北東側の帯曲輪④を通って、Ｂ曲輪下の⑤に到達したと考えられる。⑤付近には石垣が残っていることから、重厚な虎口施設が存在していたと考えられる。しかし人為的な破壊を受けたためか、ほとんど遺構は残っていない。ちなみに道路沿いの⑥付近の石垣を現地看板では「伝天守の石垣」としているが、落し積みとなっていることから近代以降

の石垣であり、場所も天守とは全く違う。

　⑤からは、主郭Ａ・Ｂ曲輪の横矢攻撃に長時間晒されながら腰曲輪を通過し、⑦地点に至ったと考えられる。⑦から⑧地点の間の北側斜面に、多数の石垣の残骸が残る。自然の崩落にしては破損が激しすぎ、人為的な破壊行為が加わったと考えられる。恐らくここも破城による破却の跡なのであろう。復元はできないが、石垣ラインの上端には犬走り状の通路があり、⑦と⑧を繋いでいたのではなかろうか。

　⑦から⑧付近は、東郷槇山城の石垣が集中している箇所であり、主郭に相応しい重厚な虎口施設が存在していたと考えられる。しかし⑤と同じように不必要なほど人為的に破壊されており、石垣ラインや虎口遺構を復元することができない。さらにトドメをさすかのように、遊歩道が虎口を破壊してしまっている。恐らく⑧から階段状の小平坦面を上がり、虎口③に入ったと考えられる。この時、①地点からの横矢が効く。石垣の残骸が多数残っていることから、石垣で頑強に固められた虎口だったのであろう。①は櫓台だった可能性がある。

　主郭は城台と呼ばれているＡ曲輪。忠魂碑や長谷川秀一公碑が建てられ、さらにそれに伴う参道も建設され、遺構を破壊している。主郭Ａの東側にＢ曲輪があり、その下に石垣の残骸が残る。崩壊が激しいが、主郭Ａ周辺には多数の石垣が残っている。恐らくかつての主郭Ａは、総石垣で固められた曲輪だったのであろう。

　石垣②は、破壊が激しい東郷槇山城の石垣にあって、比較的良好な状態で残る石垣である。切石を多数用い、裏込石を挿入する。現状高さは１ｍしかないが、かつては4.8ｍあったと推定される。北陸の中世城郭で石垣高さが４ｍを越えるのが、天正11年以降と推定されるため、長谷川秀一時代の石垣と考えられよう。

　Ｇ曲輪は千畳敷と呼ばれている。虎口は⑨地点と考えられるが、やはり徹底的に破壊され、形状を復元できない。付近に石垣が残っているため、石垣で固められた虎口だったと推定される。平坦面に礎石三個が残っていたといわれるが、現存していない。南側に武者隠しと称する巨大な土塁⑩が残る。城内で巨大土塁が残るのはここだけで、しかも堀切⑫からかなり後退した部分に設けられており、堀切とセットになった防御線を形成していない。はたして城郭遺構なのか、若干の疑問が残る。

　仮に土塁⑩が城郭遺構ならば、西端が虎口となり、虎口を迂回する敵軍を阻止するために、連続竪堀⑪を設けたと考えられる。そして南側の尾根続きを遮断するために、堀切⑫・切岸⑬を設けている。

　この他、平坦面Ｈや平坦面群Ｉが残る。いずれも大小様々な平坦面の群集体であり、織豊系城郭の特徴を示さない。さらにいずれも独立した曲輪であり、主郭Ａからの求心力は全く及んでいない。特にＩは主郭Ａに拮抗する規模を持ち、そして主郭Ａに対する従属性はほとんど認められない。在地国人の縄張りを強く示しているといえる。それは主郭Ａ側に虎口を開口し、主郭Ａとの親密性を示すＧ曲輪とは対照的である。従って長谷川氏時代に改修されたのは、主郭ＡとＧ曲輪のみだったと言えよう。

３．石瓦

　東郷槇山城では、現在でも笏谷石製石瓦を採取することができる。特に虎口③付近やＪ谷付近で石製平瓦・石製丸瓦を多数採取することができる。筆者も保存状態の良い石製平瓦・石製丸瓦を数点採取している。現在でも簡単に採取できることから、かつて城内には大量の石製平瓦・石製丸瓦が存在していたと推定される。従って少なくとも、主郭Ａには石瓦葺きの建物が多数存在していたと考えられよう。ただし、Ｇ曲輪周辺では採取できない。石瓦葺き建物は、主郭Ａのみに存在していたようである。

　越前の中世城郭は、細工がしやすい笏谷石が大量に入手できたことから、屋根瓦に笏谷石製石瓦を用いていたとされている。石瓦が採取されている中世城郭は、一乗谷城・北庄城・東郷槇山城・丸岡城・小丸城がある（『第２回企画展　石の鬼　一乗谷の笏谷石』福井県立朝倉氏遺跡資料館1988。なお福井城は近世城郭なので省いた）。しかし一乗谷城・小丸城で確認された石瓦は

鬼瓦と棟瓦であって、平瓦・丸瓦ではない。丸岡城は現在も石製平瓦・丸瓦が屋根に葺かれている。しかし『重要文化財丸岡城天守修理工事報告書』（丸岡町 1955）は、確証はないと前置きしながらも、創建当初の天守は柿葺（トチ葺）だった可能性を指摘している。

　従って、一乗谷城・小丸城・丸岡城が用いていた石瓦は、棟瓦・鬼瓦のみであって、屋根の大部分を占める石製平瓦・丸瓦は柿葺あるいは檜皮葺だった可能性が強い。もっとも小丸城は土瓦を大量に使用していたかもしれない。屋根は柿葺あるいは檜皮葺で、棟瓦と鬼瓦のみ石瓦を用いるケースは、現在も神社仏閣に見られる。一乗谷城の場合、そのような伝統を重んじて建物を建てたことが指摘できるのではなかろうか。

　このように見るならば、平瓦・丸瓦までも石瓦を用いたのは、北庄城と東郷槙山城しかない（北庄城はルイス・フロイスの記述から確実）。北庄城はフロイスが「城及び他の家の屋根の悉く立派な石で葺いてあって、其色に依り一層城の美観を増し」「（北庄）城の屋根は甚だ滑かで、轆轤に掛けた如く形の整った石を以て葺いてあった」（『福井市史資料編 2』）と述べていることから、城だけでなく、家臣団屋敷までも石葺きだったことが推定される。

　以上の類例から推定すれば、総石瓦葺きの採用は織田・豊臣政権下でも限定的な城郭に留まったと推定される。図面集 I でも述べたように、大野城（大野市）も棟瓦のみ石瓦を使用していた可能性が高い。越前における重要な織田政権城郭だった大野城までも総石瓦葺きでなかったことは、重要な事実である。フロイスが述べるように総石瓦葺きは「一層城の美観を増し」たという。総石瓦葺きは、支配者の居城の荘厳さを一層増す演出として、限定的に使用されたという仮説を提唱することができよう。

４．まとめ

　以上、長々と述べた。まとめると下記のようになる。
①15世紀後半に朝倉氏によって築城か。戦国期に一乗谷城の出城として使用される。
②天正 13 年（1585）長谷川秀一が城主となる。秀一は慶長元年（1596）まで生存、慶長２年まで東郷周辺は長谷川氏が支配していた可能性が高い。
③その後丹羽長正が城主となる。長正は関ヶ原合戦において西軍に付いたため、領地は除封、城は破却され廃城になったと考えられる。
④城は虎口等重要な部分ほど崩壊が激しい。これは破城による破壊行為を受けたと考えられる。
⑤主郭Aの求心力が及んでいるのはG曲輪のみ。その他の曲輪は独立志向が強い。これは在地国人の特徴を強く表した縄張りといえる。
⑥石垣の高さは４m以上あり、長谷川氏時代の石垣といえる。
⑦長谷川氏時代に改修されたのは、主郭AとG曲輪のみと考えられる。
⑧主郭Aの周辺に石製丸・平瓦が大量に散乱している。このため主郭には石瓦葺きの建物が存在していたと考えられる。
⑨越前の中世城郭において、総石瓦葺きの使用は極めて限定的である。これは支配者の居城の荘厳さを一層増す演出として、限定的に使用されたという仮説を提唱することができる。

　以上である。しかし地表面観察が主体となっているため、仮説の範疇としたい。

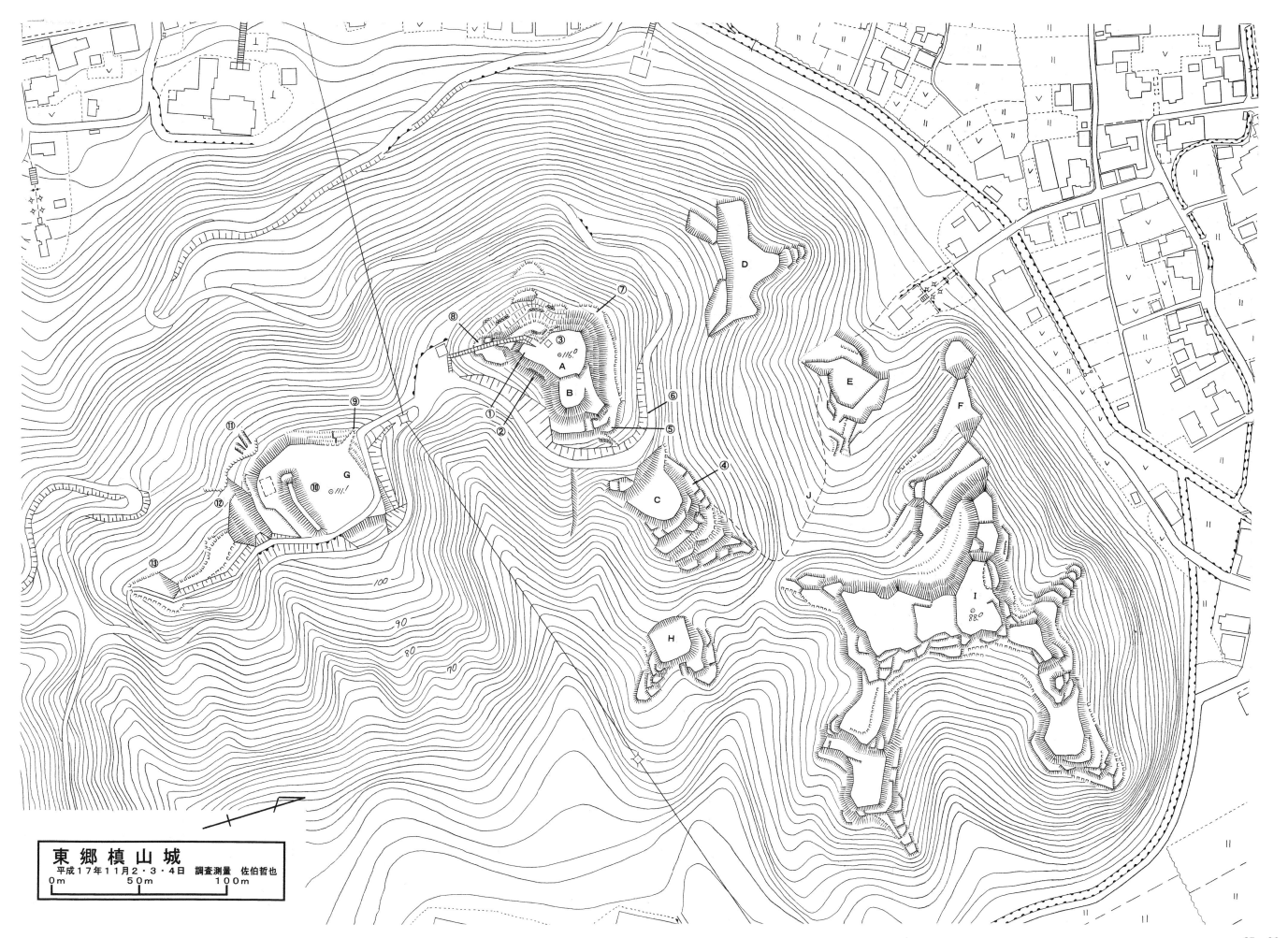

東郷槙山城

平成17年11月2・3・4日　調査測量　佐伯哲也

0m　　　　50m　　　　100m

14. 一 乗 谷 城 (いちじょうだにじょう)

①福井市城戸ノ内　②－　③15世紀前半？　④16世紀末　⑤天正2年？　⑥朝倉氏・前波（桂田）氏　⑦山城　⑧削平地・切岸・土塁・堀切・石垣・竪堀・礎石・畝状空堀群
⑨590m×380m　⑩標高473m、比高420m　⑪6

1. 歴史
（1）朝倉氏時代
a）築城期
　日本を代表する戦国大名の一人、朝倉氏代々の居城である。現在山麓の朝倉館が注目されているが、その背後の一乗城山山頂（標高473m）に一乗谷城は存在する。
　有名な朝倉氏の居城だが、築城期は必ずしも明確ではない。『福井市史資料編2』所収『流水集』によれば、朝倉家景（固山、越前朝倉氏6代）の居館が「越之前州一乗城の畔にありて」と記載されている。これを素直に解釈すれば、一乗城の麓に家景の居館があったことになり、山上に一乗城があったことになる。一乗城は一乗谷城として良いであろう。家景は宝徳2年(1450)に死去していることを考えれば、一乗谷城は15世紀前半に存在していたことになる。一乗谷城の築城期を推定する上での一つの目安となる。一乗谷朝倉氏初代の孝景が一乗谷に本拠を移したのが文明3年(1471)とされているから、それよりも20年も早い一乗谷城の確認である。我々が想像するよりも遥かに早い段階で築城されていたのかもしれない。
　『朝倉始末記』には「寛正元年(1460)二月廿一日阿波賀城戸口合戦」と記載し、『安波賀春日之縁起』（『一乗谷の宗教と信仰』福井県立一乗谷朝倉氏遺跡資料館1999）でも「寛正元年(1460)庚辰二月廿一日安波賀城戸口合戦」とある。いずれも一次史料とは言い難いが、城戸北隣の阿波賀（安波賀＝アバカ）で合戦があり、山麓の北方を閉鎖する軍事施設（城戸）が存在していたことを推定させる。我々が想像以上に早く山麓も整備されていたのである。
　『朝倉氏関係年表』所収『大乗院寺社雑事記』によれば、文明12年(1480)8月大乗院尋尊は越前の絵図を作成し、「平泉寺ヨリ一乗朝倉城マデ八里」と記載している。この「一乗朝倉城」は山上の一乗谷城のことと推定されるが、なお再考の余地を残す。
　『朝倉氏関係年表』所収『大乗院寺社雑事記』によれば、文明14年(1482)閏7月一乗谷で大火があり、屋形（斯波氏）と朝倉氏景（一乗谷朝倉氏2代）の城は無事としている。しかし「随分ノ者共焼死ト云々」とあり、多くの焼死者が出たようである。これにより、多くの人々が行きかう城下町の様子を想像することができよう。

b）朝倉氏滅亡期
　元亀元年(1570)から朝倉氏は、織田信長との抗争期に突入する。そして天正元年(1573)8月13日刀根坂の戦いで織田軍に大敗した朝倉義景は、8月15日一乗谷に帰陣する。このときの様子を朝倉始末記では「諸卒モ悉ク退散シケル程ニ義景防カルヘキ様モナク、只五六騎ニテ深更ニ府中マデ退キ給ヒ、十六（五？）日ニ府中ヲ出御有テ頻ニ急キ給ヘ共、此二三日馬モ爾々飼サル故ニ歩兼シヲ、漸々引立策打テ其日ノ晩景ニ一乗ノ谷へ入リ給ヒケル」と記載し、疲労困憊し、かろうじて辿り着いた義景一行を描写している。
　一乗谷に帰陣した義景だが、重臣朝倉景鏡の勧めにより翌16日一乗谷を出て、景鏡の居城亥山城のある大野郡に移る。僅か翌日に一乗谷を出ていることを考えると、一乗谷城に籠城せずに移ったとして良い。なぜ籠城しなかったのか。様々な理由が考えられるが、当時一乗谷城は使用されていなかった、という理由は考えられないだろうか。天文～永禄年間に改修されたものの、その後改修されず、天正期の城郭としては時代遅れで籠城できるシロモノではなかった、という考えも仮設の範疇では許されるであろう。
　一乗谷は信長軍により8月18日放火され、三日三晩燃え続け、一宇も残さず焼けつくしたと言われている。織田信長が上杉謙信に送った書状（『古文書が語る朝倉氏の歴史』所収「織田信長覚書」）にも「義景一乗を明け、大野郡引き退き候条、彼の谷（一乗谷）初め国中放火候」と

述べ、一乗谷を焼き払ったことを記載している。

　景鏡の献策により大野郡に移った義景だが、「義景落ちる所へ先手のものども押し詰め、朝倉式部大輔（景鏡）心違い依って即ち生害候。頸早々天下へ上せらるべき由申し来たり候」（『古文書が語る朝倉氏の歴史』所収「織田信重（信忠）書状」）とあるように、景鏡の裏切りにより8月20日義景は自刃する。こうして朝倉氏は滅亡する。

（2）前波吉継（桂田長俊）時代

　朝倉氏を滅ぼした織田信長は、8月24日朝倉氏旧臣前波吉継を守護代に任じ、越前の支配を命じている。朝倉始末記によれば、吉継は「一乗ノ谷ノ義景ノ館ニ居置給イケリ」と義景の館に入ったという。しかし一乗谷は三日三晩燃え続け、一宇も残さず焼きつくしたはずである。当然義景館も徹底的に破壊され、焼き払われたであろう。逆に使用されていなかった一乗谷城は放置されていた可能性は残る。吉継が入った「一乗ノ谷ノ義景ノ館」は、山上の一乗谷城の可能性が高いと言えよう。

　吉継は朝倉旧臣時代の名を改名し、桂田長俊と名乗る。長俊の登用に不満を持つものが多く、さらに不平等な権力行使を行ったため、天正2年（1574）1月20日越前一向一揆に居所の一乗谷を攻められ敗死する。この長俊の一乗谷の居所とは、一乗谷城の可能性が高い。

　天正3年（1575）8月織田軍越前進攻にあたり、越前一向一揆は一時的に一乗谷城に籠城するが、同月19日氏家直通・武藤舜秀の猛攻により落城し、一揆軍三百人が討ち取られている（村井長頼宛織田信長書状）。その後、信長は同月23日一乗谷に入り、28日豊原寺に移す。このときの信長の本陣は、義景館跡に置かれたと考えられる。以上、一乗谷城は天正3年8月19日の落城をもって廃城になったのであろう。

２．　縄張り
（1）全体の概要

　朝倉館背後の一乗城山山頂に位置する山城である（図1）。標高は473mで、比高は実に420mを測る。この比高は福井県内でもトップクラスの比高である。

　　山麓の通称馬出から出発して小見放城を経由して登城する道が、道①である。道①の途中には線刻摩崖仏、阿吽の狛犬を半肉彫りした石板・石祠の屋根部分が存在している。②地点（図2）には不動清水と言われる湧水があり、城兵の飲料水と伝えられている。湧水地点には名の由来となった不動像が安置されている。他の一乗谷城飲料水候補地点として、㉑地点（図2）がある。沢を堰き止めて水の手状にしている。しかし戦国期の遺構とまでは断定できず、仮説の範疇としたい。

　千畳敷と呼ばれるA曲輪から宿直D曲輪までの曲輪群は、整然と平坦面が整形され、平坦面も大きく、礎石や石瓦が確認されている。また顕著な防御施設も確認できない。さらに不動清水と言われる湧水も存在する。従ってA～D曲輪を居住区域と推定することができる。一方尾根上の曲輪群は、平坦面も小さく、防御施設が所狭しと配置されている。こちらは防御区域として良いであろう。従って概略は、山頂直下に居住区域を設け、それを防御するために山頂の狭隘な尾根上に防御施設を配置した縄張りと言えよう。

（2）居住区域（図1・2）
a)千畳敷A

　A曲輪は通称千畳敷あるいは本丸と呼ばれている。道①はストレートに千畳敷Aに入るが、地表面観察で確認できる虎口は存在しない。ここにも石製品が散在している。確認できるものとして、多種多様の石仏、屋根の石製棟瓦、石祠の屋根がある。かつては石製鬼瓦も散乱していたとされており、この鬼瓦は現在一乗谷資料館に展示されている。A曲輪は千畳敷の名に相応しく、一乗谷城内最大の面積を誇る。石仏は明治元年の廃仏毀釈の影響を受けているのであろうか、多くは首・顔が破損している。これに対して前述の不動像は完存している。ということは不動像は明治元年以降に当地に安置されたということであろうか。

千畳敷Aには礎石群が現存する（図5）。礎石群から推定して11.8ｍ×10.2ｍと考えられる。かつて存在していたとされる石製鬼瓦、そして散乱している石製棟瓦はこの礎石群に建っていた建物に使用されていたと考えられる。礎石・石製鬼瓦・石製棟瓦を使用した、かなり堅牢かつ大規模な建物が建っていたことが推定される。一乗谷城における山上居住施設が建っていたと推定するのが素直な考えであろう。現在でも土師皿・越前焼・備前焼・染付の破片が散乱しており、居住していたことを推定させる。

　戦国大名は山麓に存在していた私的な居住施設（ケの空間）を、天文〜永禄年間に山上の詰城に移したとされている。七尾城や観音寺城・岐阜城はその好例であろう。一乗谷城もその好例なのかもしれない。

b）観音屋敷B・赤淵神社C

　一乗谷城で唯一土塁で囲まれた空間が、観音屋敷B・赤淵神社Cである。前述のように、観音屋敷B・赤淵神社Cにも若干礎石が残る。礎石が少なく、建物の大きさの復元は不可能。礎石の大きさは50㎝前後。唯一土塁で囲まれていることから、神聖な空間、伝承通り宗教建造物がたっていたのかもしれない。

c）宿直D・月見櫓E

　宿直Dにも礎石が残る。礎石の大きさは40㎝前後。その背後には、宿直Dを見下ろすように月見櫓Eが存在する。居住区域の曲輪群の削平は全て整然と削平されていて、堅牢な建物の存在を推定させる。しかし月見櫓Eのみ削平が甘く、ほぼ自然地形のままである。月見櫓Eは宿直Dを監視する軍事施設という推定が可能である。赤淵神社Cに登る道を土橋通路とし、月見櫓E直下を横堀④を設けて防御力を増強していることからも、この推定は妥当と考えられる。

　注目したいのは、枡形状に屈曲させている虎口③の存在である。この虎口③は、居住区域唯一の枡形虎口である。しかし、屈曲させているのに横矢を掛ける場所は細長い土塁上でしか存在せず、これでは少数の城兵しか横矢を放つことができない。つまり横矢掛けの効果はほとんど期待できないのである。従って虎口③は、防御施設として屈曲させているのではないと判断した。

　虎口③でもう一点注目したいのは、石垣を設けている点である。これは一乗谷城の中でも唯一の石垣である。重量構造物を支えていた石垣とは思えず、出入り口である虎口の格式を高め、正面を整えるために設けられた石垣と考えられる。この石垣は、宿直D側にしか設けられていない。つまり宿直D側が、虎口③の正面だったのである。

　上記の考え方は、武士達は宿直Dから虎口③・観音屋敷Bを経由して千畳敷Aに入っていたことを推定させる。つまり現在は山麓から登ってきた大手道①は、千畳敷Aにダイレクトに入っているが、それは廃城後の入り方で、かつては宿直Dに繋がっていた可能性があり、宿直Dが居住区域全体の入口だったことを推定させてくれる。山麓から登城してきた武士達は、まず宿直Dに到達して、虎口③・観音屋敷Bを経由して千畳敷Aに入ったのであろう。月見櫓Eは宿直Dに入った武士達を監視する施設だったのである。「宿直」も、居住区域入口を監視する武士が常駐していたことに由来しているのかもしれない。

　宿直Dが居住区域全体の入口ならば、山麓から登ってくる大手道の虎口が存在しなければならない。それが長方形の窪地⑳である。入って左折して進んだようである。しかし窪地⑳から山麓に続く城道（大手道）は全く確認できない。これでは入口説を確定するわけにはいかない。入口説の泣き所の一つである。

（3）居住区域の疑問点
a）千畳敷の礎石群（図2・5）

　筆者は千畳敷の礎石群は、山上居住施設に伴う礎石群でほぼ良いと思っている。しかし居住施設説に諸手を挙げて賛成することもできず、一抹の不安を感じている。なぜ諸手を挙げて賛成できないのか、それは礎石が異常に大きいからである。

　測定の結果、千畳敷礎石群の礎石は約80㎝前後、中には1ｍ大の巨石を使用しているものもある。これに対して観音屋敷・赤淵神社の礎石は50㎝前後、宿直の礎石は40㎝前後である。こ

れだけなら、千畳敷には居住区域の中心的な建物が立っていたため、一際大きい石材を使用したということでスンナリ話がまとまる。しかし、筆者が納得できないのは、山麓居館に使用している礎石よりも大きいことである。

朝倉氏遺跡の中心となる義景館の主殿・常御殿の礎石ですら50cm前後しかない〔『一乗谷朝倉氏遺跡発掘報告書Ⅰ・Ⅱ』（足羽町教育委員会 1969・1971）添付の図面から測定〕。従って千畳敷礎石は、一乗谷遺跡全体を見渡しても異質であり、単に山麓居館と同様の建物を山頂に建てたとは考えにくい。筆者は先に私的な居住施設（ケの空間）を山上に移した好例と述べたが、本当に居住施設として良いのか、礎石建物の性格・構築年代等を今一度再考すべきであろう。

小見放城は、一乗谷城の大手道（道①）の入口（山麓）部を防御する城郭である。ここにも礎石が残っている。一乗谷城の周辺には、一乗谷城の支・出城が多数築かれているが、礎石が残っている小見放城のみである。しかも大手道入口部に位置していることに注目したい。

小見放城の礎石は約80cmの大きさで、ほぼ正方形をした一辺4.2m四方の規模を持つ。二個の礎石に直径約30cmの面取り痕が確認できることから、直径30cm程度の頑丈な丸太造りの小堂が推定できる。集落を見下ろす高台に位置することから、神社等宗教施設の可能性も指摘できる。仮に小見放城の礎石群が宗教建造物なら、大手道で繋がっていた千畳敷礎石群も、宗教建造物の可能性を指摘することができよう。

ちなみに他の福井県内に存在する山城礎石だが、杣山城（南越前町）東御殿は約50cm前後、後瀬山城二ノ丸も50cm前後（『織豊期城郭における礎石建物』織豊期城郭研究会 2000）だった。80cm前後は、やはり特殊と言えよう。

d) 山上の宗教施設

守護・守護代の拠点クラスの山城では、山上部に宗教施設が存在していた可能性がある。七尾城（石川県、畠山氏）では寺屋敷・塔ノ上という名称が残り、塔ノ上では塔（恐らく三重塔）が建っていたと伝える。増山城（富山県、神保氏）の主郭には神水鉢と呼ばれる塔心礎が存在する。ミニチュアのような三重塔が建っていたのであろう。松倉城（富山県、椎名氏）には、諏訪平と呼ばれた区画がある。城主居館を見下ろす位置にあることから、城主を守護する宗教建造物の存在が推定されよう。

上記の事例により、観音屋敷B・赤淵神社Cには宗教建造物（恐らく朝倉氏が信仰する神社）が存在していた可能性が高い。

守護・守護代の拠点クラスの山城では、奇妙な共通点がある。それは須恵器が出土している点である。筆者は千畳敷Aで須恵器を採取している。この他、須恵器が採取されている山城として、七尾城（石川県、畠山氏）・増山城（富山県、神保氏）・松倉城（富山県、椎名氏）がある。全て天文〜永禄年間に全盛期を迎えている守護・守護代の拠点山城である。須恵器採取にどのような意味があるのか、筆者もよくわからない。今一度考えたいのは、神社の宝物として須恵器が奉納されている例が散見されることである（澄田正一「荘川神社の出土品について」『荘白山総合学術調査報告書上』岐阜県教育委員会 1957）。守護・守護代の拠点には、宗教建造物が建っていた形跡が多くみられる。これらの建物に納められていた須恵器と考えることはできないだろうか。従って須恵器が採取できるということは、その山城が守護・守護代の拠点山城ということであり、宗教建造物が建っていた可能性を指摘することができよう。

話を千畳敷Aの礎石群に戻そう。山上に宗教施設が存在していたことは、ほぼ確実と言える。山上の詰城に宗教施設を設けることが、守護・守護代にとって暗黙のルールだったのであろう。一つの仮説として、摩崖仏・狛犬石板・石仏等の存在、そして一回り大きな礎石から、千畳敷の礎石群は居住施設ではなく、荘厳な宗教建造物が建っていた可能性も指摘することができよう。千畳敷Aは広く、同じ敷地内にも居住施設は十分建つスペースは存在する。つまり山上の居住区域は、居住施設と宗教施設がセットになった、典型的な16世紀後半の戦国大名山城と言えよう。

宗教施設と一乗谷城の存続期間はラップしなくても良い。当然のことながら、廃城後に宗教施設が設けられた可能性も否定できない。そのカギを握っているのが、千畳敷に散乱する石仏や、大手道入口に位置する線刻摩崖仏の製作年代と思われる。一度専門家による現状調査（位置・個数・製作年代）をお願いしたい。

くどいようだが、筆者は千畳敷の礎石群は山上居住施設に伴うものだと推定している。ただし上記疑問点も残っているため、諸手を挙げて賛成できないのである。山上居住施設説をより強固なものにするためにも、疑問点を解消したい。

e）宿直Dの虎口③

　宿直Dの虎口③にも疑問点がある。それは前述のとおり、軍事的な意味で屈曲させていない点である。

　それでは、なぜ屈曲させているのだろうか。一乗谷の正門と考えられる下城戸も、屈曲させている。これは防御施設としてではなく、正面としての荘厳性を増すために屈曲させていると考えられる。同じことが虎口③に言えないだろうか。虎口③には、これも一乗谷城唯一の石垣で固めている。この石垣は、石垣上部には建物が建つスペースが全く存在しないため、化粧としての石垣と考えられる。つまり下城戸と同様に、正面入口としの荘厳性を増すために屈曲させ、石垣を使用したとは考えられないだろうか。このために居住区域で唯一枡形状虎口構造とし、石垣を使用したと考えたい。

　虎口③が居住区域の正面入口ならば、山麓から登城して最初に到達する曲輪が宿直Dということになる。つまり山麓から登ってきた道①は現在千畳敷Aに直接入ってきているが、かつては一旦宿直Dに入ったと考えられる。虎口③の石垣が宿直D側にしかないのは、これで理解できる。登城者は石垣で化粧された虎口③を見て、観音屋敷Bを経由し千畳敷Aに入ったのであろう。勿論虎口③に入る登城者を、月見櫓Eが監視している。山麓から進攻してきた敵軍を遮断するという防御システムを考えれば、当然の入り方と言えよう。宿直（とのい）とは常時城兵が駐屯して、登城者をチェックするという意味だったかもしれない。

　一つの仮説として、千畳敷Aに直接入るルートは廃城後と考えられないだろうか。つまり道①や千畳敷Aに残る石造品（石仏・石祠）は廃城後に持ち込まれ、直接千畳敷Aに入るルートに変更された、というのはどうであろうか。

　この仮説の泣き所は、山麓と宿直Dを繋ぐ登城路の形跡が見当たらないということである。虎口は長方形の窪地⑳と考えられ、入って左折して進んだようである。しかし、この虎口⑳から登城路が繋がっていた痕跡は見つからない。見つからなければ筆者の仮説は成立しない。痛い泣き所である。

　義景館の南側に、義景の母の館と伝える中御殿があり、かつてここから英林塚を経由して一乗谷城に至るルートがあった（仮に英林塚道とする）。この道は平成16年以降閉鎖されているが、明治35年第九師団作成地形図にも記載されており、かなりの古道と推定される。英林塚道が当時の城道だとすれば、主要館群と一乗谷城とをダイレクトに結んだ重要な城道と考えられる。

　第九師団地形図から詳細は読み取れないが、英林塚道は一旦宿直Dに入って尾根上曲輪群に進んだとも読み取れる。この推定が正しければ、やはり一乗谷城の出入口は、宿直Dということになろう。いずれにせよ、地表面観察の考察であり、仮説の範疇としたい。

（4）尾根上の曲輪群
a）全体の概要（図1）

　尾根上の曲輪群は、F～M曲輪まで8曲輪存在する。全ての曲輪には、曲輪そのものに設置された枡形虎口等地表面観察で確認できる明確な虎口は存在しない。さらにI・J・Kの主要曲輪には、櫓台は設置されているが、塁線土塁は巡らされていない。これは一乗谷城の構築年代を推定する重要な事実となる。

　F～M曲輪は曲輪間を堀切等で遮断している。しかし尾根全体を堀切らず、堀切端部に通路状の帯曲輪を配置している。勿論後世に埋め戻された形跡も無い。つまり連絡用の通路は残しているのであり、各曲輪間の連絡用施設を必要としていたことを物語っている。それは各曲輪が同時代に存在していたことも物語っているのである。

　尾根の端部は、遮断性の強い大堀切で完全に尾根続きを遮断する。堀切⑤・⑥・⑦・⑧（図3・4）がそれに該当する。特に堀切⑤は上幅25mもあり、さらに先端に畝状空堀群とセットの堀切⑲を設けて城下町側を完全に遮断している。それでも不足だったのか、J曲輪直下に土塁⑨

を設け、堀切⑤を越えて進攻する敵軍に備えている。堀切⑤は城下町に続くＱ尾根を遮断する。その尾根を土塁を設けて防御力を増強しているということは、城下町からの敵軍の進攻を恐れていたということになる。城下町方向といえど、決して安全地帯ではなかったのである。堀切や土塁を設けて警戒しなければならなかったのである。

　尾根続きを唯一完全に遮断していないのは、Ｎ尾根である。堀切⑩（図２）は二重に堀切ながらも西側端部まで堀切らず、通路を通す余地を残している。またその先端の切岸⑪（図１）も土橋を設けて通路を確保している。警戒しているものの、通路を確保しているのは、他の尾根とは明らかに違った思想であり、重要な事実として注目すべきである。一乗谷城存続期間中に、重要な尾根道が存在していたと理解したい。多少後世の改変を受けており、さらに遊歩道設置により切り拡げられてい
るが、ほぼ現在のルートを通っていたと推定される。このＮ尾根道は、明治 35 年第九師団作成地形図にも記載されている。

b）Ｆ～Ｉ曲輪（図２）

　Ｆ～Ｉ曲輪は、居住区域Ａ～Ｄのほぼ全区域を見下ろし、月見櫓Ｅを含めれば、居住区域を包み込むような形で構成されている。居住区域の防御施設としての役割を果たしていると考えられる。つまり居住区域の防御施設という観点でみれば、Ｆ～Ｉ曲輪は一つのグループとみなすことができる。

　Ｉ曲輪は通称一の丸と呼ばれている。通称本丸とも呼ばれている千畳敷Ａを見下ろし、また千畳敷Ａ側に横堀⑫を設けていることから、Ｉ曲輪は千畳敷Ａよりも上位の曲輪であることを物語っている。前述のようにＦ～Ｉ曲輪は、細尾根になりながらも繋がっており、堀切で遮断していない。ただし、全ての曲輪で虎口は明確でなく、どこから曲輪に入ったのか判然としない。

　そのような中で、唯一明確な虎口が、虎口㉒である。近年の遊歩道設置により切り拡げられ、多少原型を失っているが、城兵駐屯用の小平坦面地や、尾根を狭めるための土塁を設けていることから、当時の城道も現在と同じ道を通っていたと考えて良い。虎口㉒は、Ｎ尾根から通ってきた尾根道が、Ｉ曲輪以南の主要曲輪群に入るのを監視するための虎口なのであろう。

　虎口㉒は土塁を設けているが、尾根を完全に遮断しているわけではない。入口を狭めているだけである。さらにＨ曲輪とは、土塁によって完全に分離されており、Ｈ曲輪を防御する虎口ではない。細い尾根頂部に位置しているため、虎口を防御する城兵の駐屯スペースもほとんど存在しない。極めて初原的な虎口と言える。Ｎ尾根から進攻してきた敵軍の進行速度を鈍らせるためだけの虎口と考えたい。特論で詳述するが、元亀年間で朝倉氏が多用した、土塁で構築した、曲輪そのものを防御する虎口（特論では土塁虎口と称している）とは、大きく形態が異なっている。土塁虎口が元亀年間とするならば、虎口㉒はそれ以前の虎口と考えられよう。

　注目したいのは、北東斜面にビッシリと配置された畝状空堀群である。この畝状空堀群は一乗谷城の最大の特徴となっている。畝状空堀群は北東斜面（城外側）のみに存在し、南西斜面（城内側）存在しない。従ってＮ尾根から進攻してきた敵軍に対抗するための防御施設と理解できる。

　勘違いしてはならないのは、畝状空堀群とは敵軍の進行速度を鈍らせて、城内から放たれる弓矢の命中率を高まらせるものであり、決して敵軍の攻撃を遮断するものではないということである。敵軍の攻撃を遮断したいのなら、堀切⑤のように大堀切を設ければよい。しかし大堀切というものは一長一短あって、敵軍の攻撃も遮断するが、味方の連絡・通路までも遮断してしまう。つまりＮ尾根には重要な尾根道が通っていたので、堀切で遮断できなかった。しかしこのままでは、大切な居住区域に敵軍が進攻してしまう。居住区域を敵軍から防御するために設けられたのがＦ～Ｉ曲輪であり、防御力を増強するために設けられたのが畝状空堀群と理解できる。

　敵軍が進攻するＮ尾根に直面するのがＦ・Ｇ・Ｈ曲輪である。この北東斜面に畝状空堀群が配置されている。居住地区を敵軍の攻撃から防御する防波堤としてＦ・Ｇ・Ｈ曲輪であり、敵軍の攻撃を遮断するのが、切岸である。切岸とは緩斜面を人工的にカットして急斜面に造り変え、進攻不能にしてしまう人工の「土壁」である。

　この切岸を構築すれば、必然的に切岸直下に帯曲輪が生じてしまう。この帯曲輪をそのまま放置すれば、敵軍は自由に移動してしまい、城兵にとって不利となる。この帯曲輪はＮ尾根通路よ

りも下部となり、そのまま谷に沿って緩やかに下っていく。つまりN尾根から進攻してきた敵軍にとって帯曲輪は、非常に攻め込みやすい曲輪だったのである。帯曲輪の裏側は無防備な居住区域であり、敵軍が自由に帯曲輪を移動して、F曲輪を迂回して居住区域に攻め込む可能性が高かったのである。つまり帯曲輪をそのまま放置するということは、非常に危険極まりないことだったのである。

　切岸を設けるということは、必然的に帯曲輪を発生させるということである。その帯曲輪に敵軍が進攻してくる可能性がなければ、帯曲輪を放置しても問題は無い。例えば帯曲輪が通路より高い箇所にあり、敵軍の進攻の可能性が低い場合である。しかし、一乗谷城のように敵軍が進攻してくる可能性が非常に高ければ、これを阻止する必要が生ずる。それが畝状空堀群の使用だったのである。畝状空堀群によって移動速度が著しく鈍った敵軍に対して、城内から弓矢が放たれ、敵軍の死傷率は格段に高くなったに違いない。

　以上述べたように、一乗谷城にとって畝状空堀群は必要不可欠な防御施設だった。その必要とされた時期は、F・G・H曲輪構築直後から発生したと考えて良い。つまりF・G・H曲輪と畝状空堀群は、ほとんど同時（切岸構築直後）に構築されたと考えられるのである。

　F・G・H曲輪が最初に構築され、後に居住区域が構築されたとする説も存在する。しかしそうであれば、F・G・H曲輪は居住区域側にも防御施設を設けていなければならない。しかしその痕跡は全く存在せず、居住区域側は全くの無防備であり、居住区域側を構築当初から城内としていた証拠である。つまりF・G・H曲輪と居住区域もほぼ同時に構築されたと考えて良い。従って畝状空堀群・F・G・H曲輪・居住区域は、ほぼ同時に構築されたのである。

　畝状空堀群を仔細に観察すると、分布密度に差が生じていることに気がつく。F・G曲輪直下の畝状空堀群は分布密度が濃く、H・I曲輪直下は粗くなっている。これはF・G曲輪直下の帯曲輪は敵軍が最も入り込みやすく、さらにF曲輪を迂回して居住区域に進攻してしまう危険性がある。このために敵軍の移動を完全に阻止するような分布密度の濃い畝状空堀群を設けたのである。一方H・I曲輪の帯曲輪は、N尾根通路よりも上部にあり、敵軍は入り込みにくい。仮に入り込まれたとしても、居住区域にまで進攻する可能性は低い。このために分布密度を粗く構築したと考えられよう。

　I曲輪の北東斜面には、畝状空堀群の他に、張り出し⑬・⑭が設けられている。これは横矢掛けと言われる防御施設で、切岸や畝状空堀群に取りついた敵軍の側面に弓矢を射かけたと推定される。この張り出しは後から付け足すことはほぼ不可能であり、当然切岸構築と同時に構築されたと考えられる。つまりI曲輪と畝状空堀群の構築は同時ということである。

c）どこが主郭？（図３）

　I曲輪は通称一の丸と呼ばれており、尾根上曲輪群最大の面積を誇る。眼下の千畳敷A（別名本丸）を見下ろす。さらに千畳敷A側に横堀⑫を設けているため、I曲輪は千畳敷Aより上位の曲輪であることを物語る。一方、I曲輪はJ曲輪方向に櫓台⑮を設け、尾根続き方向の曲輪に対して上位の曲輪であることを示している。それではI曲輪が主郭なのであろうか。

　尾根続き方向に櫓台を設けるのは、I曲輪だけでなく、J曲輪も同様である。同じく尾根上に構築されたK・L曲輪は端部に櫓台を設けておらず、他の曲輪よりも優位性を誇示していない。従ってI・J曲輪のどちらかが主郭ということになる。

　I曲輪の横堀⑫は、曲輪の前面を保護しているが、肝心の櫓台方向までをカバーしていない。さらに横堀を仔細に観察すると、西端を竪堀で落とし、斜面迂回を防止している。つまり敵軍がJ曲輪方向に進攻するのを防御しているのであり、I曲輪はJ曲輪の前衛的な役割も果たしているのである。この理由により、J曲輪はI曲輪より上位の曲輪と考えられる。

　J曲輪に目を向けると、尾根道より一段高くなっているだけで、顕著な防御施設は設けていない。これはI曲輪がJ曲輪の前衛となって敵軍の攻撃を防いでくれるからと考えられる。従ってJ曲輪が主郭として良い。ただし、I曲輪とJ曲輪は明確な身分差が存在しているわけでなく、主郭から従郭に対して強力な求心力を及ぼしているわけではない。明確な主郭が存在しないのも、尾根上曲輪群の特徴の一つと言えよう。

d）J曲輪（図3）

　尾根上曲輪群の主郭と推定される。しかしⅠ曲輪との決定的な身分差が生じているわけでなく、身分差があまり感じられないのも曲輪群の特徴の一つである。背後に大堀切を設けているものの、完全に尾根全体を遮断せず、西側に通路を通す余地を残している。ただしストレートに通すのは不安だったらしく、竪堀を設けて通路を屈曲させている。余地を残しているのは、各曲輪を繋ぐ通路が存在していたことを物語る。

　主郭Jには土塁囲みの小曲輪⑨が付属する。これはQ尾根方向を監視するとともに、通路を通行する城兵達を監視する関所のような機能を果たしていたと考えられる。小曲輪⑨は主郭Jから厳しく監視されており、主郭Jにとって重要な曲輪だったことを推定させる。このような付属曲輪を設けて防御しているのは主郭Jのみであり、このことからもJ曲輪が主郭であることを物語っている。

e）K・L曲輪（図4）

　主郭Jの前衛となって、南側の尾根続きを防御するのがK曲輪である。K・L曲輪両方を含めて三之丸と称している。K曲輪には、堀切⑥の両サイドだけでなく、西側にも畝状空堀群を設けている。これは、南側の尾根続きから進攻してきた敵軍が、K曲輪頂部の平坦面を通らずに、切岸直下の平坦面を通過するのを防ぐためと考えられる。つまり切岸直下の平坦面は、敵軍が自由に通過することができる箇所であり、一乗谷城にとって弱点部になっていたのである。この弱点部を克服するために、畝状空堀群を導入したというわけである。弱点部を克服したK曲輪は、主郭Jの前衛という重責を見事に果たしていたと言えよう。

　弱点部を長期間放置するはずがなく、導入時期は切岸構築直後と推定して良い。つまりK曲輪構築とほぼ並行して畝状空堀群が構築されたと考えられる。さらに主郭Jの前衛であるK曲輪は、主郭Jの後に構築されるはずがない。それは、尾根続きからの攻撃に主郭Jが直撃されてしまうからである。従って主郭JとK曲輪の構築も、ほぼ同時と考えて良い。

　以上の理由から、主郭J・K曲輪・畝状空堀群は、ほぼ同時に構築されたと考えたい。

　L曲輪は、尾根上曲輪群の中で最高所となり、標高473ｍを測る。最高所に位置するが、主郭でないことは前述のとおりである。尾根続きを遮断性の強い堀切⑦で完全に遮断する。

　L曲輪は、尾根上曲輪群唯一切岸直下に畝状空堀群を設けず、横堀⑱を設けている曲輪である。横堀としては浅すぎるため、土塁を設けて防御した通路と解釈すべきであろう。切岸直下の平坦面は、敵軍が自由に移動できるため、畝状空堀群を用いて徹底的に潰すというのが基本スタンスだった。しかしこちらの平坦面は、わざと通路を設けて通りやすくしている。極めて異例である。その理由は、次のｆ）M曲輪の項で述べる。

ｆ）M曲輪（図4）

　M曲輪は、O尾根から進攻してくる敵軍を食い止める役割を果たしていたと考えられる。先端を堀切⑧で遮断し、防御力を増強するために城内側に土塁を設ける。さらに両斜面に迂回する敵軍の進行速度を鈍らせるために畝状空堀群を導入する。この畝状空堀群は、堀切⑦を迂回する敵軍防止用の畝状空堀群でもある。

　さて、この畝状空堀群は、切岸としてP谷の底へ伸びており、⑯地点まで続く。明らかにO尾根だけでなく、P谷も警戒した防御ライン構造となっている。さらに注目したいのは、⑰地点に開口部を設けているということである。P谷あるいはO尾根（あるいはそのどちらとも）に中世の道が存在していて、しかもそれは防御ラインを設けるほど重要かつ警戒しなければならない道で、開口部⑰から出入りしていたことになる。

　わざわざ開口部を設けたということは、城兵も出入りしていたのであろう。それは恐らくO尾根に中世の尾根道が存在し、城下町と繋ぐ連絡路として機能していたと考えられる。城下町から登ってきた城兵は堀切⑧直前で左折して一旦P谷に下り、開口部⑰からL曲輪に取りついたのであろう。城兵が登城するということであれば、当然敵軍が進攻する可能性も大である。その結果、堀切⑧から⑯地点に至る防御ラインを構築したのである。主郭Jに直結するQ尾根に、城下町からの登城路を設けるわけにはいかない。堀切⑤・⑲で完全に遮断しているのがそれを明瞭に物語

る。O尾根に登城路を設け、切岸と畝状空堀群をセットにした防御ラインを構築したのである。

開口部⑰から登城路が伸びていたなら、その先はL曲輪に取りついたと考えられる。城兵も利用したのなら、警戒しながらも、通行しやすい通路にしなければならない。その結果、横堀の性格も兼ね備えた通路⑱を設けたのである。ここを畝状空堀群で潰してしまえば城兵は登城できなくなる。危険を承知の上で通路⑱を設け、L曲輪からの横矢を効かせながら通過させ、そしてK曲輪頂部の平坦面を経由して主郭Jにいたったのであろう。

g）堀切⑧から⑯地点までの防御ライン（図4）

M曲輪は、O尾根から進攻してくる敵軍を食い止める役割を果たしていたと考えられる。ここで注目したいのが、堀切⑧から⑯地点まで続く防御ラインである。堀切・切岸・畝状空堀群をセットにした防御ラインであり、P谷を塞いでいる。尾根だけでなく、谷も塞いで敵軍の進攻を阻止した見事な防御ラインと評価できる。

これと同様の防御ラインが波多野城（永平寺町、『越前中世城郭図面集Ⅰ』参照）にも存在する。波多野城の構築年代は不明だが、明確な虎口や横堀・塁線土塁がほとんど存在していないことから、やはり元亀～天正年間までは下らず、天文～永禄年間とすべきであろう。これは一乗谷城の畝状空堀群の構築年代を考える上で、重要な事実となる。

（4）考察

一乗谷城の縄張りを紹介した。まとめると下記のようになる。
a）居住区域と軍事区域（尾根上曲輪群）に分けられる。
b）居住区域には礎石・石瓦が存在しており、本格的な居住施設が存在していたと思われる。
c）宗教施設が存在していた可能性も指摘できる。
d）宿直Dに、石垣を用いた唯一の枡形虎口が残る。
e）尾根上曲輪群には、曲輪の周囲に巡らした塁線土塁や、土塁で構築した明確な虎口は全く見られない。
f）各曲輪間に堀切を設けて遮断している。しかし堀切の端部に通路状の平坦面を残しており、尾根全体までも遮断していない。
g）居住区域とF・G・H・I曲輪及び畝状空堀群は、ほぼ同時に構築された可能性が高い。
h）主郭J・K曲輪及び畝状空堀群はほぼ同時に構築された可能性が高い。
i）主郭はJ曲輪（通称二ノ丸）。しかしI曲輪と比較しても、さほど身分差は感じられない。
j）O尾根に城下町からの登城路が存在していた可能性が高い。
k）堀切⑧から⑯地点までに、堀切・切岸・畝状空堀群をセットにした防御ラインを構築している。

まずa）・b）・c）からは、典型的な守護・守護代の山上居住パターンが見て取れる。軍事的緊張が高まった16世紀中頃（天文～永禄年間）以降、守護・守護代の居住区域は平野部から山上へと移る。近江の観音寺城、能登の七尾城等がその好例である。ただし、移したのは私的空間（ケの空間）のみであり、公的空間（ハレの空間）は山麓に存在していた。朝倉館はまさに公的空間であろう。ただし、千畳敷Aに存在する礎石群は宗教施設の可能性も指摘でき、私的居住施設は千畳敷の別の場所に建っていた可能性もある。

d）からは、宿直Dが千畳敷Aの入り口だった可能性を指摘できる。宿直Dには、山上曲輪群唯一の石垣を用いた枡形虎口が残る。この枡形虎口は、ほとんど横矢が掛からないことから、軍事施設ではないと考えられる。枡形虎口に設けられた石垣は宿直D側に設けられており、宿直Dから観音屋敷Bに行くときに視野に入る。現在の大手道は、直接千畳敷Aに取りついており、千畳敷A→観音屋敷B→宿直Dという順番で入ることになる。これでは石垣はほとんど視野に入らず、石垣設置の効果は半減してしまう。従ってかつての大手道は、まず宿直Dに取りつき、観音屋敷B→千畳敷Aへと進んだと考えたい。城下町から登城する大手道といえどもダイレクトに城主居館である千畳敷Aに取付くのは、あまりにも不用心である。やはりまずは宿直Dに取りついたと考えるのは自然であろう。

e）は山上曲輪群の構築時期を考える上で、重要な事実である。詳細は特論で述べるので多くは説明しないが、朝倉氏が織田信長との抗争期に入った元亀年間、朝倉氏は近江で多数の城郭を築

いている。それらの城郭に朝倉氏城郭の代名詞ともいうべき畝状空堀群は、必ずしも存在しておらず、むしろ存在しない城郭の方が多い。逆に必ず存在するのが、軍事施設としての土塁で構築した枡形虎口、曲輪の周囲に設けられた塁線土塁である。つまり元亀年間の朝倉氏にとって、土塁で構築した枡形虎口と塁線土塁が必要不可欠のパーツだったのである。その両方とも存在しない一乗谷城の現存遺構の構築年代は、元亀年間より前、永禄年間以前とするのが自然な解釈であろう。そして元亀年間は改修せず使用し、天正元年滅亡したと考えたい。

　f)・g)・h)により、現存する一乗谷城全体の遺構はほぼ同時に構築されたことが推定できる。堀切で尾根全体を遮断せず、通路で各曲輪を繋げているということは、各曲輪全体が同時に存在していたことを示している。さらに各曲輪には、年代差を示すパーツは存在しない。ほぼ同時に存在していたと考えてほぼ間違いあるまい。勿論これだけの土木施設を完成させるには、2～3年間は必要としたはずである。守護・守護代の山上居住が行われた天文～永禄年間に2～3年かけて構築され、元亀年間はほとんど改修せず滅んだのではなかろうか。

　i)は守護・守護代の拠点城郭に共通して見られる特徴である。戦国の末期になればなるほど城主権力が強化され、主郭が明確化する。これも初期山城の特徴の一つと言えよう。天文～永禄年間に山上曲輪群を完成させた結果、元亀年間に主郭の大々的な改修ができなかったのであろう。

　j)・k)からは、城下町からの尾根道は、主郭Jに直結する尾根Qに通さず、K・L曲輪を経由するO尾根に通しているところが重要である。しかも敵軍が進攻する恐れがある弱点部となるため、切岸と堀切・畝状空堀群をセットにした防御ラインを構築し、弱点をカバーしている。防御ラインの存在から、中世の尾根道が存在していたことは確実である。そして同様の防御ラインが波多野城にも存在しており、同一の構築者・構築年代が推定されよう。

（5）小結
　現存遺構は、天文～永禄年間に山上居住（私的居住＝ケの空間）を目的として朝倉氏が構築した可能性が高いことが判明した。宗教施設の存在も推定される。各遺構からは年代差が認められないため、現存遺構はほぼ同時期に構築された可能性は高い。それはやはり天文～永禄年間であろう。波多野城と同型の防御施設も存在することから、そちらからの調査・研究も必要である。
　地表面観察には限度がある。今後は発掘による考古学的調査により研究を進めていくのが重要な課題となろう。そうすれば築城期も解明されるかもしれない。

３．まとめ
　以上、一乗谷城を文献史料と縄張りから説明した。文献史料からは、15世紀前半に存在していた可能性があり、従来の築城期より遥かに早い時期である。縄張りからは、現存遺構の構築年代は天文～永禄年間であり、織田信長との抗争期には改修されてないことが推定された。文献・遺構から推定できることは、ここまでである。今後は発掘調査により解明することが重要課題と言えよう。

【Q尾根の窪地、いわゆる伏兵穴について】
　Q尾根には、直径・深さ共に1m程度の竪穴が多数存在している。かつてこれらは伏兵穴と呼ばれ、城兵が潜んで敵兵に弓矢を放った穴とされていた。
　筆者もこの穴に興味を持ち、昭和59年城戸ノ内集落の古老達から聞き取り調査を行った。その結果、一般家庭で日常的に使用するケシ炭穴ということであった。木の幹の部分は商売用の本炭に使用し、残った枝は一般家庭で日常的に使用するケシ炭に使用したという。作り方は簡単で、直径・深さ共に1m程度の竪穴を掘り、そこに枝を投入して火をつけ、土をかぶせて蒸し焼きにして、2～3日後に取りだしたという。火を扱うため、風の強い山頂ではなく、山頂から一段下がった場所で、しかも集落で決めた場所のみで掘ったという。このため一箇所に穴が集中するのである。これは一乗谷周辺だけでなく、少なくとも北陸・飛騨全域で認められる。城郭施設ではないことを、ここに明言しておく。

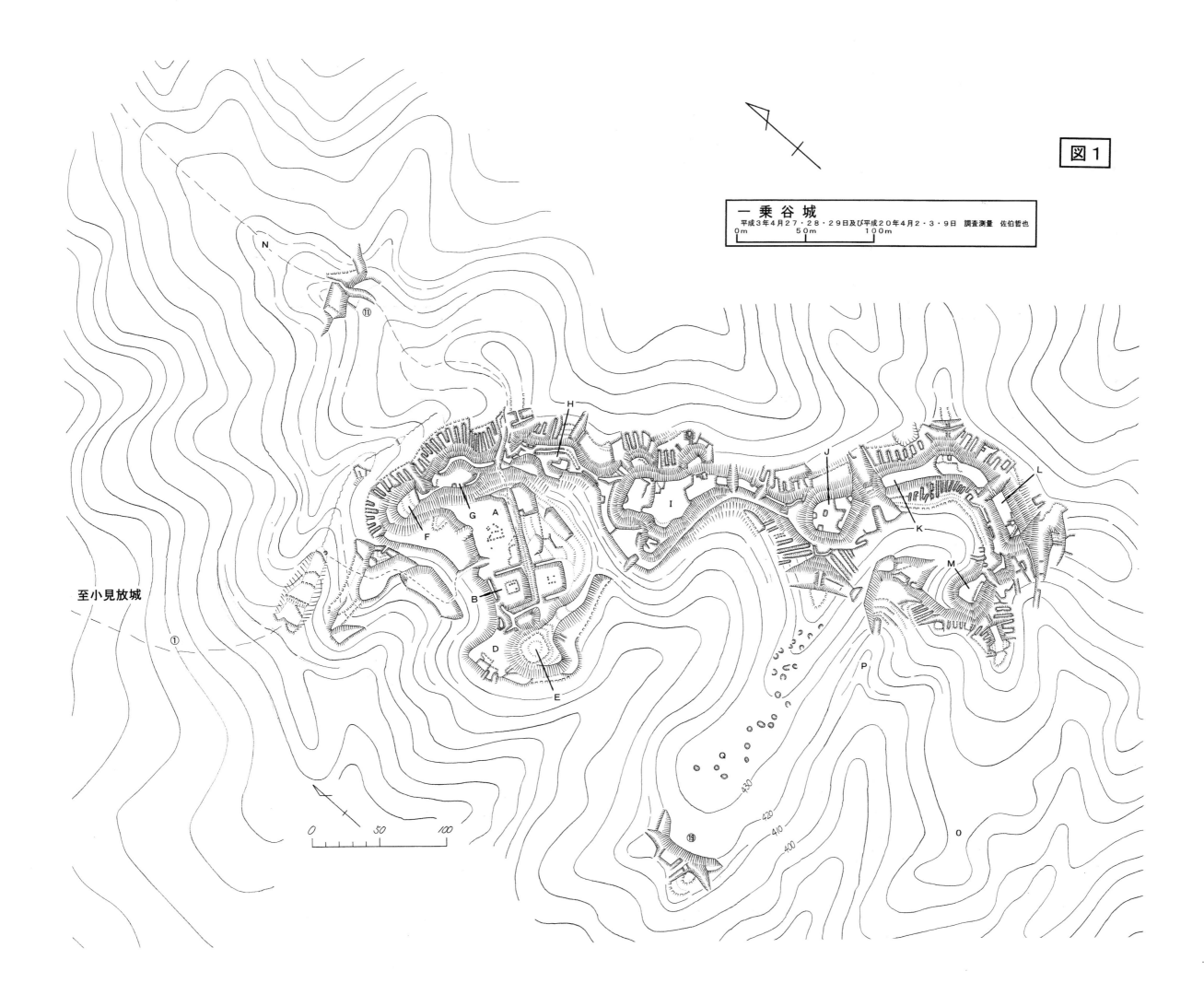

図1

一 乗 谷 城
平成3年4月27・28・29日及び平成20年4月2・3・9日　調査測量　佐伯哲也
0m　　　　　50m　　　　　100m

至小見放城

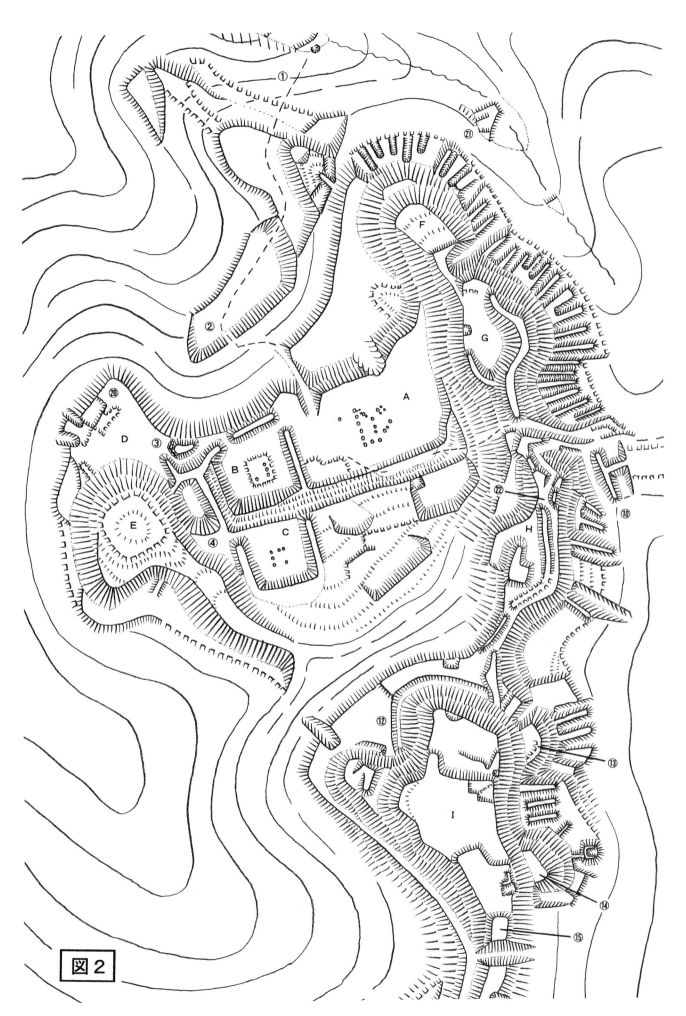

図2

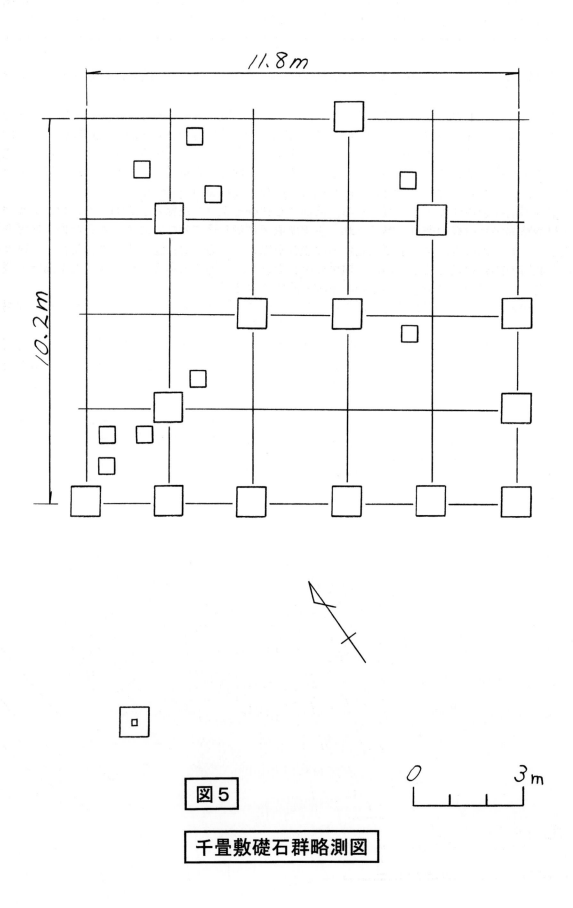

11.8m

10.2m

図5

千畳敷礎石群略測図

0　　　　　3m

15. 北茶臼山城 （きたちゃうすやまじょう）

①福井市角原　②－　③16世紀後半　④16世紀後半　⑤16世紀後半　⑥朝倉氏?　⑦山城
⑧削平地・切岸・土塁・竪堀・横堀・堀切　⑨70m×40m　⑩標高40m、比高30m　⑪18

　『城跡考』には、「北茶臼山城跡　時代不知」と記載するだけで、城主等詳細は一切不明である。

　城跡は一部送電鉄塔で破壊されているが、保存状態は概ね良好である。文殊山登山口の一つである角原集落を睨む高台に築かれている。文殊山城との因果関係を強く窺わせる選地といえよう。

　主郭は城内最高所のA曲輪。北東側にコの字型土塁を巡らす。南西側に無いことから、城主は北東側を警戒していたことを物語る。土塁の直下には横堀と竪堀をセットとした防御施設を設けており、やはり城主は北東側を異常に警戒していたことを物語っている。

　尾根の前後を堀切①・②で遮断する。前面にB曲輪を設けて主郭Aを防御する。細長く伸びた土塁通路③がB曲輪の虎口と推定され、主郭北直下に廻り込ませないようにするため、竪堀を併設している。入る時、コの字型土塁からの横矢が効いている。虎口③に入らず、北直下に廻り込んだ敵軍の動きを鈍らせるために、横堀や竪堀を設けているのである。つまり、土塁通路・竪堀・横堀・コの字型土塁が連動した防御施設と評価できる。

　C曲輪の内部は、送電鉄塔で破壊されており、旧来の姿は不明。ただし、主郭Aあるいは堀切②との関係から、虎口等の施設は存在していなかったと推定される。

　連動した防御施設の存在により、現存遺構の構築年代が16世紀後半と推定することができる。とすれば、築城者を朝倉氏と推定することができよう。なお南茶臼山城も調査したが、城郭遺構が存在せず、純然たる古墳と判断したため、紹介しない。

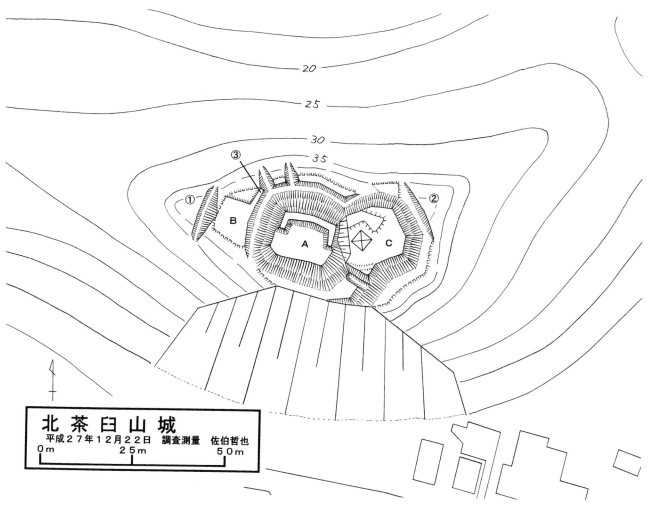

北 茶 臼 山 城
平成27年12月22日　調査測量　佐伯哲也
0m　　　25m　　　50m

16. 小見放城 (こみはなれじょう)

①福井市城戸ノ内　②－　③16世紀後半　④16世紀後半　⑤16世紀後半　⑥朝倉氏　⑦山城
⑧削平地・切岸・土塁・堀切・竪堀・礎石　⑨130m×80m　⑩標高150m、比高100m　⑪6

　城戸ノ内集落から通称馬出を経て一乗谷城の千畳敷に至るルートは、一乗谷城の大手道と考えられる。小見放城は大手道の登り口に位置し、しかも城戸ノ内集落を見下ろす位置にあるため、大手道を監視・掌握するために築城されたと考えられる。

　馬出には階段状の削平地が残る。この削平地は、江戸期以降の耕作により若干改変されていると考えられる。しかし、地表面には多数の土師器皿が散乱しているため、中世の生活空間の場であったことは確実である。

　小見放城の東側から南側にかけて、大手道が通っており、大手道を強く意識して選地されたことは確実である。一乗谷城の出城でありながら、一乗谷城との尾根続きは、敵軍から城内を見下ろされるため最大の弱点となる。このため尾根続きを遮断することに防御の主眼を置く。

　まず上幅約20mの大堀切①で、尾根続きを完全に遮断する。堀切の西端は、竪堀状に落として敵軍の斜面迂回を防止している。東端は折れを設けて櫓台②から横矢が効くように設定している。さらに土塁③を設けて堀底内の移動速度を鈍らせ、城内から放たれる弓矢の命中率を上げさせている。巧妙な防御施設と言えよう。また、櫓台②と堀切がセットになった防御施設であることにも注目したい。これでも不安だったのか、さらに切岸⑤を設ける。現在堀切①と切岸⑤の間に竪堀が一本確認できる。かつては竪堀を3～4本配置した畝状空堀群だったかもしれない。

　主郭Aの④は、単純ながらも内枡形虎口だった可能性が高い。さらに下部のB曲輪との間に通路を設け、横矢を効かしている。本遺構の構築が16世紀後半にずれ込むことを推定させる重要な施設である。

　一方、山麓からの防御施設としては、まず長大な切岸⑥がある。北端に切岸、南端に竪堀を落として敵軍が両斜面を迂回するのを防止する。この傾向は切岸⑦にも見られ、土塁⑧・⑨を設けることにより、少人数でしか両サイドに廻り込めないようにしている。

　城内最大の曲輪はC曲輪である。ここの中央に礎石群が残る。ほぼ正方形をした一辺4.2m四方の規模を持つ。礎石の大きさは約80cm前後。二個の礎石に直径約30cmの面取り痕が確認できることから、直径30cm程度の頑丈な丸太造りの小堂が推定できる。集落を見下ろす高台に位置することから、神社等宗教施設の可能性も指摘できる。『一乗谷　戦国城下町の栄華』（福井県立一乗谷朝倉氏遺跡資料館 2015）所収『一乗谷古絵図』（江戸後期　春日神社蔵）には、小見放城付近に「弁天宮跡」と記す。あるいはこの礎石群なのかもしれない。

　注目したいのは、一乗谷城に繋がる大手道が尾根上に出た部分に、線刻磨崖仏が存在している点である。筆者は石造物に対して全くのシロウトだが、磨崖仏のお顔が柔和で地蔵菩薩のような感じがするため、江戸期の作ではないかと推定している。前述の礎石群は、線刻磨崖仏が存在する尾根の突端に位置していることから、礎石群と線刻磨崖仏の関連性を指摘することが、仮説の範疇であれば、許されるであろう。

　曲輪は主郭A・B・C・Dが認められる。主郭A・Bは連動しているが、C・Dは半独立状態で、主郭Aとほとんど連動していない。主郭からの求心力が各曲輪に及んでいないと言えよう。

　以上、小見放城の縄張りを概説した。堀切と櫓台をセットにした防御線、横矢折れを設けた堀切、単純な内枡形虎口の存在は、やはり遺構の構築が16世紀後半にずれ込むことを示唆している。一方、各曲輪の連動性の悪さ、明確な枡形虎口にまで発達していない点を見れば、16世紀末まで下らないことも示唆している。これは基本的には山上の一乗谷城と同じであり、同時期に同一勢力によって構築されたことを推定させる。

　ただし、決定的に違うのは畝状空堀群の存在である。一乗谷城には約100本の畝状空堀群が存在するが、小見放城には全く存在しない。これは周囲の城郭も同様である。これは一乗谷城と周囲の城郭を考える上で、重要な事実となろう。

小見放城
平成20年12月3日　調査測量　佐伯哲也
0m　　　　25m　　　　50m

C
⑩
D
⑧
B
⑦
A
④
②
①
⑨
⑥
③
⑤

線刻磨崖仏　⊗

至一乗谷城

17. 小 城（こじょう）

①福井市城戸ノ内　②－　③16世紀後半　④16世紀後半　⑤16世紀後半　⑥朝倉氏　⑦山城
⑧削平地・切岸・土塁・堀切・竪堀・横堀・石垣　⑨90m×110m　⑩標高120m、比高70m　⑪6

　小見放城と同様に、一乗谷城の大手方向を防御する城郭である。小見放城と違うのは、馬出から登ってくる大手道は谷一つ挟んだ向かい側を通っており、大手道そのものを監視・掌握していた小見放城とは若干役割は違っていたと推定される。小城の尾根は、朝倉館の背後に通じ、さらに一乗谷城の弱点部とも言うべき千畳敷へと繋がっている。従って朝倉氏にとって、山麓の居館、山上の詰城を防御するために必要不可欠な要地と言える。このようなことが、小城の築城の一つだったのであろう。

　小城も小見放城同様に、背後の尾根を上幅約30mの大堀切①で完全に遮断する。尾根続きは敵軍に城内を見下ろされることになり、弱点部の一つとなる。この弱点を補うために、大堀切を設けたのであろう。

　ただし、小見放城と違うのは、堀底に土橋を設けていることである。これが廃城後の石垣でないことは、土橋底部に石垣を設けていることである。耕作による石垣でないことは明らかであり、小城に関連する石垣として良い。堀切①の南側には、不明瞭ながらも小平坦面群②が残っている。このことから現在痕跡を残していないが、尾根上には一乗谷城へ繋がる尾根道が存在し、その尾根道と小城を繋ぐために土橋を設けたのであろう。石垣で補強していることを考えれば、かなり重要な尾根道だったことを指摘できる。

　土橋を渡った敵軍は、土塁状に加工された尾根に挟まれながら③地点に導かれる。この③地点も不明瞭ながらも平虎口として良い。不明瞭ながらも虎口が残るのは、小見放城と同じである。勿論土橋を渡らず、堀底に降りる敵軍もいたに違いない。そのような敵軍の動きを鈍らせるために、土塁状の凹凸を堀底に設けている。障子堀と同じ効用を持つ凹凸である。

　小城の東側には谷が存在し、なおかつ急峻な地形によって守られている。従って東側斜面に目立った防御施設は存在しない。様々な防御施設を設けているのは、城戸ノ内集落に面した西斜面である。

　まず尾根先端を堀切④で遮断し、防御力を増強させるために、城外側を土塁状に加工する。そして圧巻は、堀切④から横堀⑤を連結させ、そのまま切岸を土橋に接続させている防御ラインである。防御ラインの城内側の切岸は、最高で約11mもあり、進入は不可能に近い。さらに⑥地点に折れを設けて横堀内に横矢を効かしている。この横矢折れの存在から、当遺構の構築年代を16世紀後半と推定することができる。

　切岸が一番低くなった箇所に土橋を設け、その対岸に半円形状の平坦面⑦を設ける。防御ラインの対岸に位置し、城内と連絡していたことが推定できることから、橋頭保とみなすことができ、馬出の効用を持った曲輪と理解することができる。ひょっとしたら、この平坦面⑦が城内外を繋ぐ虎口の役割を果たしていたのかもしれない。土橋は城内外を繋いでいた木橋等の橋台と推定され、勿論横堀内を移動する敵軍の障壁ともなった。

　竪堀⑧・⑨は、斜面を横移動する敵軍の動きを阻止するための防御施設。横堀内を監視する平坦面⑥は竪堀⑧の真正面にも位置し、竪堀⑧内も監視する。竪堀⑧直下には平坦面⑩が存在する。あるいは平坦面⑩と竪堀⑧との間に登城路が存在し、その登城路を平坦面⑥が監視していたのかもしれない。となれば、平坦面⑦は単なる出曲輪となる。

　以上、小城の縄張りを概説した。横堀を設け、横堀内に横矢を掛けていることから、遺構の構築年代を16世紀後半としたい。ここで気になるのは、やはり畝状空堀群が存在しないことである。横移動防止用の竪堀を設けておりながら、畝状空堀群は設けていない。つまり畝状空堀群で横移動を防止する縄張り思想が、存在していなかったことを暗示する。一乗谷城の大手方向を防御する城郭として、畝状空堀群が存在していないということは、やはり重要な事実として注目しなければならないであろう。

小城
平成20年12月3日　調査測量　佐伯哲也
0m　　　　　25m　　　　　50m

18. 上城戸櫓 （かみきどやぐら）

①福井市城戸ノ内　②－　③16世紀後半　④16世紀後半　⑤16世紀後半　⑥朝倉氏　⑦山城
⑧平坦面・切岸・堀切・土塁　⑨80m×40m　⑩標高100m　比高40m　⑪6

　越前朝倉氏一乗谷遺跡は、一乗谷川沿いに展開する細長い城下町であり、下口・上口にそれぞれ土塁で谷を塞ぐ城戸を設けている。下口が下城戸、上口が上城戸であり、上城戸を見下ろす位置に上城戸櫓が築かれている。

　後世の開発により上城戸の土塁は、短く、細くなってしまったが、昭和63年の発掘調査の結果、かつては長さが105mで、城戸外側に堀を設けていた。つまり堀と土塁がセットになった防御ラインだったのである。堀の上幅は11.8m、深さは3.6m。土塁は堀肩から上部の幅が13.3m、高さは4.1mの堂々たる防御ラインだったことが判明した。しかし重要な虎口は、土塁の東西どちらにあったのか、そしてどのような形態（平入り・枡形等々）だったのか、考古学的には判明しなかった。従って上城戸口を一乗谷の大手口とする考古学的な根拠も存在しない。下城戸に設けられ4〜2mの巨石群は上城戸に存在しない。後世に撤去された可能性も否定できないが、やはり全く存在していないのは、当初から存在していなかった可能性を示唆する。巨石群を設け、視覚的効果を狙った下城戸口が、一乗谷の大手口ではなかろうか。

　上城戸櫓は小規模ながら、完結した城郭である。上城戸を見下ろす尾根の突端に選地する。A曲輪が主郭。平坦面の削平は完了しておらず、一部に自然地形が残る。急遽築城された臨時城郭という印象を受ける。北端に堀切①を設けて遮断し、さらに防御力を増強するために外側に土塁を設けている。堀底は広く、敵軍が比較的自由に動き回れるので、それを阻止するために、段差を設けている。主郭Aの東側から南側にかけて土塁④を巡らす。南側の土塁は若干幅が広いので、櫓台だったと考えられる。その南から西側にかけて自然の緩斜面が広がる。このような地形は敵軍の行動を自由にさせてしまうので、切岸に削るのか、あるいは削平して曲輪内に取りいれてしまうのだが、どちらもしていない。やはり急製造というイメージを受ける。

　南端の尾根続きは、堀切②で遮断する。堀切②以南は自然地形なので、城域は堀切②までとしたい。堀切②を越えた敵軍は、土塁④の横矢に晒されながら、③地点から主郭に入ったのであろう。従って③地点は虎口の想定が可能となる。つまり南端は、堀切・土塁・虎口がセットになった防御構造であり、これにより本遺構は、16世紀後半に構築されたことが推定される。

　本来であれば、堀切②と虎口③の間の自然地形は、虎口通路として整備されなければならない。しかし自然地形として放置されている。つまり防御施設としての技術の未発達を指摘することができる。在地勢力の構築を推定することができよう。

　最も注目したいのが、主郭Aの両脇の腰曲輪C・D・Eである。これらは主郭Aの両脇に切岸を設けるために削ったことにより発生した、いわば自然発生的な腰曲輪である。D曲輪は表面を削平して曲輪として用いており、城兵が駐屯していたことを窺わせている。しかしC・Eは自然地形のままで、切岸を構築した後の自然地形のままの平坦面を野放しにしている。C曲輪は上部の主郭Aから横矢が掛かり、進入した敵軍に対して行動を鈍らせることができる。しかしE曲輪は、どこからも横矢がかからず、しかも上部は主郭Aへの進入路があり、特に重要な部分である。従ってE曲輪は特に敵軍の行動に制限を掛けなければならない。

　一般的に敵軍の移動を鈍らせる防御施設として、堀切や畝状空堀群がある。この場合、畝状空堀群をC・E曲輪に設けることが最も効果的となる。しかし全く設けられていない。堀切①・②を設ける土木量をみれば、畝状空堀群を設けることなど、簡単な施工だったはずである。しかし現状としては、全く設けられていない。

　上城戸櫓は上城戸の監視・防御をより強固にするために設けられたことは、ほぼ事実であろう。従って構築者は朝倉氏である。しかし、最も設けやすい場所で、最も設けなければならない場所に畝状空堀群が設けられていない。この点、一乗谷城と決定的に違う。なぜこのような相違点が生じたのか、今後の重要課題と言えよう。

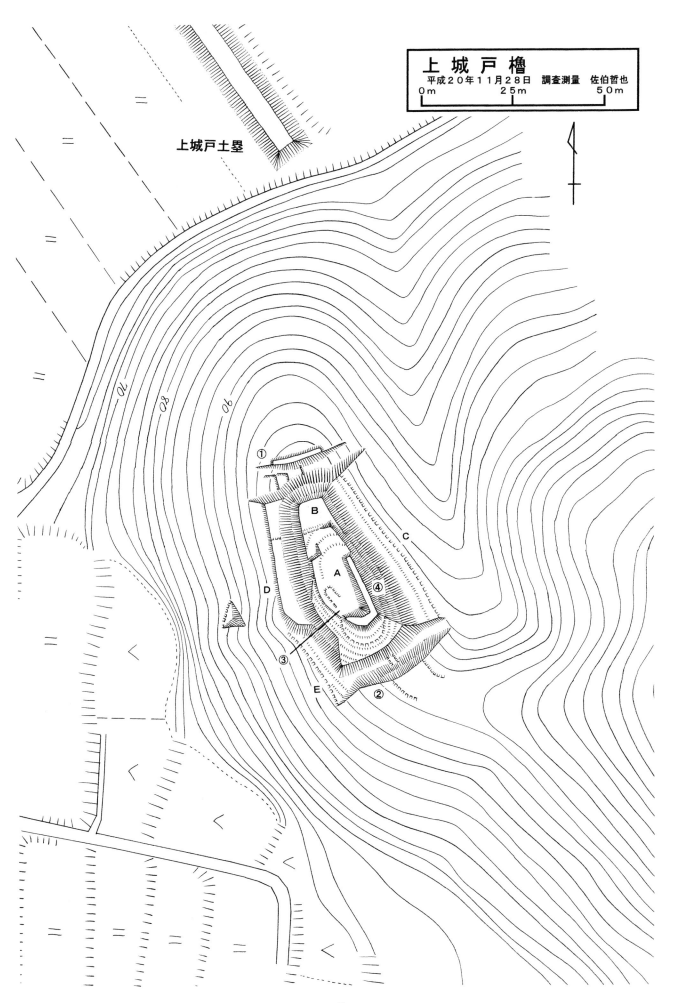

上城戸櫓

平成20年11月28日　調査測量　佐伯哲也

0m　　　　25m　　　　50m

上城戸土塁

19. 一乗谷川左岸丘陵遺構群
（いちじょうだにがわさがんきゅうりょういこうぐん）

①福井市城戸ノ内　②－　③16世紀　④16世紀　⑤16世紀　⑥朝倉氏　⑦山城
〔遺構群1〕⑧堀切　⑨260m×490m　⑩標高210m　比高50m　⑪7
〔遺構群2〕⑧堀切・竪堀・削平地・土塁　⑨520m×460m　⑩標高297m　比高250m　⑪7
〔遺構群3〕⑧堀切・竪堀・削平地　⑨430m×110m　⑩標高296m　比高250m　⑪7
〔遺構群4〕⑧堀切・削平地　⑨50m×40m　⑩標高210m　比高160m　⑪7
〔遺構群5〕⑧切岸・削平地　⑨100m×30m　⑩標高280m　比高230m　⑪7
〔遺構群6〕⑧切岸・削平地・堀切　⑨600m×60m　⑩標高374m　比高320m　⑪7

（全体の概要）
　一乗谷川左岸丘陵上には、長さ約6㎞に亘って遺構が散在する。遺構は大小様々雑多なもので、中には平坦面を持たず、堀切等防御施設だけを持つ遺構も存在する。さらに遺構が一定のまとまりを持たず散在しているため、一つの城郭として紹介するわけにいかない。このため、遺構群として紹介するものである。

１．　遺構群の説明
（1）遺構群1（図1）
　東郷槇山城との分岐点を頂点として存在する遺構である。東郷槇山城に続く尾根に、大規模な堀切を4本も設けて警戒している。これは東郷槇山城を敵対視しているのではなく、東郷槇山城方面に尾根道が存在し、その尾根道を通って敵軍が進攻してくるのを警戒していたのである。堀切を4本も設けていることから、かなり重要な尾根道が通っていたことと推定される。それはそのまま朝倉氏が、出城として東郷槇山城を重要視していた尺度となる。
　堀切①の背後に位置するA地点は緩やかな傾斜で、城兵が臨時的に駐屯するだけなら削平せずそのまま使用できる。従って人工的な平坦面は存在せず、自然地形のままである。
　A地点から北側に伸びる尾根上には、小規模な堀切が存在するだけで、東郷槇山城方面の尾根との違いを見せつけている。ちなみに堀切②からさらに北側の尾根続きには、御茸山まで城郭遺構が存在するということで、全域の踏査を実施した。踏査の結果、古墳は存在するが、城郭遺構は確認できなかった。
　平坦面を全く設けず、それに対して防御施設である堀切を多用していることから、極めて臨時性の高い城郭施設と考えられる。

（2）遺構群2（図2）
　多少なりとも城郭としてのまとまりを持つ遺構群である。平坦面Aは多少削平しているが、頂部に古墳が残っていることからもわかるように自然地形が多く残り、甘い削平となっている。前後を断ち切る堀切①・②は16〜20mもある巨大なもの。堀切②は完全に尾根を断ち切るが、堀切①は東端を土橋状に残し、平坦面Bとの通路性を残している。従って平坦面AとBとの親密性を窺うことができる。
　平坦面Bも一応削平しているが、自然地形が多く残り、削平は甘い。尾根続きに巨大な竪堀③を設けているが、遮断はしていない。それに対応する形として、段や小規模な竪堀を入れて、敵軍が尾根続きを直進できないようにしている。北側の尾根続きには、小規模な堀切④を入れて遮断している。
　東側の尾根続きには、堀切⑤を設けて尾根続きを遮断し、平坦面Cを設ける。平坦面Bも一応削平しているが、自然地形が多く残り、削平は甘い。
　以上述べたように、平坦面を構築しているものの、削平は甘く、自然地形を多く残す。これに対して防御施設である堀切・竪堀を多用していることから、極めて臨時性の高い城郭施設と考えられる。

（3）遺構群3（図3）

　縄張図を見ればわかるように、ほぼ古墳である。その中で、堀切①・②・③を設けているので、城郭遺構であることが判明する。曲輪と呼べるような平坦面は存在せず、A周辺の古墳の裾野を切り拡げて曲輪として使用しているようである。古墳の頂部を曲輪として使用できないこともないが、狭隘でしかも独立して散在しているため、曲輪として使用するには不向きである。それを承知であえて使用しているところを考えれば、やはり防御施設を最優先した極めて臨時性の高い城郭施設と考えられる。

（4）遺構群4（図4）

　遺構群3と同じように、曲輪と呼べるような平坦面は存在せず、古墳周辺の裾野を切り拡げて曲輪として使用しているようである。西側の尾根に堀切を設けて遮断しており、この堀切の存在から城郭遺構であることが判明する。明確な曲輪を構築せず、防御施設の構築を優先していることから、極めて臨時性の高い城郭施設と考えられる。

　なお『城館跡』によれば、西側の尾根続きに東大味城の存在を記載していたので、当該地点及びその周辺を調査した。その結果、当該地点には古墳と自然地形しか存在せず、城郭遺構は確認できなかった。従って東大味城は城郭ではないと判断し、東大味城は記載しないこととした。

（5）遺構群5（図5）

　切岸で尾根続きを遮断し、その後方に平坦面を構築している。平坦面は未整形部分が多く、削平は甘い。切岸はかつて堀切だったかもしれない。明確な曲輪を構築せず、防御施設の構築を優先していることから、極めて臨時性の高い城郭施設と考えられる。

（6）遺構群6（図6）

　多少なりとも城郭としてのまとまりを持つ遺構群である。山頂部の平坦面Aは、しっかり削平されており、城郭の曲輪としての平坦面と考えられる。西側には堀切①を設けるが、東側に防御施設を設けていない。堀切②はあまりにも離れすぎているので、平坦面Aとの直接の因果関係は無さそうである。むしろ自然地形をそのまま利用した山頂部Bの防御施設と理解したい。

　平坦面Cは平坦面Aよりも標高は 20 ｍ低いが、尾根続きを全て堀切で遮断しており、比較的完成度の高い城郭である。平坦面もきれいに削平しており、城郭の曲輪と考えられる。注目したいのは堀切④のみに土橋を設けて連絡性を確保し、それに対して堀切③は外側に土塁を設けて遮断性を増強している点である。堀切③以西の尾根は福井平野へと伸びており、この方面を警戒していたと考えて良い。尾根を進攻してきた敵軍に直撃されるのが平坦面Cであり、そのために全ての尾根に堀切を設けて防御力を増強したのであろう。

２．　考察

　第一に注目したいのが、遺構群のまとまりの無さで、遺構が散在していることである。つまり計画性が感じられないということである。一つの統一機関によって、統一された指示により構築されたわけでないことを物語る。軍事的緊張が極度に高まった結果、無政府状態に近くなった上層部が急遽構築したことを物語っているのではなかろうか。

　第二に注目したいのが、軍事施設（＝防御施設＝堀切等）は完成しているのに、城兵達の駐屯施設である平坦面は、未整形のものが多いという点である。勿論緩やかな自然地形をそのまま曲輪として使用していたと考えられるが、これでは大規模かつ堅牢な建物は建たない。現代風に言えば、プレハブあるいはテント程度の施設が建っていたと考えられる。従って恒久施設とは考えられず、やはりり軍事的緊張が極度に高まった結果、急遽構築されたことを物語っていると言えよう。

　第三に注目したいのが、福井平野に続く尾根に大規模な堀切を設けていることである。**遺構群1・6**が顕著な遺構群で、福井平野に伸びる尾根に遮断性の強い堀切を設けている。統一された意志の下のもとでの計画性は、ほとんど感じられない。しかし、福井平野方面から進攻してくる

敵軍の攻撃を遮断するためという設置目的を僅かながら感じることができる。

　第四に注目したいのが、一乗谷の大手道とされている朝倉街道（初坂）付近に顕著な防御遺構が存在しないことである。本来ならば、朝倉街道を見下ろす山上に、敵軍を厳しく監視する防御遺構が存在すべきである。しかし現状は僅かに**遺構群4**があるのみで、しかも唯一の堀切は福井平野方向に伸びる尾根に設けられており、朝倉街道方向は無防備である。前述のように、東大味城には古墳は確認できたが、城郭遺構は確認できなかった。従って朝倉街道方向を厳しく監視しているとは言えない。

　つまり城郭遺構的には、朝倉街道を一乗谷の大手道とする根拠は存在しないのである。これは朝倉街道と繋がる上城戸口が、一乗谷の大手口とする考古学的な根拠も存在しないのと同様である。朝倉街道・上城戸口を城郭遺構的・考古学的に大手道・大手口とする根拠は存在しない。朝倉街道に存在する石畳も、中世に構築されたという考古学的な根拠も存在しない。唯一存在するのが、寛保年間（1741〜44）に作成された『越藩拾遺録』に「一乗へ出ル道（朝倉街道）、此頃ノ大手ナル由」とあるのみである。再考の余地は十分あると考える。

　第五に注目したいのが、畝状空堀群が存在しないことである。遺構群の構築者は朝倉氏で、構築目的は、福井平野方向から進攻する敵軍の攻撃を遮断し、一乗谷城を含む一乗谷を防御するためと考えられる。とすれば、一乗谷城と同じく畝状空堀群が存在していても不思議ではない。しかし現状は全く存在しない。

　前述の通り一乗谷内に存在する城郭として、小見放城・小城・上城戸櫓が存在するが、畝状空堀群は存在しない。一乗谷の外になるが、一乗谷城の支城として成願寺城があるが、そこに存在する畝状空堀群は三本しかなく、百本以上存在する一乗谷城の畝状空堀群と同等に扱うわけにはいかない。一乗谷城の畝状空堀群は極めて特別な存在と言えよう。

　勿論本城のみに畝状空堀群を設けたという仮設も成立する。しかし敵軍に直撃される支城にほぼ存在しないのは、やはり特別な理由があったと考えざるを得ない。理由の一つとして時代差を考えることはできないだろうか。一般論に従えば、当初本城が築城され、戦国の激化に伴って支・出城が築城される。つまり朝倉氏が一乗谷城を築城した時は畝状空堀群が必要とされて導入し、後に支・出城が築城された時は、畝状空堀群が不必要とされて導入しなかった、という仮説は成立しないだろうか。いずれにせよ、なぜ支・出城に畝状空堀群がほぼ存在しないのか、極めて重要な問題といえる。

3．築城期の推定

　基本的には、堀切と平坦面で構築された単純な縄張りと言える。従って古い段階の縄張りと考えることもできる。しかし平坦面の削平が非常に甘い（あるいは全くの自然地形）ため、急製造の臨時城郭だったと考えられる。臨時城郭であれば完成された縄張りを構築する時間がなくなり、単純な縄張りになる可能性が高くなる。つまり単純ということが、古い縄張りという根拠は言いきれなくなるのである。

　筆者が注目したいのは、第一の注目点で述べたように、遺構群にまとまりが無く、遺構が散在していることである。意志決定機関である朝倉氏の武力が充実していれば、こうも散在的な遺構にはなるまい。朝倉氏の武力が著しく弱体化し、無政府状態の混乱状態に陥った状況下で構築されたことを物語っているのではなかろうか。とすれば朝倉義景が天正元年（1573）7月最後の出陣から滅亡までの8月の間に構築されたとは考えられないだろうか。ただし、これは地表面観察が主体となっているため、仮説の範疇とさせていただきたい。

4．まとめ

（1）築城者・築城時期
　築城者は朝倉義景。築城時期は天正元年（1573）7月〜8月。

（2）目的
　一乗谷城を含む一乗谷を、福井平野から進攻する敵軍に対抗するために築城。

（3）特徴
a) 遺構が散在的でまとまりに欠ける
b) 縄張りは単純で、平坦面の削平は甘く、ほとんど自然地形。
c) 短期間の構築で短期間のみ使用された城郭で、意志決定機関である朝倉氏が弱体化した混乱期に築城された可能性がある。
　以上となる。但し、地表面観察が主体となっているため、仮説の範疇とさせていただきたい。

※その他の遺構について

（1）御茸山遺構

　左岸丘陵の北端に位置する御茸山にも城郭遺構が存在するといわれているため、踏査を実施した。その結果、確認したのは古墳・耕作地等で、城郭遺構は確認できなかった。従って御茸山遺構は古墳群と推定し、城郭遺構ではないと判断し、本稿では記載しないものとする。

（2）東大味城

　『城館跡』によれば、遺構群4の西側の尾根続きに東大味城の存在を記載していたので、当該地点及びその周辺を調査した。その結果、当該地点には古墳と自然地形しか存在せず、城郭遺構は確認できなかった。
　福井県遺跡地図及び『福井市史資料編1』には、東大味城は記載していない。『一乗谷城の基礎的研究』では、福井県遺跡地図の「01309 東大味古墳群　種別 古墳　時代 古墳」を東大味城としている。01309は『城館跡』の東大味城を含む広大な範囲を古墳群としているため、その範囲を全て踏査したが、やはり城郭遺構は確認できなかった。確認できたのは古墳遺構・耕作地のみである。従って東大味城は古墳群と推定し、城郭遺構ではないと判断し、本稿では記載しないものとする。

（3）砥山城

　三峰山城の西約2kmの地点に砥山（標高 465.2 m）があり、福井県遺跡地図によれば、中世の城跡となっている。城館候補遺構で詳述するが、小規模な堀切が一本しかなく、他は全くの自然地形である。防御施設は完成しており、他は全くの自然地形というのは左岸丘陵遺構群と性格が似ているとも言える。あるいは朝倉氏が同時期に構築した臨時的な城館なのかもしれない。

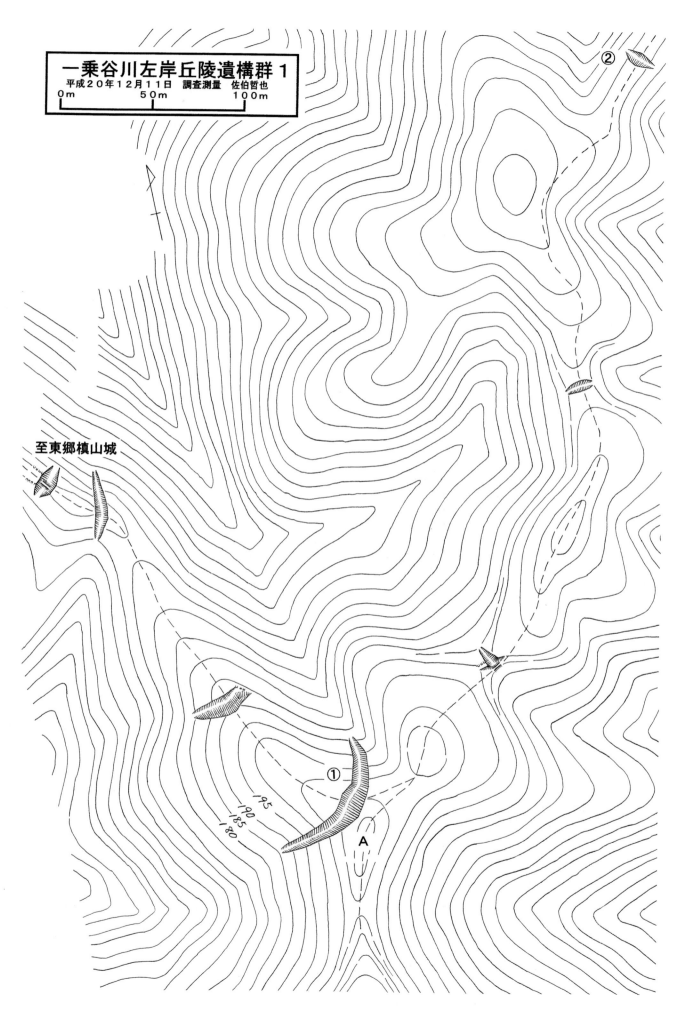

一乗谷川左岸丘陵遺構群1
平成20年12月11日　調査測量　佐伯哲也
0m　　　　50m　　　　100m

至東郷槇山城

②

①

A

195
190
185
180

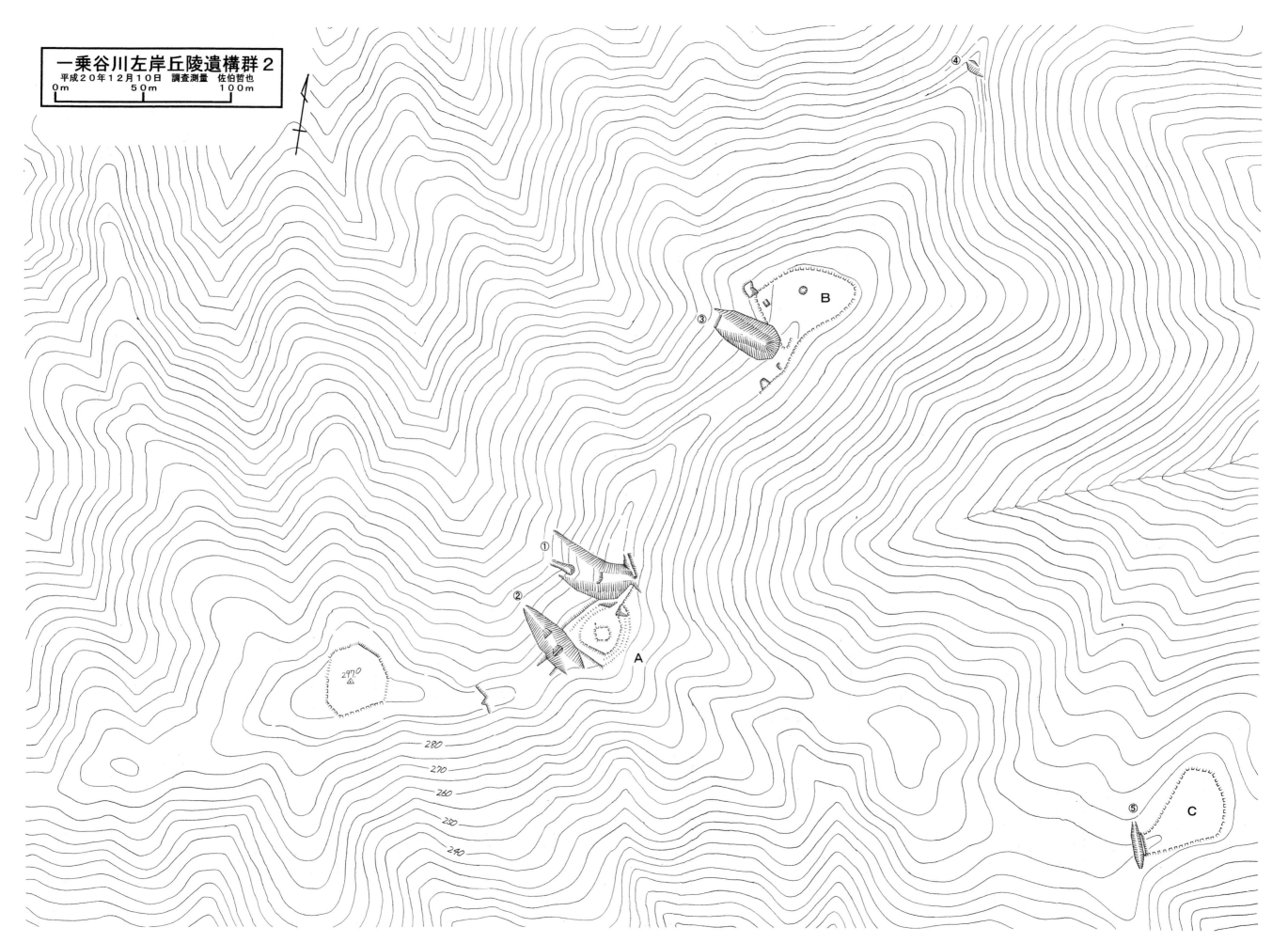

一乗谷川左岸丘陵遺構群2

平成20年12月10日　調査測量　佐伯哲也

0m　　　50m　　　100m

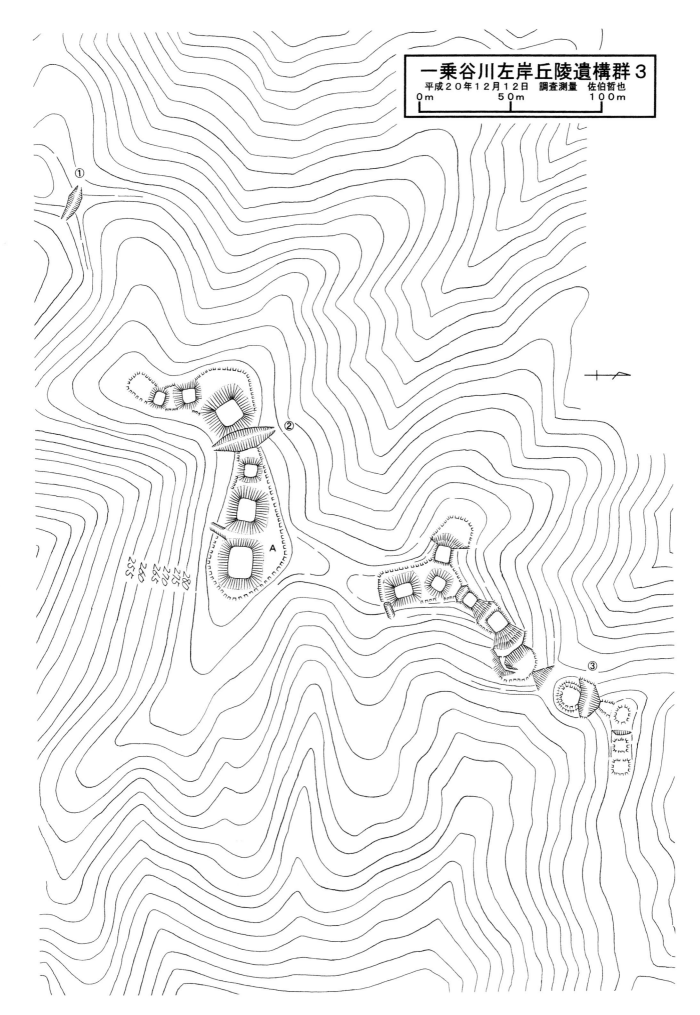

一乗谷川左岸丘陵遺構群3

平成20年12月12日　調査測量　佐伯哲也

0m　　　　50m　　　　100m

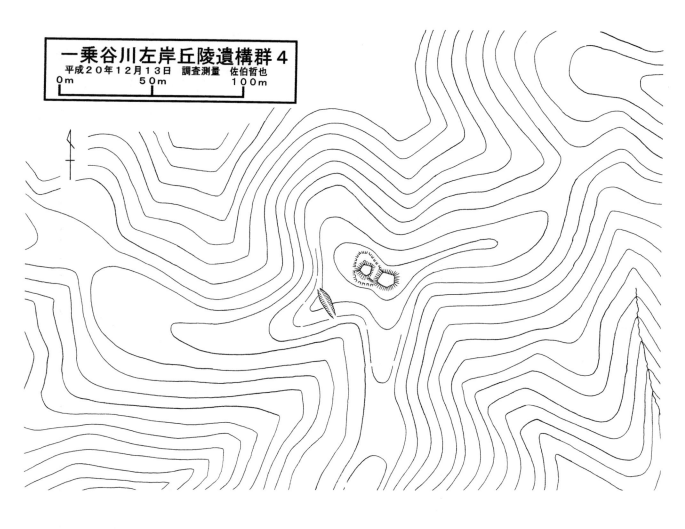

一乗谷川左岸丘陵遺構群4
平成20年12月13日　調査測量　佐伯哲也
0m　　　　50m　　　　100m

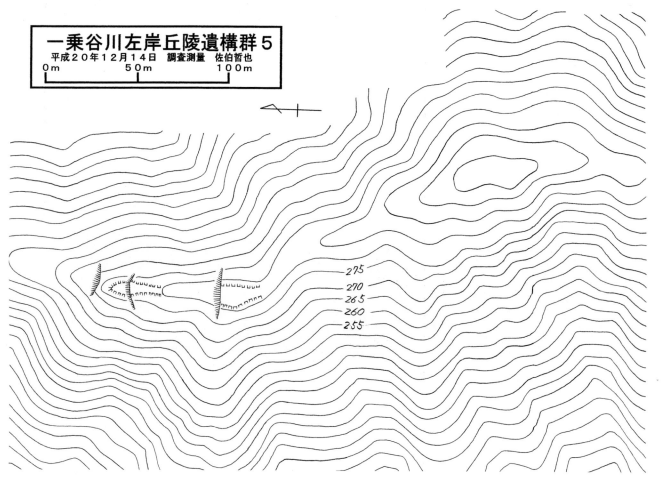

一乗谷川左岸丘陵遺構群5
平成20年12月14日　調査測量　佐伯哲也
0m　　　　50m　　　　100m

275
270
265
260
255

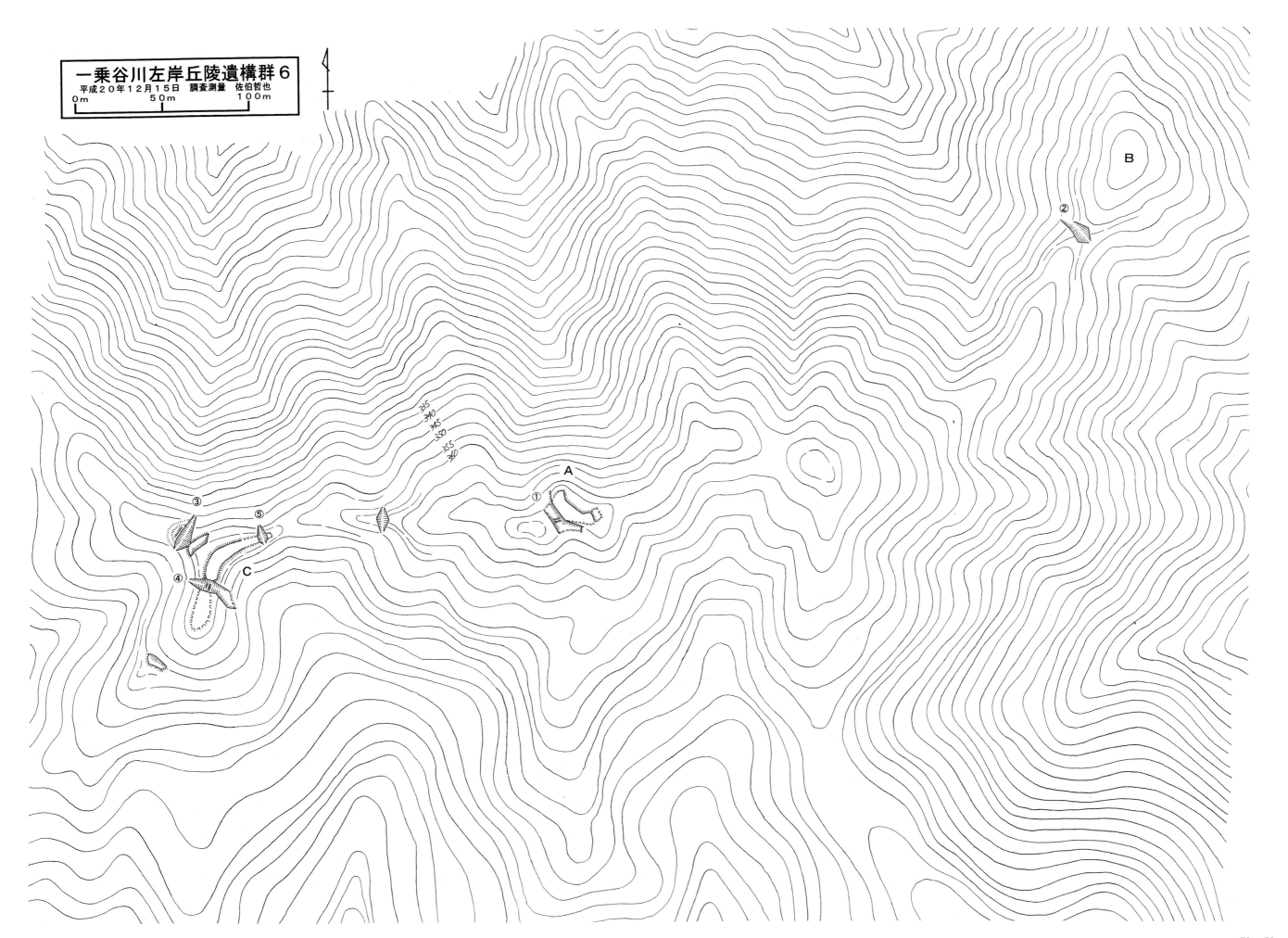

一乗谷川左岸丘陵遺構群6
平成20年12月15日　調査測量　佐伯哲也
0m　　　　50m　　　　100m

20. 清 水 畑 城（しみずばたじょう）

①福井市清水町清水畑　②本折城　③平安末期？　④戦国期　⑤戦国期　⑥斉藤実盛？　⑦山城
⑧削平地・切岸・堀切　⑨70m × 40m　⑩標高 133.4m、比高 100m　⑪ 14

　　『清水町史上巻』（清水町 1978）によれば、斉藤別当実盛・実員兄弟が居城したと伝えている
が、詳細は不明。しかし実盛等の在城が事実だとしても、現存遺構の構築は、やはり戦国期とす
べきであろう。
　　城跡は通称城山に位置する。『清水町史上巻』によれば、城ヶ谷・城ノ下という地名が残って
いるという。城跡からは、志津川沿いに点在する集落や、日本海に至る街道を眼下に見下ろすこ
とができる。街道を強く意識した選地と言えよう。
　　城内最高所のA曲輪が主郭。尾根続きを堀切①で遮断し、城内側を土塁状に加工して防御力を
増強している。さらに切岸②・③を設けて主郭Aを防御している。特に切岸③は高さ６ｍもある
鋭角の切岸である。このように尾根続きである南側を警戒した縄張りとなっている。
　　堀切①には土橋を設けているが、切岸②・③を越えて主郭Aに辿り着くルートは見いだせない。
さらに明確な虎口も確認できない。B曲輪から主郭Aに入る時、通路状の④地点を通り、このと
き主郭Aからの横矢に晒されることになるが、やはり明確な虎口は設定されていない。
　　鋭角の高切岸、通路状の④地点の存在により、戦国期の遺構とすることができる。枡形虎口等
が存在していないため、構築者は在地土豪と推定される。恐らく清水畑等の集落を支配する在地
土豪が、街道を通行する物資・人馬を監視・掌握するために築城したと推定することができよう。
　　『清水町史下巻』（清水町 1979）によれば、清水畑城の西方に位置する茶臼山に城の存在が記
載されているため現地調査を実施したが、城郭遺構は確認できなかった。

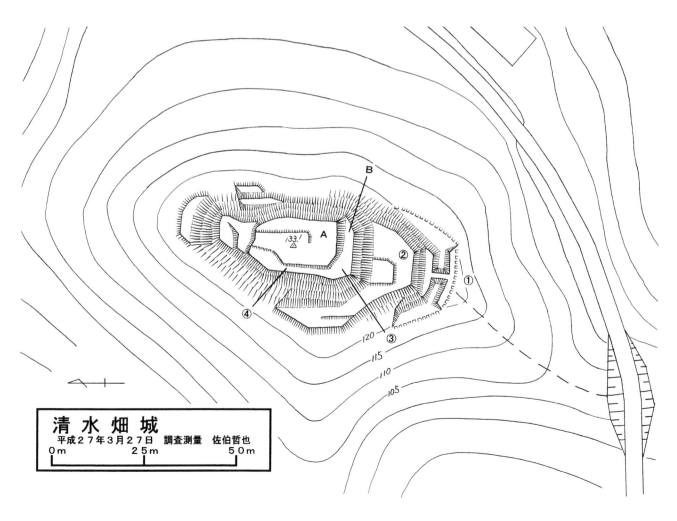

清 水 畑 城
平成２７年３月２７日　調査測量　佐伯哲也
0m　　　　　　25m　　　　　　50m

21. 小羽山城（おばやまじょう）

①福井市清水町小羽　②－　③16世紀後半　④16世紀後半　⑤16世紀後半　⑥－　⑦山城
⑧削平地・切岸・横堀・竪堀　⑨100m×30m　⑩標高61m、比高50m　⑪10

　小羽山古墳群が位置する小羽山山頂に築かれている。山頂は通称茶臼山と呼ばれている。古記録は勿論のこと、伝説等一切伝えられていない。幸いなことに、1990〜91年に清水町教育委員会によって発掘調査が実施され、詳細な城跡の構造が判明した。その状況は、『清水町埋蔵文化財発掘調査報告書Ⅲ　清水町中央広場造成に伴う事前調査報告書Ⅰ　小羽山』（清水町教育委員会1997　以下、報告書と略す）に詳述されているので、それに準拠して述べる。

　城内最高所のA曲輪が主郭。平坦面の削平は甘く、自然の傾斜を残している。最後部と最低部の高低差は2mもあり、これだけ高低差があれば大規模かつ堅牢な建物は建たない。テントのようなものか、せいぜい小屋程度である。つまり純軍事的な目的で構築され、短期間の使用で廃城されたことを推定させる。発掘調査でも建物跡は検出されず、城郭に伴う遺物も一切出土しなかった。純軍事施設の臨時城郭と理解できよう。

　主郭Aには、平安末期の薬師如来を安置する茶臼山大権現社（通称高堂様　凝灰岩製石瓦葺の1.5m程の祠）が存在する。周辺に平安期の須恵器や鉄製短刀が出土しており、古代の祭祀場だったことが察せられる。

　主郭Aの下部層からは、蔵骨器設置施設と考えられる土壙3基が検出された。遺物は金属製品は、鎌倉後期と推定される出八双が出土した。中世陶器としては、瀬戸窯産の瓶子・越前窯産の甕・三筋壺系の壺が出土し、いずれも鎌倉後期と推定された。主郭Aの周囲を巡る横堀の堀底からは、鎌倉後期と考えられる五輪塔火輪及び地輪と推定される破片、五輪塔の基壇に用いたと推定される切石も出土した。

　このような主郭A下部層や横堀から五輪塔が出土していることから、城が築かれる以前は、鎌倉後期の墓地が存在していたと推定される。土壙3基は撹乱を受けていたことから、築城時の造成により墓地が破壊されたのであろう。

　主郭Aの周囲には横堀が巡る。堀底から主郭Aテラス天端までの傾斜角度は60〜80度と急傾斜となっており、直登は不可能。前述の通り堀底からは石製品として、鎌倉後期と考えられる五輪塔火輪及び地輪と推定される破片、五輪塔の基壇に用いたと推定される切石が出土し、その他多数の角礫（531個）も出土した。面白いのは、火輪及び地輪が意図的に粉砕されている可能性が指摘されたことである。墓地を破壊するときの、呪術的な行為だったのかもしれない。

　注目したいのは、角礫や火輪・地輪は、堀底遺構面から少し浮いた状況で検出されたことである。つまり横堀を構築して、少し時間が経過した後に廃棄されたことを物語る。築城当初は、城と墓が共存していたのであろうか。重要な課題である。

　中世遺物は鎌倉後期の遺物のみであり、戦国期の遺物の出土は皆無だった。従って遺物から城の年代を推定することはできない。

　主郭Aの周囲には鋭角の横堀が巡っているため、虎口の位置は特定できない。しかし①地点に横矢を掛けていること、横堀対岸の②地点に橋台のような地形を構築していること、このようなことを考慮すれば、②と③に簡単な木橋をかけていたのかもしれない。

　B曲輪も張り出させて、切岸に横矢を掛けている。張り出させた分だけ敵軍に攻撃されやすいので、両側に竪堀④・⑤を設けている。北側に土塁を設けているので、B曲輪から⑥地点に木橋を掛けてC曲輪と連絡していたのかもしれない。

　以上、発掘調査と縄張りを概説した。横堀と竪堀、横堀と横矢とのセット遺構が認められることから、現存遺構は16世紀後半と推定される。生活遺物・遺構が全く検出されなかったことから、純軍事遺構で短期間のみ使用された臨時城郭なのであろう。

　前述のように横堀から出土した五輪塔・角礫の出土状況が異常である。墓地を廃棄して城郭を造設するときの状況を、さらに調査する必要があろう。

小 羽 山 城

平成4年4月10日　調査測量　佐伯哲也

0m　　　　　25m　　　　　50m

22. 新光寺城 (しんこうじじょう)

①福井県清水町片山　②真光寺城　③16世紀　④16世紀後半　⑤16世紀後半　⑥増井甚内助・戸田与次　⑦山城　⑧削平地・切岸・堀切・土塁・竪堀　⑨100m×50m
⑩標高114m、比高100m　⑪10

　『清水町史上』（清水町 1990）によれば、増井甚内助・戸田与次の居城としている。また『清水町の文化財』（清水町教育委員会 1993）によれば、「朝倉時代、朝倉家家臣増井甚内助が築いた城であるが、天正２年(1574)一向一揆に攻められて落城した。」と記載している。

　周知の通り、天正元年８月織田信長は前波長俊（吉継、桂田播磨守長俊）を越前守護代に任じ、越前の支配にあたらせる。長俊は朝倉家家臣だったが、同じく朝倉家家臣富田長繁と共に元亀３年(1572)信長に降伏し許されている。『朝倉始末記』では、増井甚内助を「富田ガ股肱ノ臣」と述べる。

　信長に越前の支配を任せられた長俊は専横甚だしく、旧朝倉家臣達の不満が高まっていた。そして長俊は信長に長繁や甚内助の知行が多すぎると内申したため、長繁は長俊打倒の兵を挙げる。長繁は多くの国衆と共に一乗谷に押し寄せ、天正２年１月２０日、長俊は敗死する。その長繁も越前一向一揆や旧朝倉家臣団に攻められ、同年２月１８日戦死する。わずか一ヶ月後のことである。増井甚内助は『朝倉始末記』によれば、「増井甚内助ガ楯籠ル片山ノ真光寺（新光寺城）ヲ攻ケルニ、増井アヤナク討死ス」と述べ、これを二月上旬のこととしている。いずれにせよ、長繁・甚内助主従は二月に越前一向一揆・旧朝倉家臣団の攻撃を受けて戦死し、新光寺城も落城したと考えられよう。なお戸田与次は『信長公記』では、元亀３年信長に服従した朝倉家家臣の一人としている。戸田与次は甚内助と共に新光寺城に在城していたのであろうか。

　主郭は城内最高所のA曲輪である。現在雄剣神社が鎮座しており、それに伴う石造物（江戸期）も多少散在している。神社背後の段は、社殿を建てるときに削られた段と推定され、城郭遺構ではない。南側にはB・C曲輪が連なる。地表面観察では凹地となり、虎口とも受け取れるが、神社参道に伴う凹地と考えられ、これも城郭遺構ではない。

　新光寺城で注目したいのは、城跡に繋がる尾根全てに二重堀切を設けている点である。堀切は端部を竪堀状に加工して、敵軍が斜面を迂回するのを防止している。さらに堀切間を土塁状に加工して越えにくくしている。そして二重堀切①・②は外側に小平坦面を付属させ、城兵を駐屯させている。現在確認できないが、小平坦面と主郭Aとは、木橋等で連結していたのであろう。

　このように単純に堀切を二本連続させるだけでなく、様々な防御機能を付加させている。16世紀後半の様相を示しており、天正２年に使用されていたと考えて良い。

　大手方向にあたる二重堀切③も、堀切間を土塁状に加工して防御力を増強している。現在東側に神社の参道が通っている。参道から攻め登ってくる敵軍が、斜面を迂回するのを防止するために連続竪堀④及び竪堀⑤を設けている。堀切と竪堀がセットになった防御施設であり、この遺構からも16世紀後半の構築と推定できる。この連続竪堀④の存在により参道は、当時は大手道としてほぼ現在の位置に存在していたことが推定できる。この推定が正しければ、現在の参道を通ってC曲輪に入ったと考えられ、それは地表面観察では判別不可能な平虎口を使用していたと考えられよう。

　以上、縄張りを概説した。16世紀後半の様相を示しているものの、織豊系城郭の特徴は見られない。『朝倉始末記』の記述通り天正２年に落城し、廃城になったのであろう。

　中腹に平坦面D・Eが残る。平坦面Dは雄剣神社が鎮座しており、周囲を土塁状に加工している。しかし防御施設として役に立ちそうになく、神社建設にあたり、平坦面を造設したときに生じた副産物としての土塁と考えられる。平坦面Eは2000〜2003年の発掘調査の結果、鎌倉時代の木造塔（五重塔）跡ということが確認された。この塔は戦国時代まであった方山真光寺の塔と考えられ、高さは約35ｍもあり、火災で焼失したと推定された（『片山鳥越墳墓群　方山真光寺跡塔址』清水町教育委員会 2004）。

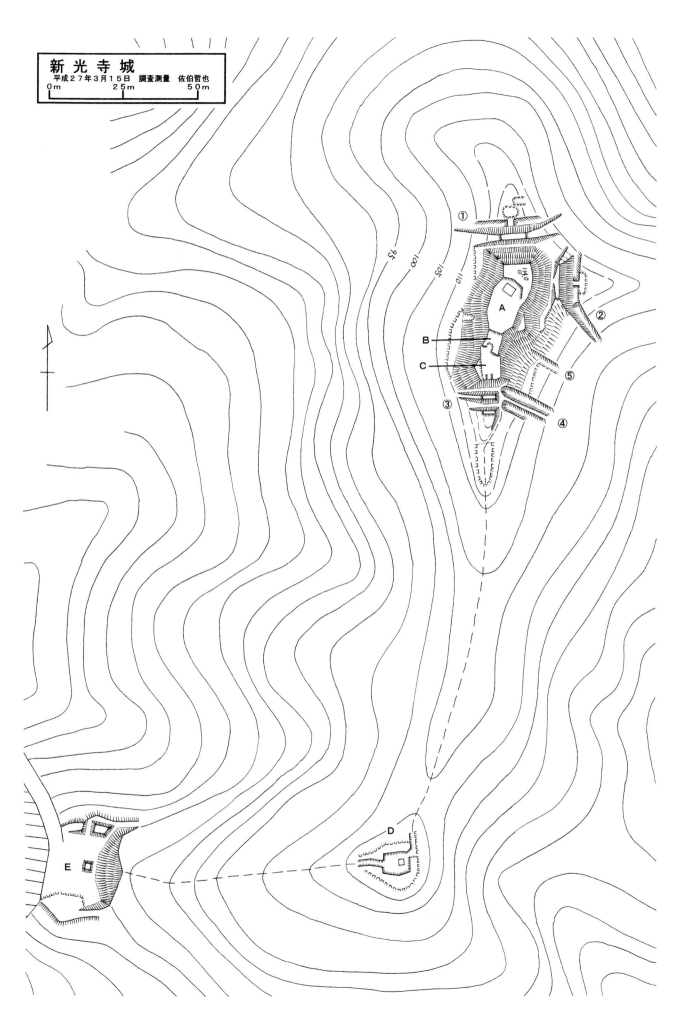

新 光 寺 城
平成27年3月15日 調査測量 佐伯哲也
0m   25m   50m

A
B
C
D
E
①
②
③
④
⑤

140

95
100
105
110

23. 天目山城 (てんもくさんじょう)

①福井市清水町大森　②－　③16世紀後半　④16世紀後半　⑤16世紀後半　⑥－　⑦山城
⑧削平地・切岸・横堀　⑨60m×50m　⑩標高70m、比高50m　⑪14

　『城跡考』では「時代不知」と簡単に述べている。『清水町史上巻』（清水町1978）によれば、大森某の居城とし、二重の堀が巡っていると述べている。滝波川と志津川の合流地点に位置し、さらにそれぞれの川沿いに通っていた日本海に通じる街道も、城跡直下を通っており、交通の要衝と言える。城跡に立てば、合流点に広がる大森集落を眼下に見下ろすことができる。街道の掌握・監視、大森集落の支配と推定することができよう。

　城跡は大森天目神社裏山に位置する。主郭はA曲輪で単郭の城郭である。ほぼ全周に横堀を巡らし、尾根続き方向は二重の横堀を巡らす。尾根続き方向は、敵軍が攻め下ってくる可能性があり、弱点となる。この弱点を克服するために、横堀を二重に巡らしたのであろう。横堀を二重に巡らす城郭は越前では非常に珍しく、僅か数例にすぎない。

　地表面観察で虎口の位置は特定できない。ただし、①地点のみ両側の横堀が途切れている。ここから木橋を掛けて主郭Aと連絡していたという推定はできる。主郭Aの平坦面は自然地形が多く残り、削平は甘い。「21. 小羽山城」でも述べたが、純軍事遺構で使用された臨時城郭の可能性が強い。短期間の使用で廃城になったため、伝説伝承が残りにくかったのではなかろうか。

　確定はできないものの、二重横堀の導入は新しい手法と考えられ、現存遺構の構築年代は、16世紀後半とすることができよう。わずか1.1kmしか離れていない清水畑城とセットで考え、総合的に判断する必要があろう。なお前述の『清水町のむかしばなし』によれば、賀茂山に大森氏の出城があったとしているが、踏査の結果、遺構は確認できなかった。

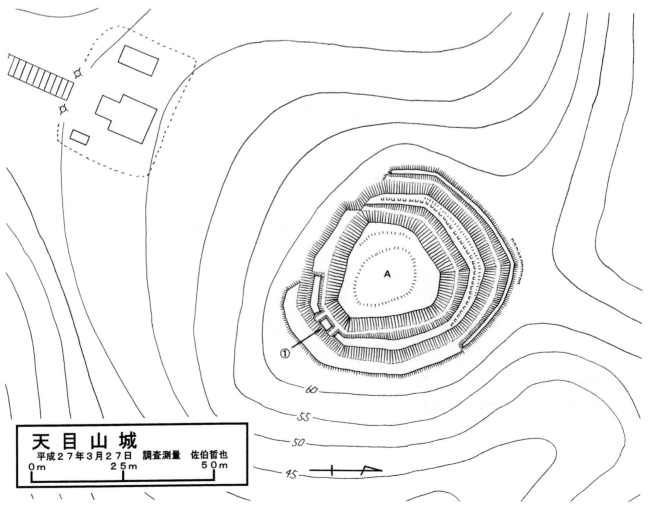

天目山城
平成27年3月27日　調査測量　佐伯哲也
0m　　　25m　　　50m

24. 芝 山 城 (しばやまじょう)

①福井市清水町山内 　②－ 　③16世紀 　④16世紀 　⑤16世紀 　⑥－ 　⑦山城
⑧削平地・切岸・堀切・土塁・竪堀 　⑨70m×30m 　⑩標高150m、比高120m 　⑪14

　　『清水町史下巻』（清水町 1979）では、護良親王滞在の際に用心のために築城したのかと述べ
ている。しかし城跡に立てば、志津川や志津川沿いの集落を一望することができる。これらを強
く意識して築城されたと推定されよう。
　　尾根の突端に選地しており、尾根続きを堀切①で遮断する。尾根上を削平し、主郭Aとしてい
る。不明瞭な段を設けているものの、明確な区別はしていない。先端にB曲輪を設け、一部土塁
で防御力を増強している。敵軍の廻り込みを防止するためなのであろうか、竪堀②を設ける。し
かし各曲輪との連動はあまり感じられない。
　　以上、縄張りを概説した。時代を特定できる特徴は無い。僅かに塁線土塁が見られるため、16
世紀の城郭と推定できるが、それ以上の絞り込みは無理である。しかし、同じく清水町の清水畑
城と天目山城は1.1km、天目山城と芝山城とは1.5kmしか離れていない。この3城は、同時期・
同一人物によって使用されていたことを推定しても良いのではないだろうか。

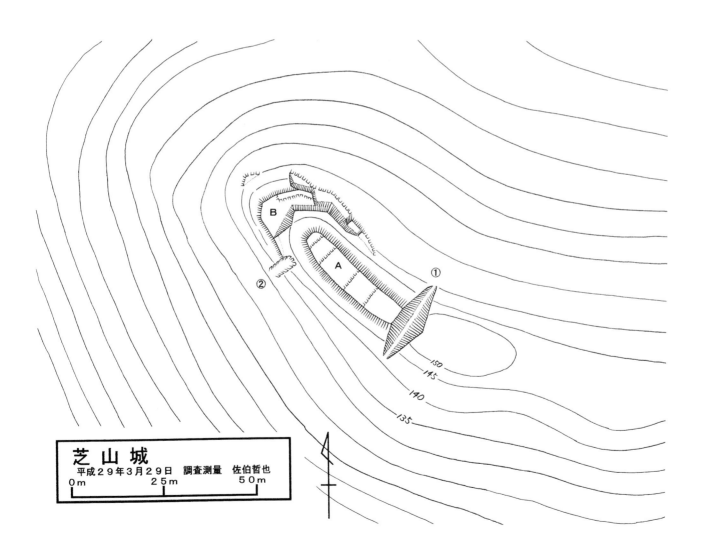

芝 山 城
平成29年3月29日　調査測量　佐伯哲也
0m　　　　25m　　　　50m

25. 甑谷城 (こしきだにじょう)

①福井市清水町甑谷　②－　③戦国期　④戦国期　⑤戦国期　⑥－　⑦山城
⑧削平地・切岸・堀切　⑨150m×50m　⑩標高130m、比高110m　⑪14

　福井県遺跡地図に、「甑谷城遺跡　城跡・散布地　弥生・古墳・中世」と記載されている。城主・歴史等一切不明である。しかし城跡からは、甑谷集落や灯篭見坂の街道を見下ろすことができる。このことを強く意識して築城されたと推定できよう。

　尾根続きを堀切①で遮断する。尾根通りはかなりの交通量があったとみえ、堀切に土橋を掛けている。一方尾根の先端は、切岸②・③で遮断する。切岸②の中央には、山道が通っている。この山道はかなりの交通量があったとみえ、深く掘り込まれている。つまり交通量の多さを、土橋・掘り込み道が物語っているのである。

　尾根の前後を堀切・切岸で遮断しているため敵軍の攻撃を防ぐことができる。従って防御施設、いわゆる城郭と断定して良い。山頂部は送電鉄塔で破壊されて詳細は不明だが、尾根上はほぼ自然地形で、顕著な施設は存在していなかったと推定される。つまり自然地形をそのまま使用して、テント程度の簡単な施設しか存在していなかったと推定される。短期間しか使用されなかった臨時城郭だったのであろう。残念ながら時代の特徴を示す遺構は存在しておらず、構築年代の絞り込みは不可能。漠然と戦国期とすることしかできない。

　甑谷城は、芝築地山城が存在する乙坂山から派生する尾根に位置する。乙坂山には芝築地山城の他に東乙坂山城等多くの城が存在する。個別で考えるのではなく、総合的に研究し、結論を出す必要があろう。なお、清水町教育委員会が 1999 年に発掘調査を実施したが、城郭に関する遺構・遺物は検出されなかった（『甑谷』清水町教育委員会 2002）。

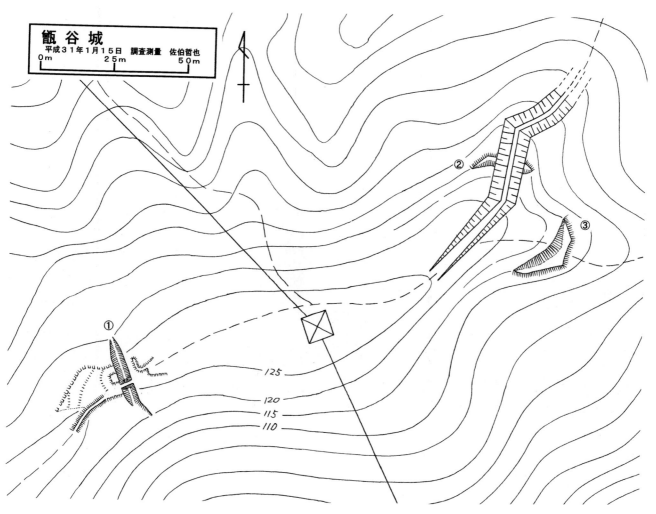

甑谷城
平成31年1月15日　調査測量　佐伯哲也
0m　　　25m　　　50m

26. 豊 蔵 城 (ぶんぞうじょう)

①丹生郡越前町朝日町小倉　②荒神ヶ峰城・軍山岳城　③南北朝期?　④ 16 世紀　⑤ 16 世紀　⑥—
⑦山城　⑧削平地・切岸・堀切・土塁・横堀　⑨ 60m × 70m　⑩標高 200m、比高 140m　⑪ 13

　　『城跡考』は「時代不知」と簡単に記載するにとどまる。南北朝期の城郭という説も存在する。
　　城跡は、糸生郷に入る峠を見下ろす山頂に選地しており、交通の要衝と言える。さらに中世に
大きな勢力を振るった大谷寺も見下ろす。築城者を考える上で、これは重要な事実として捉えな
ければならない。
　　城内最高所のA曲輪が主郭。削平は甘く、自然地形が多く残る。これでは大規模かつ堅牢な建
物は建たず、小規模かつ単純な建物が推定される。小屋程度の建物が存在していたと考えて良い。
周囲に切岸と帯曲輪を巡らす。しかし虎口が確認できず、どこから主郭に入ったのか地表面観察
では特定できない。尾根続き方向であるB・C・D尾根には土塁①・③及び堀切②を入れて遮断
する。特に土塁①は細長く伸ばして横堀状に加工しており、恐らく武者隠しとして使用していた
のであろう。B尾根から進攻してきた敵軍が、帯曲輪を移動するのを防止するために竪堀④・⑤
を設ける。B尾根から進攻してきた敵軍が、帯曲輪を移動するのを防止するために竪堀④・⑤を
設ける。C尾根から進攻してきた敵軍は、竪堀⑤・堀切②で防止している。
　　堀切②の対岸に、不明瞭ながらも土塁囲みの区画が存在する。これが虎口で、ここから木橋を
掛けて主郭に入ったとする仮説を提唱することができよう。
　　以上豊蔵城の縄張りを概説した。横堀・堀切・竪堀をセットで使用している縄張りは 16 世紀
の縄張りと考えて良い。しかし虎口が明確化していないので、それ以上の絞り込みは不可。大谷
寺にとって戦略上重要地点であることから、築城者を大谷寺とすることも可能であろう。

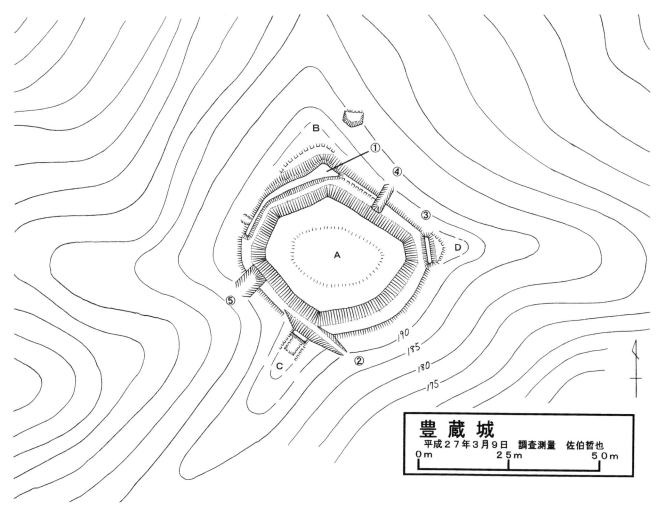

豊 蔵 城
平成 27 年 3 月 9 日　調査測量　佐伯哲也
0m　　　　　25m　　　　　50m

27. 大谷寺山頂遺構（おおたにじさんちょういこう）

①丹生郡越前町朝日町大谷寺　②－　③戦国期　④戦国期　⑤戦国期　⑥大谷寺　⑦山城
⑧堀切　⑨310m×220m　⑩標高196.7m、比高100m　⑪13

　中世に大きな勢力を振るった山岳寺院越知山大谷寺の関連遺構である。大谷寺は越知山信仰の中心的な存在として、9世紀前半には信仰活動を行っている（堀大介「低山から高山へ－古代白山信仰の成立－」『第10回記念春日井シンポジウム』春日井シンポジウム実行委員会2002）。さらに同寺には永正12年(1515)朝倉孝景寺領安堵状や年未詳朝倉義景年頭慶賀礼状（『発給文書』）等が残されており、朝倉家歴代当主と密接な関係にあったことが判明する。

　遺構は、元越知山山頂(196.7m)を中心として存在する。山頂には越知山大権現と鐘楼の建物が現存する。これらに関連する遺構として、石段や井戸・石灯籠等が存在する。また近年まで道場があったとされている（『朝日山古墳群・佐々生窯跡・大谷寺遺跡』越前町教育委員会2006）。

　山頂寺院遺構の中心部分は、平坦面A・Bであろう。平坦面Aは、建物を建てるには最適の場所といえるのだが、なぜか広々とした自然地形で、建物が建っていた形跡はない。細長い溝が残るだけである。溝は境界線と推定されるが、詳細は不明。大谷寺の建造物が建っていたのは、平坦面B。恐らくここに主要伽藍が建っていたのであろう。

　大谷寺で注目したいのは、尾根に設けられた堀切である。まず当時の主要な尾根道であり、さらに平坦面A・Bの前後に繋がる尾根を、堀切①・②が遮断している。尾根を遮断するだけなら、防御施設としての堀切ではなく、結界としての溝状遺構の可能性も残る。しかし堀切②は中央部で屈曲させて、堀切内に横矢が掛かるように設定している。この構造から単なる結界・境界線としての堀切とは考えにくい。南側に続く尾根は重要だったらしく、さらに堀切③・④を設け、尾根続きを遮断する。つまり南側は堀切を3本も設けているのである。厳重な防御構造と言えよう。この他に山麓に繋がる尾根には、両竪堀⑤を設けて尾根道を通りにくくしている。

　それでは、これらの堀切はどのように理解すれば良いのであろうか。堀切は防御施設のみならず、土地の境界線、宗教施設としては結界としても用いた。構築年代も中世のみならず、江戸期にも用いられた。能登半島の山岳寺院には、境界線・結界としての堀切が多く残っており、中には文献史料で裏付けられる堀切も存在する（『能登中世城郭図面集』「高爪山山頂遺構」参照）。しかしこれらは全て1本のみの存在であり、境内の前後まで堀切を設けてはいない。恐らく前後を堀切ってしまうと、寺院の維持管理・宗教活動にまでも障害が及んでしまうため、そこまではしなかったのであろう。

　大谷寺の堀切は、主要伽藍の前後に堀切4本を設けて完全に遮断しており、さらに内1本は屈曲させて横矢まで掛けている。このような構造は、境界線や結界とは考えにくく、やはり戦国期に防御施設として設けられた堀切と理解して良い。

　この他にも、大小様々な平坦面が残る。しかし城郭遺構なのか、寺院遺構なのか、判別は不可能。

　以上、大谷寺城の縄張りを概説した。必要最小限の防御施設であり、戦国期に寺院を防御するために堀切を設けたと考えられる。確実な寺院城郭遺構として貴重な存在である。

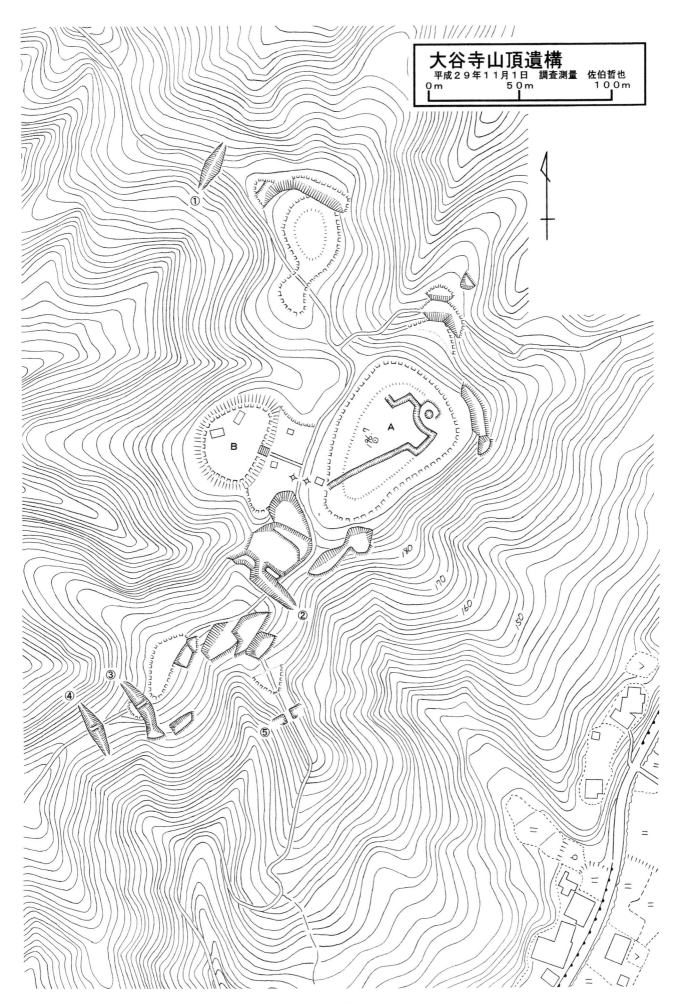

大谷寺山頂遺構
平成29年11月1日　調査測量　佐伯哲也
0m　　　　　50m　　　　　100m

A

B

① ② ③ ④ ⑤

28. 上糸生城（かみいとおじょう）

①丹生郡越前町朝日町上糸生　②－　③平安末期？　④戦国期　⑤戦国期　⑥木曽義仲？・大谷寺？
⑦山城　⑧削平地・切岸・堀切・竪堀・土塁　⑨490m×70m　⑩標高150m、比高70m　⑪13

　『城跡考』によれば、木曽義仲の城としている。これを裏付ける史料は存在しないが、仮に築城者が木曽義仲だとしても、現存遺構は戦国期である。

　城跡は上糸生集落を見下ろす尾根の突端に選地する。尾根上の林道によって破壊されてしまったが、尾根続きを喰い違い竪堀①・両竪堀②で遮断する。

　山頂部のA地点が主郭と推定される。林道造設のため詳細は不明だが、A地点に曲輪としての平坦面が存在していた痕跡は確認できない。全くの自然地形か、削平の甘い平坦面を曲輪として使用していたと考えられよう。南から西側にかけて帯曲輪Bが廻り、一部土塁を設けて横堀としている。不可解なのは北側に帯曲輪を設けていないことで、理由は不明。

　C地点も曲輪と思われるが、平坦な自然地形。端部を堀切③で遮断し、堀切内外、特に城内側に土塁を構築して防御力を増強する。そして北側に帯曲輪Dを巡らせ、土塁を設けて横堀としている。そして敵兵の横移動を鈍らせるために竪堀④を設ける。ここでも不可解なのは南側に帯曲輪を設けていないことで、主郭Aと逆になっている。理由は不明。

　帯曲輪の設置方法で理解できない点も存在するが、堀切等で尾根続きを遮断していることから必要最小限の城郭としての条件を備えており、城郭と判断して良い。帯曲輪に土塁を設けて横堀を巡らしていることから、16世紀の遺構と推定される。大谷寺関連城郭と推定される豊蔵城と同じ尾根上にあり、同じく16世紀の城郭と推定されることから、上糸生城も大谷寺関連城郭と推定されよう。

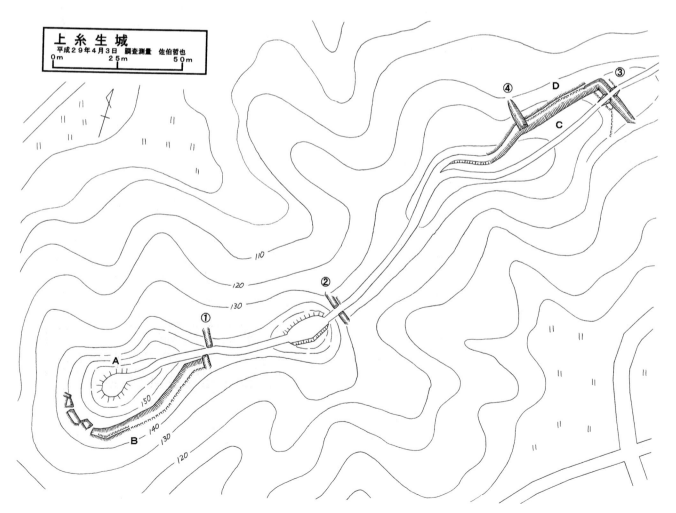

上糸生城
平成29年4月3日　調査測量　佐伯哲也
0m　　　25m　　　50m

29. 城ノ方城 （じょうのかたじょう）

①丹生郡越前町朝日町大畑　②－　③戦国期　④戦国期　⑤戦国期　⑥－　⑦山城
⑧削平地・切岸・堀切・土塁　⑨ 60m × 60m　⑩標高 220m、比高 130m　⑪ 14

　『城館跡』に記載されているものの、古記録・伝承はなく、城主等一切不明。城跡からは、城
跡への登山口である大畑集落を見下ろすことができる。
　城内最高所のA曲輪が主郭。人工的に削平された形跡はほとんど無く、ほぼ自然地形。四方に
伸びる尾根全てを堀切や切岸で遮断しているため、城郭と判断して良い。麓の集落と繋がってい
ない③・④は単純な切岸だけなのに対して、繋がっている①・②は堀切あるいは城外側を土塁状
に加工して防御力を増強している。敵軍の進攻を警戒していたのであろう。
　以上が城ノ方城の縄張りである。時代を特定できる縄張りにはなっておらず、戦国期としか言
えず、それ以上の絞り込みは不可。大畑集落を支配する在地領主が臨時的に築城した城郭という
仮説が提唱できよう。

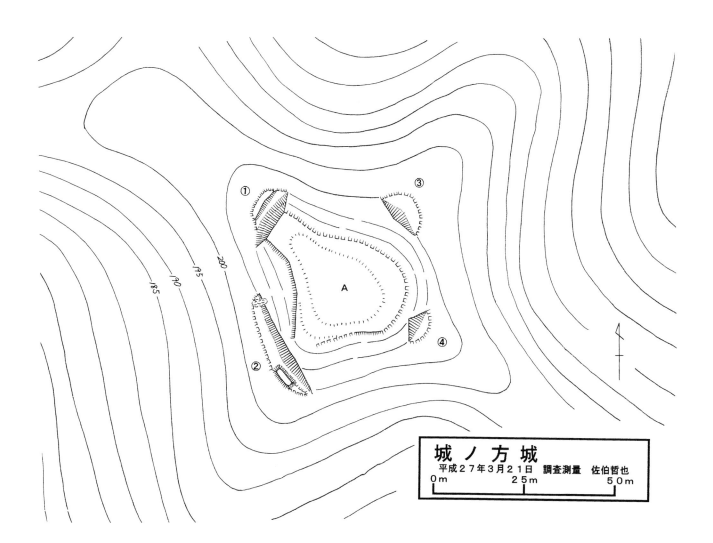

城 ノ 方 城
平成27年3月21日　調査測量　佐伯哲也
0m　　　　　　　25m　　　　　　　50m

30. 栃 川 城 （とちかわじょう）

①丹生郡越前町朝日町栃川　②－　③16世紀中頃　④16世紀中頃　⑤16世紀中頃　⑥朝倉氏？
⑦山城　⑧削平地・切岸・竪堀・畝状空堀群　⑨120m×70m　⑩標高70m、比高50m　⑪14

　『城館跡』及び『城跡考』では、栃川集落に茶臼山城の存在を記載している。しかし、いずれも記載位置に城館は確認できなかった。ところが、これとは別の栃川集落内で城跡を発見したので、現段階においてこの城館を栃川城と呼ぶことにする。

　栃川集落との比高は僅か50mしかなく、簡単に登れる。このため現在主郭Aに石祠が現存している。また、細長く伸びた栃川集落の入り口に位置しており、栃川集落と密接に繋がった城郭ということが指摘できる。

　城域はⅠ地区とⅡ地区に大別できる。城域全体の主城はⅠ地区で、その主郭はA曲輪である。前述のように石祠が存在する。周囲は7～10mの鋭角の高切岸で完全に遮断している。但し、虎口も確認できず、どのようにして外部と連絡していたのか不明。土橋①からB曲輪に取付くルートは確認できる。B曲輪から階段等を用いて主郭Aに入っていたのであろうか。B曲輪の東側には小規模な土塁が構築されていて警戒している。土橋①はその反対側にあり、小規模な竪堀によって防御されていることから、城としての土橋（廃城以降の可能性は低い）の可能性は高い。

　注目したいのは、周囲に構築された畝状空堀群である。特にC曲輪直下の畝状空堀群は大規模で、6本の竪堀を並べている。これによりC曲輪直下を横移動する敵軍の動きは完全に阻止され、C曲輪から放たれる弓矢の格好の餌食になったであろう。地形状、C曲輪直下が一番緩やかで、敵軍の進攻が最も考えられ、しかも一番移動しやすかったと考えられる。このような城の弱点をカバーするために、大規模な畝状空堀群を導入したのであろう。

　C曲輪の片隅に一段下がった②地点がある。②地点の隣には畝状空堀群の中でも最大の竪堀③がある。一つの仮説として、E曲輪から腰曲輪Dに至り、D曲輪とC曲輪の虎口として②地点があり、虎口②の防御施設として竪堀③を構築したと考えられよう。

　主郭Aの北東～南東側にも畝状空堀群を配置しているが、本数は2～3本、規模も小さい。C曲輪直下のように完全にデッドゾーンにするというものではなく、腰曲輪Dを横移動する敵軍の動きを鈍らすために導入されたと推定できよう。

　尾根続きはハの字状の両竪堀④を設けているが、完全に遮断せず、土橋を設けて連絡路を確保している。それはE曲輪との連絡性を確保するためであろう。

　Ⅱ地区はⅠ地区とは違い、鋭角の高切岸もなければ、畝状空堀群も存在せず、縄張り的には正反対の縄張りであり、平坦面と段だけの極めて単純な縄張りである。但し、E曲輪の虎口⑤も喰い違いにしているだけで、遮断はしていない。つまりⅠ・Ⅱ地区はそれぞれ連絡性は残しているわけで、お互い親密な関係にあったと言える。縄張りの優劣の差は、主城と属城という地位的な差なのであろう。弱点の一つとなる尾根続きを自然地形として放棄するわけにいかず、E曲輪を中心とし平坦面群を構築して城兵を駐屯させ、弱点を克服したのであろう。

　単純な喰い違い虎口⑤の存在を認めれば、窪地⑥も平入り虎口として良いであろう。属城に虎口が存在するならば主城にも虎口が存在して良く、①・②地点が虎口の可能性は一段と高まる。単純ながらも両地区に虎口が存在することにより、両地区に年代差は感じられず、同時期に構築された可能性が高まる。

　さて、この見事な畝状空堀群は、いつ、誰が構築したのであろうか。畝状空堀群と単純ながらも虎口の存在は、16世紀の構築と考えて良い。筆者は畝状空堀群が残る戌山城と茶臼山城（共に大野市）を16世紀中頃に朝倉氏が構築したと推定した。栃川城と戌山城・茶臼山城（大野市）の共通点は、周囲に鋭角の高切岸をめぐらすという点でも一致している。つまり栃川城も16世紀中頃に朝倉氏が構築したと推定ができるわけである。栃川城よりも山頂に位置する芝築地山城も16世紀中頃に朝倉氏が構築したと推定している。これらを総合的に考慮して判断すべきであろう。

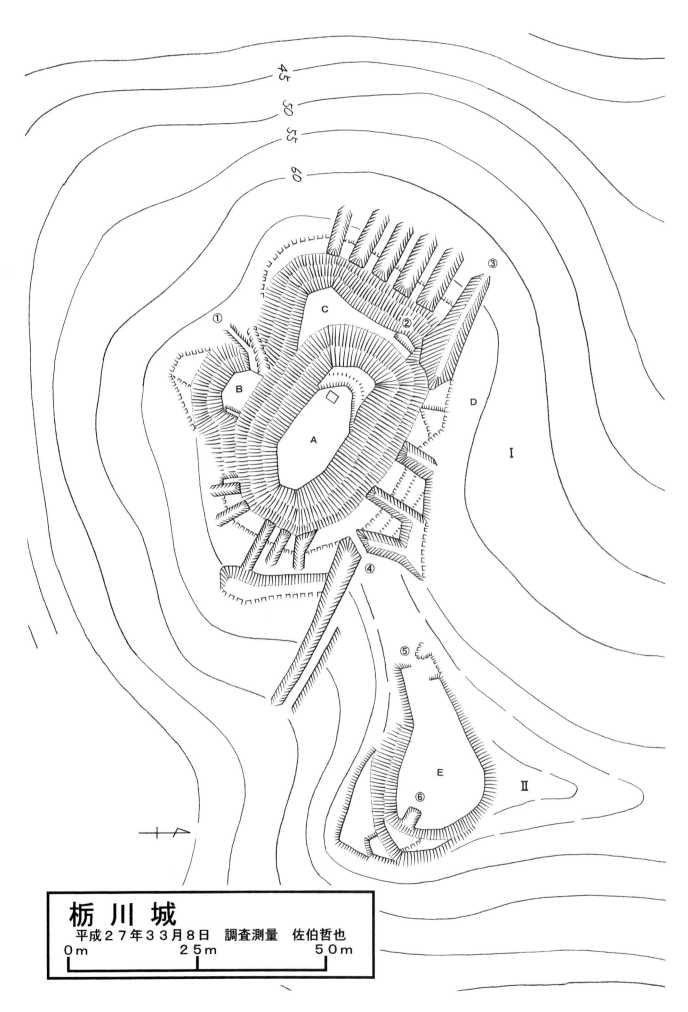

栃 川 城

平成27年33月8日 調査測量 佐伯哲也

0m   25m   50m

31. 芝築地山城 (しばつきじやまじょう)

①丹生郡越前町朝日町乙坂 　②芝摺城・乙坂山城 　③南北朝期 　④16世紀中頃 　⑤16世紀中頃
⑥畑時能・朝倉氏 　⑦山城 　⑧削平地・切岸・土塁 　⑨210m×90m
⑩標高289.9m 　比高270m 　⑪14

『城跡考』によれば、南北朝時代畑六郎左衛門時能が居城したと記載している。『大系』も同様の内容を記載している。つまり南北朝時代の城として扱われているのである。

乙坂山山頂に選地する。城跡からの眺望は素晴らしく、日野川と天王川沿いに広がる平野や集落・街道を全て展望することができる。しかし比高が270mもあるため、麓の集落からは隔絶された感じがあり、在地土豪が領地支配の城郭として築城したとは考えにくい。

麓から城跡まで遊歩道が整備され、比高のわりには簡単に城跡へ到達することができる。現地の説明看板によれば、城跡には太平洋戦争中監視哨が置かれていたと伝わり、①の窪地がその跡だという。しかし、なぜ円形の窪地が監視哨跡なのか判然としない。

山頂はなだらかな地形が広がっており、一旦敵軍が山頂付近まで進攻されてしまえば天然の要害を頼ることができない。従って敵軍想定進行方向に重点的に塁線土塁を構築し、その方向に虎口を設けている。それは現在の遊歩道と重複しており、かつての城道が遊歩道として使用されている可能性がある。これに対して、敵軍の進攻の可能性が低い北・東方向は、塁線土塁を設けていないか、設けていたとしても低土塁となっている。

重厚な構造となっている南側の土塁には、大小様々な穴が土塁肩に残っている。これは家庭用炭（ケシ炭）を製作していた炭穴と考えられ、城郭施設ではない。

芝築地城の虎口には、注目すべき点が多い。まず西側の尾根続きは②地点で尾根を細く削って大人数の進攻を阻止し、③地点に段を設けて進行速度を鈍らしている。そして虎口④は土塁で構築した明確な虎口。入る時、⑤地点からの横矢が効く。土塁は分厚く、高さも2m前後あり実戦用と言える。しかしストレートに入る平虎口で、櫓台も備えていない。

朝倉氏が築城した中山の付城（美浜町）にも土塁で構築した虎口があり、ストレートに入る構造となっている。但し、こちらは櫓台を備えており、芝築地城の虎口より若干発達した虎口といえる。中山の付城の構築年代が永禄7年(1564)～天正元年(1573)に限定できるため、虎口④はそれより少し古い永禄初年頃と推定することができる。朝倉氏の技術提供（実質的には朝倉氏が築城）で元亀元年(1570)築城した長比・上平寺城（共に滋賀県）の虎口は、屈曲しないと入れない構造になっていることからも、この推定は妥当と考えられる。

南側の尾根続きは、まず曲輪のコーナーに櫓台⑦を設けて、尾根続きから進攻してくる敵軍に攻撃を加える。虎口④と同じ構造なのが虎口⑥で、こちらも入る時横矢が掛かり、前方に竪堀を設けて進行速度を鈍らせている。

このように西・南側の尾根方向には虎口を開口させ、その虎口は土塁で構築された平虎口となり、入る時横矢が掛かる構造となっている。これが芝築地山城の虎口構造と言える。中山の付城と比較すれば、若干古い構造と言えるが、ほぼ同型の構造と言えることから、現存遺構は中山の付城と同じく朝倉氏の構築と考えて良い。

小規模ながら⑧地点も虎口である。こちらは尾根方向からは見えないので、城兵専用の虎口と考えられる。

このように、敵軍の進攻が考えられる西・南方向は極めて厳重な防御構造となっている。しかしその可能性が低い北・東側は低土塁を巡らすか、あるいは自然地形のままである。さらに主郭であるA曲輪には意味不明の小段や自然地形が多く残っており、大規模かつ堅牢な建物が存在していたとは考えにくい。

居住施設である平坦面は不完全であるが、防御施設は完成している。築城は南北朝期かもしれないが、現存遺構の構築は永禄初年頃に朝倉氏が構築したと考えて良い。山麓を実質支配するためにほぼ同時期に朝倉氏が茶臼山城を築城したのではないだろうか。

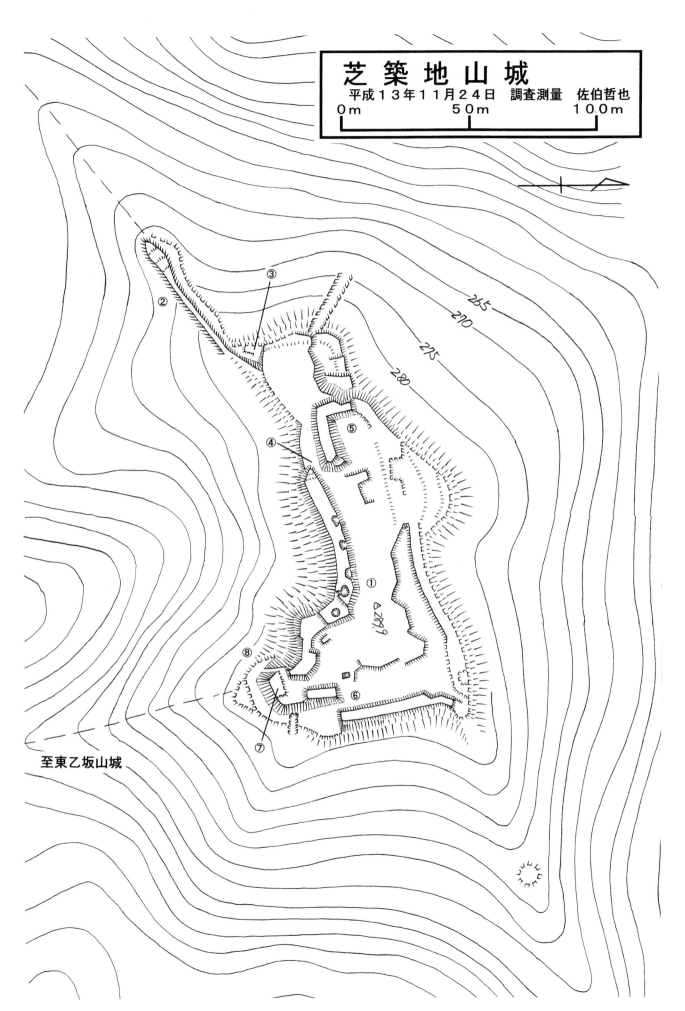

芝 築 地 山 城
平成13年11月24日　調査測量　佐伯哲也
0m　　　　　50m　　　　100m

至東乙坂山城

32. 東乙坂山城（ひがしおっさかやまじょう）

①丹生郡越前町朝日町乙坂　②—　③16世紀後半　④16世紀後半　⑤16世紀後半　⑥—
⑦山城　⑧削平地・切岸・堀切・土塁・竪堀　⑨80m×50m　⑩標高200m、比高180m　⑪14

　　『城館跡』に個別の記載はないものの、『城館跡』には芝築地山城と同じページに図面が記載
されている。地元に存在を示す伝承が残っていたのであろう。
　　芝築地山城の虎口⑥から伸びた尾根の先端に位置する。芝築地山城方向に堀切①を設ける。堀
切①の上幅は16mもあり、防御力を増強するために幅広の堀底に竪堀を設けている。さらに横
幅も40mもあり、完全に尾根続きを遮断している。主郭はA曲輪で、堀切①側に土塁を設ける。
つまり堀切と竪堀・土塁がセットになった防御施設であり、現存遺構が16世紀後半に構築され
たことを物語る。B曲輪との間に高さ5mの切岸を設けるが、南側に自然地形②を残す。ここが
主郭AとB曲輪との連絡路だが、全くの自然地形で、臨時城郭だということを推定させる。
　　B曲輪からは、C曲輪等の曲輪が階段状に下がっていく。③地点は虎口と推定されるが、不明
瞭すぎるため、詳細は不明。堀切①から上方約70mの地点に切岸④が存在し、尾根続きを遮断
する。その他古墳等を利用した遮断線も数ヶ所残る。
　　以上、乙坂山東城の縄張りを概説した。構築年代が16世紀後半と芝築地山城より若干新しい
と思われる。さらに堀切①を設けて芝築地山城方向を完全に遮断している。つまり芝築地山城と
乙坂山東城の親密性が窺えないのである。
　　単純に縄張りのみを考慮すれば、芝築地山城廃絶後、乙坂山東城が単独で構築されたと考えら
れる。但し、存続期間が完全にラップしないわけでもない。もしラップすればどうなるのか、
芝築地山城・乙坂山東城・茶臼山城全体で考慮する必要があろう。

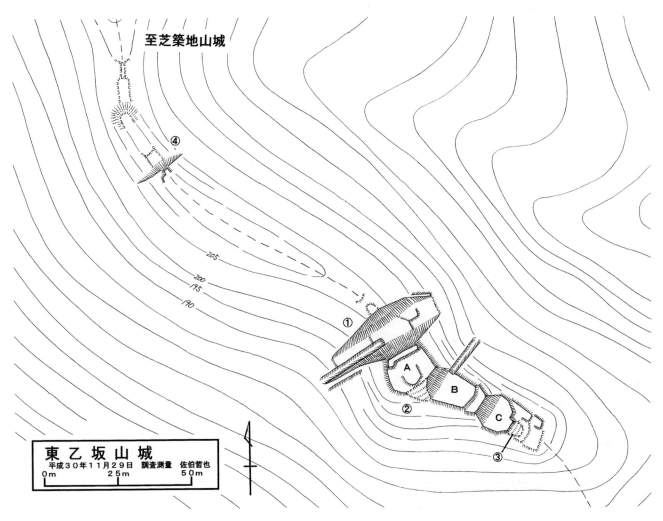

至芝築地山城

東乙坂山城
平成30年11月29日　調査測量　佐伯哲也
0m　　　25m　　　50m

33. 尉ヶ峰城 （うるちがみねじょう）

①丹生郡越前町朝日町栃川　②－　③16世紀　④16世紀　⑤16世紀　⑥－　⑦山城
⑧削平地・切岸・堀切・土塁　⑨140m×40m　⑩標高220.6m、比高180m　⑪14

　尉ヶ峰城の位置については諸説紛々としている。ここでは『城跡考』が「栃川村ヨリ三町計西方山上」と記載しているため、栃川集落西方の標高220.6m の山頂に位置する城郭遺構を尉ヶ峰城とすることにした。

　尉ヶ峰城からの眺望は素晴らしく、栃川集落を眼下に見下ろすことができる。そして谷を挟んだ対岸の芝築地山城とは1.4㎞しか離れておらず、両者の緊密な関係を窺うことができる。

　山頂は比較的なだらかな地形をしているため、尾根の前後を土塁で仕切り、主郭Aを造り出している。土塁の開口部を虎口としているが、いずれも単純な平虎口。南側の尾根続きを堀切①で遮断する。北側には明確な遮断施設は無く、②地点に切岸を設けて城域の区画としている。③地点は竪堀のようにも見えるが、尾根越えの道跡と考えたい。つまり尉ヶ峰城は、尾根越えの道を監視・掌握する地点に選地しているのである。

　城主は北側の遮断対策が手薄と心配したのであろうか、低土塁を巡らしたB曲輪を構築している。敵軍はB曲輪からの横矢攻撃を受けながら、虎口⑤に入ることになる。虎口と曲輪がセットになった防御構造により、現存遺構が16世紀に構築されたことが推定できる。しかし虎口④も単純な平虎口であり、主郭AとB曲輪の繋がりも希薄と言わざるを得ない。

　以上が尉ヶ峰城の縄張りである。土塁を巡らし虎口を構築しているという点では、芝築地山城との共通点を指摘できる。しかし芝築地山城のように虎口は発達していない。同一勢力により、尉ヶ峰城が先に築城され、後に芝築地山城が築城されたという仮説が提唱できよう。

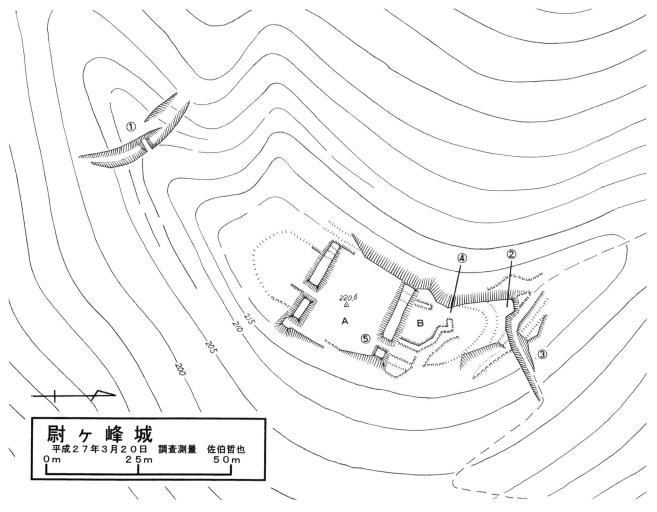

尉ヶ峰城
平成27年3月20日　調査測量　佐伯哲也
0m　　　25m　　　50m

34. 大窪鎌太館（おおくぼかまたやかた）

①丹生郡越前町朝日町青野　②－　③平安末期？　④16世紀　⑤16世紀
⑥大窪鎌太・鎌田正家　⑦平地館址　⑧削平地・切岸・土塁・横堀　⑨100m×70m
⑩標高－、比高－　⑪15

『城跡考』によれば、館主を大窪鎌太としている。『朝日町史（旧）』（朝日町役場 1976）では大窪鎌太を寿永の頃、木曽義仲に敗れた平家の落武者としている。この推定が正しければ館の構築年代は平安末期ということになるが、確証は無い。

大窪鎌太館は、遺構がほぼ完存する福井県の平地館址として有名である。堀跡まで含めれば、100m×70mと巨大な館跡となる。天王川の右岸に選地し、天王川沿いに走る中世の街道を鋭く監視し、掌握している。これが大窪鎌太館の重要な任務の一つだったことは明白である。

土塁は西・南・東及び北側の一部に巡らす。北側には街道を直接支配する関所のようなスペースが存在しているため、当初から存在していなかったと推定される。まず天王川と館に挟まれるような形で街道が通っており、館の北側ほぼ中央にスペース①を設ける。スペース①の前面に土塁②を設けて敵軍の進攻を食い止める。勿論スペース①は敵軍に直撃されるため、これだけの防御力は不十分であり、その前方に土塁③を設け、迂回防止用の竪堀④を設ける。さらにこれだけでは不十分と考えたのであろうか、⑤地点に張り出しを設け、土塁③に取付く敵軍に横矢を効かしている。土塁②・③は館と直結しているため、館の施設と考えて良い。つまり大窪鎌太館は、街道を監視・掌握するために、極めて戦国的な防御施設を備えているのである。

館の内部Aは広々とした平坦面で、土塁の内側で70m×50mを計る。拡張前（永禄10年足利義昭御成以前）の一乗谷朝倉義景館が100m×50mだったことを考えると、それに匹敵する広さを誇っていたことになる。単なる在地土豪の居館とは考えにくい。

堀跡はほぼ埋められてしまったが、西及び東側に痕跡を残す。勿論南側にも堀はあったのであろう。面白いのは、虎口⑥の対岸のみ堀の痕跡が無いことである。ここには土橋が存在していたのであろう。従って虎口⑥は後世の破壊虎口ではなく、館の虎口ということが判明する。張り出し⑤は櫓台でもあり、⑦地点も監視する。⑦地点は中世の街道だった可能性は高い。

館の大手虎口は、虎口⑧であろう。面白いのは、外側の切岸の形状が虎口⑧の正面にも設けられていることである。恐らく従来は矢印のように屈曲して入ったと考えられる。さらに入った内側にも、L字形の土塁⑨や堀が残っていることである。既に復元不可能な状態だが、内枡形虎口となるような小空間が存在していた可能性は高い。この推定が正しければ、館の最終的な構築年代（改修年代）は16世紀後半まで下がってしまう。館内部の居住面積を犠牲にして虎口空間を構築していることを考えれば、虎口⑧は当初は平虎口で、後に内枡形虎口に改修されたことが推定される。

虎口⑩も虎口⑥と同じく単純な平虎口。但し内側に小規模な土塁を設ける。これによって虎口⑩も後世の破壊虎口ではなく、館の虎口ということが判明する。

以上、大窪鎌太館の縄張りを概説した。大きさからは、単なる在地土豪の居館ではなく、国人領主級の館である可能性が高いことが判明した。さらに街道を監視・掌握する防御施設も設けていることも判明した。居住・軍事の両施設を兼ね備えた館と言えよう。

さて大窪鎌太館は、何時・誰が構築したのであろうか。決め手はやはり虎口にある。虎口⑥・⑩は平虎口である。さらに大手である虎口⑧も基本的には平虎口で、後世に内枡形虎口に改修された可能性が高い。

問題は改修時期である。内枡形虎口を持つ平地館址の発掘事例として、永平寺町の栗住波谷口遺跡がある（『一乗谷城の基礎的研究』）。館跡の遺構面は16世紀に3回整地が行われたと推定され、内枡形虎口は最終面（第1面）に構築されたと推定された。従って16世紀後半の構築と考えて良い。断定はできないが大窪鎌太館も従来は国人領主の居館だったが、16世紀後半に大改修されて現在の形になったと考えてほぼ間違いなかろう。

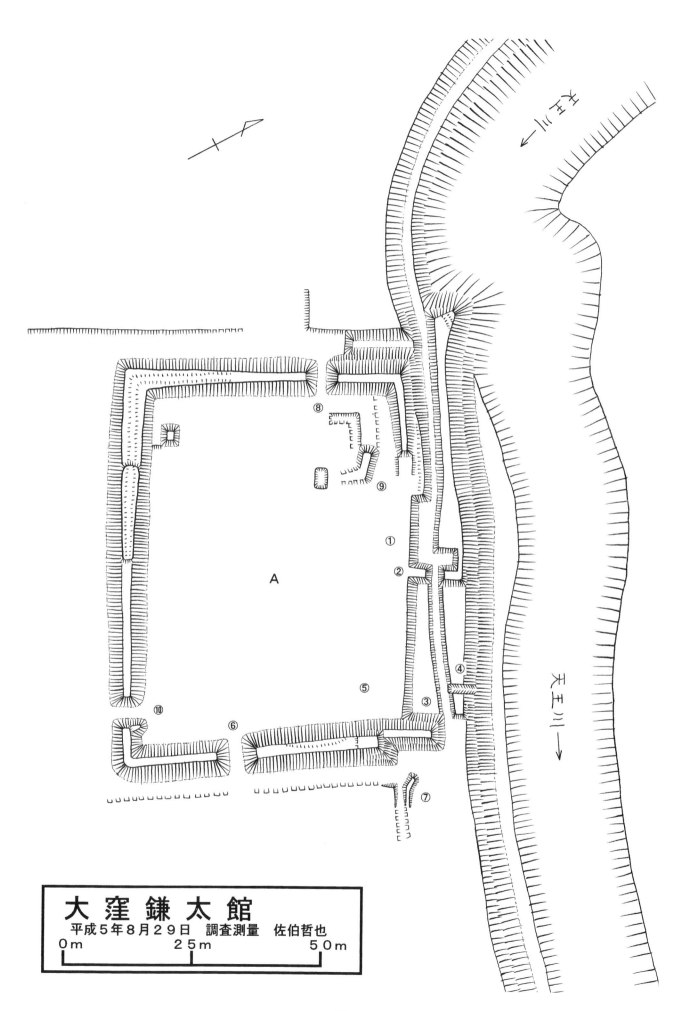

A

① ② ③ ④ ⑤ ⑥ ⑦ ⑧ ⑨ ⑩

天王川 →

← 天王川

大窪鎌太館

平成5年8月29日　調査測量　佐伯哲也

0m　　　　25m　　　　50m

【コーヒーブレイク】

1. 北陸の平地館址

　北陸において、大窪鎌田館のように地方土豪の平地館址（城跡も含む）が完存しているのは非常に珍しい。富山県では郷柿沢館（上市町）、石川県では御舘館（宝達志水町）、福井県では大窪鎌田館ぐらいしかない。それほど珍しく、存在そのものが貴重なのである。

　文字通り平地館址は平地にあり、様々な開発地の対象となる。恐らく廃城後４００年以上は経過しているであろう。各時代の受難を回避して今日まで遺構を保ち続けた平地館址には敬意を表したいくらいである。

　最大の受難は、太平洋戦争後前後の開墾であろう。それも戦後の開墾と思われる。昭和２３年頃に撮影されたアメリカ軍撮影の空中写真を見ると、現在鬱蒼とした山中でも、山のテッペンまで開墾され、余すことなく畑地となっている。その畑と化した山々をみて絶句する。今日では考えられない話である。

　なぜ行くだけで難渋する山奥まで開墾しなければならなかったのか、それは太平洋戦争後に満州・朝鮮半島等からの引揚者が生きていくために必要不可欠だったからである。満州・朝鮮半島等から引き揚げてきても、引揚者には住む場所もなければ、食べる物もない。利便性の良い場所は全て開墾されている。とすれば苦労を承知で山奥に入って開墾しなければならないのである。山中の開墾は、むしろ太平洋戦争直後に爆発的なスピードで実施されたと筆者は考える。今でも山奥に「開」「新」と名のつく耕地は、この時のものであろう。

2. 城郭のトイレ

　現在日本には、現存天守は１２棟存在する。その中でトイレが存在するのは姫路城のみである。姫路城のトイレは大天守の地下にあり、従って国宝に指定されている。つまり我が国唯一の国宝のトイレである。形式は現在の和式トイレとほぼ同じで、金隠しがついており、中央の穴の底には備前焼の大甕が備えられている。大甕に溜まった汚物を取りだす汲み取り口は存在しない。仮に満タンになった場合、どうするつもりだったのであろうか。ちなみに使用された形跡はないとのことである。

　中世の館・城を発掘してもトイレはほぼ検出されない。全国的にも有名な越前一乗谷朝倉氏遺跡の中心施設・朝倉義景館は、京都の室町将軍邸を模した造りになっており、常御殿・会所等が整然と並んでいた。そして当時としては珍しい風呂（蒸風呂）まであった。しかし、トイレは検出されなかった。城下の町屋では、金隠しがついた共同トイレが発掘されているにも関わらずに、である。義景館だけでなく、義景の生母二位尼高徳院屋敷と伝える中の御殿でもトイレは検出されなかった。つまり一乗谷の最頂部に位置する人々は、用を足すのにトイレを使わなかったのである。これは義景館に限った話ではない。ほぼ全面発掘が完了している飛騨江馬氏下館でもトイレは検出されなかった。最頂部の人たちは、全国的にオマルを使用していたと言えよう。

　では、どうやって用を足したのか。答えに窮した発掘担当者は、オマルを用いていたのではないかと推定している。そのオマルも検出されていないが、実状はそれに近かったと推定される。

　義景本人はそうだとしても、館に詰めていた使用人・警護の武士達はどうしていたのだろうか。恐らく常時２～３０人くらい詰めていたと推定される。いくらなんでもそれらの人々はオマルで用を足さないであろう。大変失礼な話だが、「その辺」で用を足していたのではなかろうか。現在は史跡公園としてきれいに整備された義景館だが、当時は糞尿の悪臭がアチコチでしていたのではなかろうか。

　安土城天守一階は、織田信長の居所である。ここでもトイレは検出されていない。つまり信長もオマルを使用していたのである。信長がオマルを使用する姿を想像すると、ちょっと笑ってしまう。

35. 青野城 (あおのじょう)

①丹生郡越前町朝日町青野　②—　③16世紀　④16世紀　⑤16世紀　⑥—　⑦山城
⑧削平地・切岸・堀切・土塁　⑨140m×40m　⑩標高200ｍ　比高170ｍ　⑪15

　青野集落背後の山頂に位置する。『朝日町史（旧）』（朝日町役場 1976）では、鎌倉時代に鎌田正家が築城、『朝日町誌通史編2』（朝日町役場 2004）では「白山神社伝来記」を引用し、鎌田隼人行重が築いたとしている。

　尾根続きを堀切①で遮断する。堀切①は上幅10ｍ・長さ40ｍもあり、完全に尾根続きを遮断する。但し、土橋も設けているため、連絡性は残す。堀切①の城外側に切岸で囲まれた一画②がある。尾根を細く狭めていることから、堀切①を出入りする武士達を監視する関所のような存在だった可能性がある。

　堀切①の内側には、大小様々な平坦面が不規則に並んでいる。いずれの平坦面も区画する段が低く、また完全に区切っていないので曲輪にはなりにくい。強いてあげるなら、平坦面Aは最も広く、区画性も明確なので主郭に相当すると考えられる。しかし明確な身分差は感じられない。周辺地域の小土豪達が寄せ合った土豪連合体の城郭といった感じがする。

　東側に開口した③が虎口と推定される。堀切を通らず城内に入れることから、城兵専用の虎口だったのであろう。この虎口が大小様々な平坦面を通らずに、比較的簡単に平坦面Aに到達できることからも、周辺平坦面に対する平坦面Aの絶対的優位差は認められない。

　以上、青野城の縄張りを概説した。虎口が認められることから16世紀の築城・使用と考えて良い。明瞭な身分差が感じられない、大小様々な平坦面が集合していることから、周辺地域の土豪連合体の城郭の可能性を指摘したい。

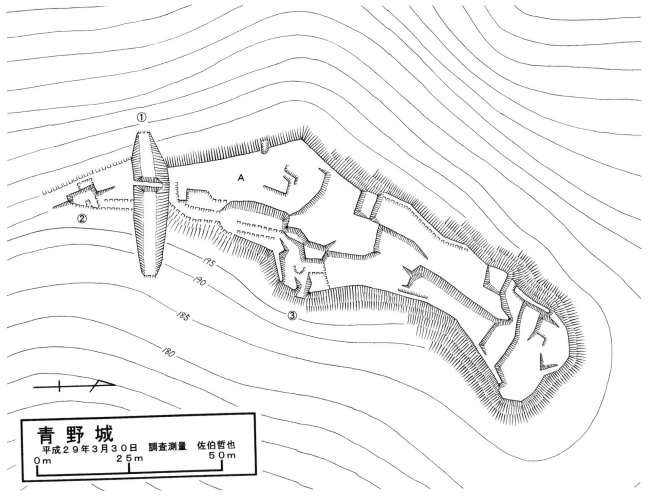

青野城
平成29年3月30日　調査測量　佐伯哲也
0m　　　　25m　　　　50m

36. 栗屋城（くりやじょう）

①丹生郡越前町厨　②厨城山城　③鎌倉期？　④16世紀後半　⑤16世紀後半　⑥島津忠頼・新田義貞・滋野与市吉信　⑦山城　⑧削平地・切岸・堀切・土塁・竪堀・畝状空堀群
⑨270m×90m　⑩標高540m、比高500m　⑪11

『城跡考』は城主として、新田義貞・滋野与市吉信を記載している。『大系』では鎌倉期の越前守護島津忠久の次男忠頼が守護代として居城したと述べている。

城跡は通称城山山頂に位置する。城跡からの眺望は非常に素晴らしく、日本海や丹生山地の谷あいの集落、遠くは鯖武盆地を一望することができる。比高が500mもあることから察せられるように、付近に集落は存在せず、在地土豪の領地支配の城郭とは考えにくい。広域な地域を支配する国人クラスの城郭と考えられよう。

城内最高所のA曲輪が主郭。現在愛染明王社が建っていて、遺構が破壊されているのが惜しまれる。破壊されているため、細部の構造は不明だが、平坦面の削平は不十分で、自然地形が残る。国人土豪の居城ではなく、軍事目的で築城されたことを推定させる。主郭直下のD曲輪に井戸①が残る。このような山頂にもかかわらず、現在も水が溜まっているのに驚かされる。城兵達の貴重な水源だったのであろう。宗教行事を実施するにあたり、水は必要不可欠であり、当地に愛染明王社が鎮座している要因のひとつとして、井戸の存在があろう。なお、『越前町史上巻』（越前町役場 1977）所収「貞享2年(1685)越前国絵図」には「厨山城跡、池有り、愛染明王社の近くなり」と記載しており、井戸①は江戸期から有名な存在だったことが判明する。

北端は堀切②で遮断し、城外側を土塁状に加工して防御力を増強している。さらに敵軍が斜面を迂回しないように、竪堀③を設ける。堀切と竪堀をセットにした防御施設であり、16世紀後半の様相を示す遺構と言える。

C曲輪からB曲輪に入るには、別添詳細図のように入ったと推定される。積極的に横矢の掛かる縄張りとは言えないが、大軍が進入できないような細長い通路を設定し、しかも堀切によって進路を遮断できようにしている。設定された計画的な通路と判断することができ、これも16世紀後半の縄張りと言えよう。しかし堀切を設けたことにより、C曲輪は独立してしまっている。堀切の存在は敵軍の攻撃も遮断できるが、C曲輪からの連絡路も遮断してしまっており、これではC曲輪が合戦時孤立してしまう恐れがある。国人土豪城郭の技術の限界も見え隠れする縄張りと言えよう。

南西尾根続きは、残念ながら道路造設により破壊されている。しかし堀切④で遮断しているのが確認できる。上幅8mの大型の堀切で、完全に遮断している。城域は堀切④までとすべきである。E曲輪直下も道路で破壊されて詳細は不明だが、破壊前の図面（現地説明板）によれば、大体道路幅程度の曲輪が存在していたと考えられる。

注目したいのは、畝状空堀群⑤である。竪堀が4本並んでいるため畝状空堀群として良い。尾根の反対側（北側）に畝状空堀群は存在していないため、畝状空堀群側（南側）に重要な施設が存在したことを暗示している。現在畝状空堀群側には、E～F曲輪直下に細長い通路状の腰曲輪が巡る。現状では確認できないが、腰曲輪は主郭Aに至る通路で、主郭Aに大軍が進入するのを防止するために畝状空堀群を設けたと考えられる。つまり栗屋城の畝状空堀群は、通路に限定した畝状空堀群なのである。栗屋城の縄張りに年代差は認められない。従って畝状空堀群の構築年代は、C曲輪からB曲輪に入る通路設定から、やはり16世紀後半として良いであろう。栗屋城から2.9km離れた地点に織田城がある。こちらの畝状空堀群は、長い竪堀を主郭の周囲に放射状に配置したものであり、異なった使用方法である。同一視すべきではない。

なお、『城館跡』記載の図面には、城跡南西の512.7mの三角点を城郭遺構とし、櫓台のような遺構を描いている。調査の結果、公園造成の盛土、あるいは塚等の宗教構造物と推定し、城郭遺構ではないと推定したため図化しなかった。尾根続きは堀切④で遮断しているため、城域は堀切④までとすべきであろう。

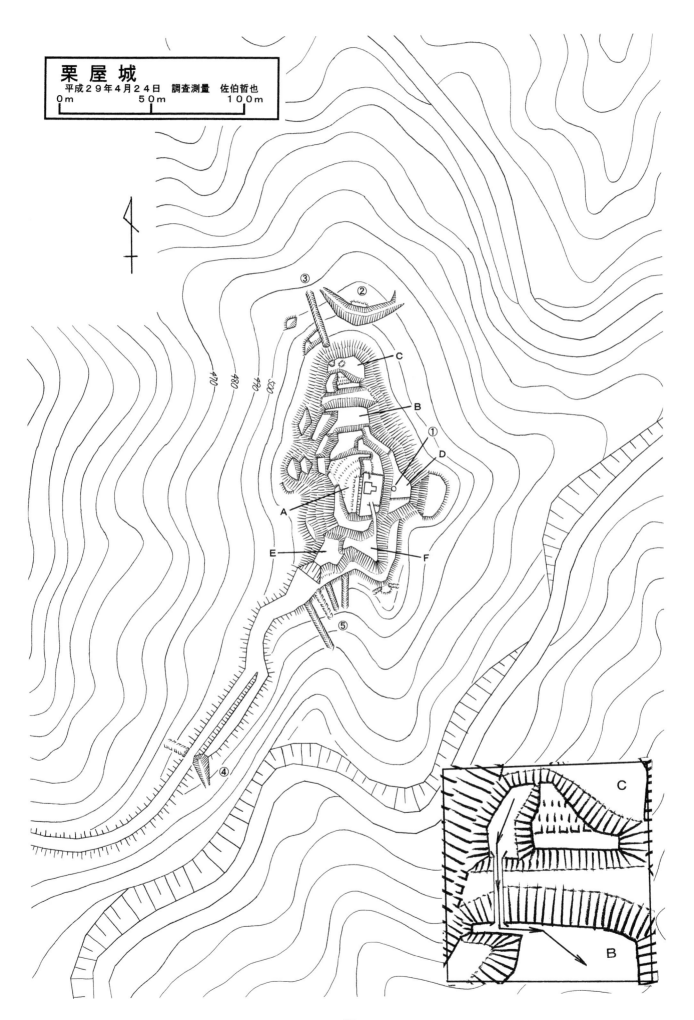

栗屋城
平成29年4月24日　調査測量　佐伯哲也
0m　　　　50m　　　　100m

37. 織田城 (おだじょう)

①丹生郡越前町織田町上山中　②－　③16世紀　④16世紀後半　⑤天正2年？　⑥朝倉景綱
⑦山城　⑧削平地・切岸・土塁・堀切・畝状空堀群　⑨140m×140m
⑩標高296.9m、比高100m　⑪12

　『城跡考』は城主として、朝倉兵庫助景綱を記載している。景綱は『戦国大名朝倉氏』記載家系図によれば、3代貞景の四男景延の子となっている。

　景綱は一次史料にほぼ登場せず、『朝倉始末記』のみに登場する人物。『朝倉始末記』によれば、元亀元年(1570)4月織田信長越前進攻にあたり、景綱は五百騎を率いて織田城から出陣し、河野口（南越前町河野）を守備したという。織田城は、越前の穀倉地帯といえる織田庄を監視するには絶好の選地といえる。織田城主・動員数五百騎は、景綱が朝倉氏の重臣だったことを推定させれくれるてれ傍証となる。

　次いで『朝倉始末記』は、天正元年(1573)8月刀祢坂の合戦で惨敗した朝倉義景は、木ノ芽峠で敗残兵をまとめて踏みとどまろうとするが、景綱はこれを無視して織田城に逃げ帰ってしまったという。これにより義景は踏みとどまることができず、5～6騎で落ち延び、さらに馬もろくにエサを与えなかったため衰弱し、歩きながら一乗谷に入ったと記載する。

　朝倉氏滅亡後、景綱は織田信長に許されてそのまま織田城に居城していたと考えられる。しかし、天正2年桂田長俊・富田長繁が相次いで戦死し、一時的に越前が一向一揆に支配されると、織田城もまた一揆軍に攻められる。攻撃は『朝倉始末記』によれば天正2年5月上旬から開始され、5月下旬景綱は妻子のみ引き連れて城を脱出し、舟で敦賀郡に逃げ落ちたという。見捨てられた城兵は命だけは助けられ、6月5日に一揆軍は城を破却したと記載する。

　この後『朝倉始末記』に景綱は登場しない。ただし『中務大輔家久公御上京日記』天正3年5月15日条では、島津家久と里村紹巴が明智光秀の坂本城（滋賀県大津市）に招かれ、酒宴の席に「朝倉の兵庫助といへる人くハハり候」と記載している。恐らくこれが景綱として良いであろう。つまり信長の家臣（あるいは光秀の家臣）として近江にいたのであろう。これ以降の景綱の消息は不明。

　城跡からは織田庄の集落が眺望でき、織田庄支配の絶好の選地といえる。城内最高所のA曲輪が主郭。しかしB曲輪の方へダラダラと下がっていき、B曲輪との明確な区画は設けていない。主郭Aの一段下にC曲輪を設け、南東の尾根方向に集中して畝状空堀群を配置し、末端に堀切を入れて尾根続きを遮断する。この畝状空堀群は長い竪堀を放射状に配置したもので、越前の畝状空堀群の中では非常に珍しい形式である。

　畝状空堀群に防御されるような形で、虎口②がある。別添拡大図のように入ったと考えられ、出入りする武士達を、主郭Aが監視している。虎口②の存在から、南東の尾根続きが大手方向と考えて良い。虎口②に入ったとしても、正面には主郭Aの切岸があることから主郭には入れない。主郭に入るには、主郭Aの横矢に長時間晒されながらD曲輪を北上し、②地点から入ったと考えられる。ここでも竪堀を効果的に使用している。

　このように虎口を明確化し、土塁や曲輪（主郭A・D曲輪）とセットで防御力を増強していることから、構築年代は16世紀後半と考えて良い。さらに虎口②と連動している放射状の畝状空堀群の構築年代も同年代の16世紀後半として良いであろう。

　北東尾根続きから敵軍が進攻してきた場合、敵軍が両斜面に迂回しないように設けたのが竪堀③・④である。尾根の中央に設けたのが虎口⑤で、こちらは単純な坂虎口となっている。さらにE尾根にも竪堀や小平坦面を設けているが、顕著な防御遺構は設けていない。城主がどちらの尾根続きを重要視していたのか一目瞭然である。

　以上、織田城の縄張りを概説した。現存遺構の構築年代は16世紀後半として良い。ただし遺構に年代差は見られないため、築城年代も16世紀代に収まるものと思われる。永禄年間以降朝倉景綱によって築城され、天正2年に廃城になったという仮説が提唱できよう。

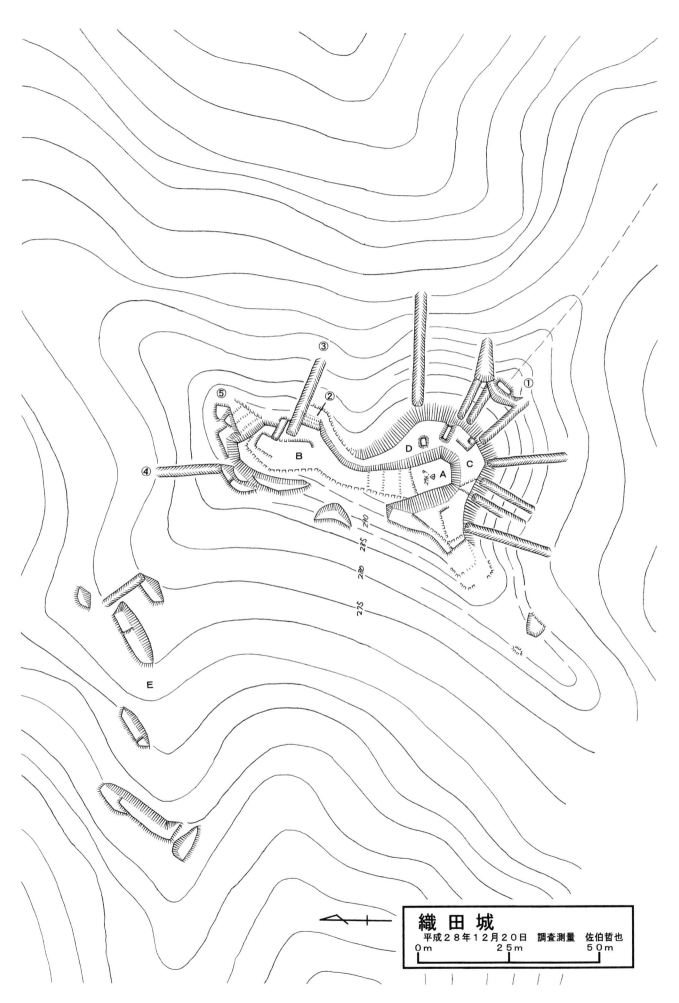

織田城

平成28年12月20日　調査測量　佐伯哲也

0m　　　　　25m　　　　　50m

38. 御床ヶ嵩城（みとこがだけじょう）

①丹生郡越前町朝日町宇田　②三床山城　③平安期？　④16世紀後半　⑤16世紀後半
⑥宮川出雲守要光・保科越前守・斯波高経　⑦山城　⑧削平地・切岸・堀切・土塁・竪堀
⑨310m×90m　⑩標高279.8m、比高260m　⑪16

　城跡である三床山までの遊歩道は、各集落から設置されており、非常に歩きやすい。個人的には和田集落からの遊歩道をお勧めする。城跡はきれいにブッシュが苅払われて遺構が観察しやすくなっており、説明看板も設置されて初めての来訪者でもわかりやすくなっている。それでいて遺構が破壊されていないことが非常に嬉しい。山城保存・活用の模範例として広がっていくことを期待する。

　『城跡考』では「時代不知」と記載するに止まる。『大系』では弘仁13年(822)領主の宮川出雲守要光が築城したとしている。さらに『大系』では三床山山麓の石生谷集落に居館を構える保科越前守が築城したとしている。保科氏について『城跡考』では、石生谷村に四方に土塁を残す館跡があり、館主を保科肥後守としている。保科氏は三床山一帯を支配する在地領主だった可能性がある。石生谷集落にの館跡は地籍図調査の必要性を残す。『大系』はさらに南北朝時代、斯波高経が在城したことも記載する。

　山頂からの眺望は素晴らしく、鯖江・武生方面の平野・集落・川・街道を一望することができる。主郭は最高所のA曲輪だが、大小様々な平坦面が雑然と配置され、狭隘な感じを受ける。それはB曲輪に続く尾根上の配置状況と同じである。それと同時に、A・B周辺の平坦面は、明確な区画線（遮断線）で遮断しておらず、全て連絡性を保っていることも注目したい。①地点には塚状の盛土が二ヶ所認められる。三床山山頂には、現在西麓にある佐々牟志神社がかつてあったと伝え、山岳信仰の山だったと考えられる。従って塚状の盛土は山岳信仰に関する遺構の可能性もある。

　山頂に続く尾根には、堀切②・③・④を設け遮断する。注目したいのは、三本全てで城外側を小曲輪として加工している点である。これは城外側に城道が存在していたことを推定させる。特に堀切②は城外側を馬出曲輪状に加工している。現在城道は確認できないが、かつては和田集落から登ってくる登城道が存在していたのであろう。堀切④の内側（城内側）に櫓台を設ける。つまり堀切と櫓台がセットになった防御線であり、現存遺構の構築年代が16世紀後半まで下ることを暗示する。

　三方向の尾根に堀切を入れて遮断しているのに、D尾根だけは設けておらず、切岸等の遮断施設も設けていない。つまり城主はこの方面（佐々生方面）からの敵軍の進攻の可能性は低いと考えていた証拠である。当時の情勢を考える上で重要な事実となる。

　大手方向はC尾根で、最も厳重な警戒構造となっている。まずE地点付近に防御施設群を構築する。尾根を細く削って少人数しか通行できなくして、切岸を設けることにより進行速度を鈍らす。そして両斜面迂回防止に、竪堀⑤・⑥を設ける。極めて合理的な防御施設の配置であり、ハイレベルの縄張り技術を読み取ることができる。現存遺構の構築年代を16世紀後半として良いであろう。

　堀切③そのものは小規模だが、その背後に聳える切岸は高さが7mもある強力な遮断線である。東側の土塁が設けられた通路から一旦F曲輪に入り、主郭Aへと進んだと考えられる。しかし虎口が明確ではなく、具体的にどのように進んだのか詳らかにできない。

　以上が御床ヶ嵩城の縄張りである。築城が平安期かもしれないが、現存遺構は16世紀後半である。但し、A・B周辺の平坦面群が16世紀中頃に構築され、E地区防御施設群が16世紀後半に構築された可能性も残す。土豪連合体の城郭を、朝倉氏関連武将が改修したことを示しているのであろうか。芝築地山城等と総合的に考える必要があろう。

　なお現地看板には、主郭A南側斜面に四本の畝状空堀群を描く。このため現地を詳細に踏査したが、全て自然地形で畝状空堀群は確認できなかった。

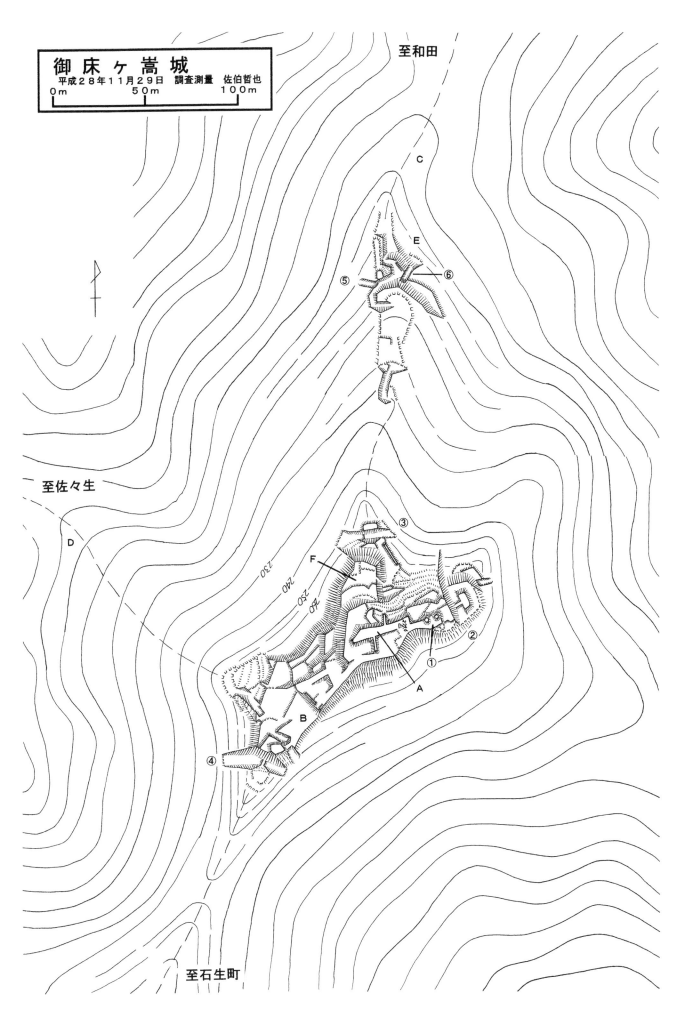

御床ヶ嵩城
平成28年11月29日　調査測量　佐伯哲也
0m　　　　50m　　　　100m

至和田

至佐々生

至石生町

39. 三 峰 山 城 (みつみねやまじょう)

①鯖江市上戸ノ口町　②－　③南北朝期　④16世紀後半　⑤16世紀後半　⑥脇屋義助・朝倉氏
⑦山城　⑧削平地・切岸・堀切・竪堀・土塁　⑨120m×80m　⑩標高404.5　比高310m　⑪7

　一乗谷川左岸丘陵上遺構群と同じ丘陵上に位置し、遺構群6の南側約750mに位置する。一乗谷川左岸丘陵上遺構群の南端を守備する位置に築城されており、一乗谷川左岸丘陵上遺構群の一連の城郭と考えられる。一乗谷川左岸丘陵上遺構群が築城される以前から存在していたため、一個の城郭として紹介する。

　太平記によれば、建武4年(1337)、平泉寺衆徒の内、南朝方に付いた衆徒が伊自良次郎左衛門と共に楯籠っている。さらに同書によれば、脇屋義助やその配下の河島蔵人惟頼の拠点になっており、翌建武5年日野川合戦の時、惟頼は三峰山城から出陣したことが知られている。

　城跡は、通称城山・あるいは三峰山山頂に築かれている。名前の通り三方向に尾根が伸びている。主郭は城内最高所のA曲輪。北側に伸びる尾根上にB・C曲輪を並べている。いずれも堀切①・②で遮断しており、敵軍の攻撃を遮断しているが、城内の連絡性も悪くしている。虎口は確認できず、どこから曲輪内に入ったのか判然としない。ただし、堀切①の堀底に土橋があり、ここに簡単な木橋の補強柱が建っていたと推定される。とすれば、木橋の両端に主郭A・B曲輪の虎口が存在していたことが推定されよう。

　堀切は曲輪間を遮断するために用いられているものの、福井平野側(西側)に伸びる尾根には用いていない。これは一乗谷川左岸丘陵上遺構群とは違った堀切の用法であり、現存遺構は一乗谷川左岸丘陵上遺構群と違った時代に構築されたことを推定させる。

　大手方向は、三峰集落方向に伸びるD尾根であろう。三峰集落には文安2年(1445)三峰寺があったことが判明している(「東寺修造料足越前国寺々奉加人数注進状」『福井市史資料編2』所収「東寺百合文書」)。さらに三峰集落には上戸口集落と鹿俣集落を繋ぐ尾根越えの道が通っていた。つまり中世において三峰集落には、一乗谷南端に入る尾根越えの道が存在していたのである。以上の理由により、三峰集落方向であるD尾根を大手方向として良い。

　D尾根から進攻してきた敵軍は、C・B曲輪の西直下を通って主郭Aに到達する。当然西直下を通過するときB・C曲輪からの横矢攻撃に晒される。つまり主郭AはB・C曲輪に防御されているわけで、このような構造からもA曲輪を主郭とすることができる。主郭A直前に竪堀④を設けて少人数しか通れないようにしており、さらに防御力を増強するために土塁まで設けている。この竪堀④は堀切①と連動しており、土塁・竪堀・堀切がセットになった防御ラインとすることができる。このような防御施設の存在から、現存遺構の構築は16世紀後半とすることができる。

　一方、福井平野側(西側)に伸びるE尾根には、竪堀⑤や古墳の流用と思われる土塁⑥を設けているものの、大規模な遮断施設は設けていない。さらにE尾根方向に対して主郭Aを防御する曲輪は存在せず、ほぼ無防備状態となる。大規模な敵軍の進攻は、城主はD尾根方向と考えていたことを物語る。このような構造からもD尾根を大手方向として良い。

　このように、D〜E尾根には一本の尾根道が通り、しかも竪堀等を設けて大軍が進攻しずらくしている。従ってD〜E尾根道は中世から存在し、しかも重要な尾根道として使用されていたことが判明する。　一方F尾根方向は、竪堀⑦で尾根道を遮断し、尾根通りに栓をするかのような土塁⑧(これも古墳の流用と推定される)を設けている。F尾根にも堀切を設けて遮断していないことから、城主は大規模な敵軍の進攻は無いと考えていたと推定されるが、重要な尾根道も通っていなかったことも物語っていよう。

　以上、三峰山城の縄張りを概説した。築城は南北朝期だが、現存の遺構は16世紀後半のものである。朝倉氏が一乗谷南端を守備する城郭として、一乗谷に繋がる尾根道を監視・掌握するために改修したと推定されよう。なお平成13〜15年鯖江市教育委員会において三峰寺跡の発掘調査が実施され、寺の盛期が15〜16世紀ということが判明した(『三峰寺跡』鯖江市教育委員会2005)。従って三峰城と三峰寺の存続期間がラップする結果となった。

至三峰寺

三 峰 山 城
平成２３年１２月６日　調査測量　佐伯哲也

0m　　　　25m　　　　50m

D

C

②

①

B

④

⑧

F

A

⑤

⑥

⑦

390

③

380

370

E

40. 文殊山城 (もんじゅさんじょう)

①鯖江市南井町　②－　③戦国期　④16世紀　⑤16世紀　⑥楞厳寺？・朝倉氏？　⑦山城
⑧削平地・切岸・堀切・竪堀・畝状空堀群　⑨660m×100m　⑩標高360m、比高330m　⑪18

　泰澄大師が養老元年(717)に開山したと伝わる文殊山山頂に位置する。手軽に上れる山岳信仰の山として、多くのハイカーが訪れる。山岳信仰の山らしく、三角形の秀麗な山容をしており、山頂からは福井平野を一望することができる。

　戦略上重要拠点として早くから武将達に注目されていたと推定されるが、『城跡考』等の古記録には一切記載されず、また伝承も伝わっていない。山頂には文殊菩薩を安置する御堂が建っている。この文殊菩薩は、文殊山北麓大村町に位置する楞厳寺の本尊である。このため、築城者は楞厳寺関係の宗教勢力とも考えられるが、判然としない。東麓には一乗谷に繋がる朝倉街道が通る榎坂が位置していること、そして朝倉氏城郭の特徴の一つ畝状空堀群が存在することから、朝倉氏が戦国期に改修したとも推定される。ただし、畝状空堀群といっても僅か3本程度なので、在地土豪でも十分構築可能なため、朝倉氏と断定するわけにはいかない。

　遺構の分布は、文殊山山頂のI地区、北側のII地区、別山と呼ばれるIII地区に大別できる。それぞれの地区は、主郭であるI地区と全く連動しておらず、独立性が強い。基本的には古い形態の縄張りとすることができる。

　I地区山頂のA曲輪が主郭。主郭Aには前述のように文殊菩薩を祭る御堂が建っている。地表面には御堂の屋根に葺かれていた石瓦が多数散乱しており、さらに土師器皿も多数散乱している。これらは全て山岳信仰に関する遺物と考えられ、江戸期以降の盛んな宗教活動が連想される。従って主郭Aを含める周辺の平坦面は、山岳信仰建造物あるいは石造物を設置するための平坦面である可能性が高く、城郭としての平坦面なのか、判然としない。

　室堂と呼ばれる平坦面から登ってくる尾根に、堀切①・②を設けて遮断し、両サイドに竪堀を設けて敵軍が両斜面に迂回するのを阻止している。この内東側は竪堀の間隔が狭いので畝状空堀群としてよい。しかし僅か3本程度なので、朝倉氏と断定するわけにはいかない。朝倉氏と断定するには躊躇するが、堀切と畝状空堀群がセットになった防御施設であり、この防御施設の存在により、現存遺構の構築年代を16世紀と推定することができる。

　I地区の北側にII地区がある。両地区を遮断する堀切③は上幅が12mもあり、完全に遮断している。さらに主要尾根通りから外れているため、孤立している感じがある。これが幸いしてか、山岳信仰活動では使用されていなかったらしく、純然たる城郭施設として扱うことができる。ここで注目したいのは竪堀で、堀切も端部を竪堀として落としている点である。これはI地区の竪堀の用法と同様であり、両地区の共通点である。

　I地区から460m離れた別山と呼ばれた山頂にIII地区が存在する。三方の尾根を堀切・切岸（元堀切か）で遮断しただけの単純な縄張りである。竪堀（畝状空堀群）と堀切をセットで用いたI地区と比較して、一世代古い縄張りなのかもしれない。あるいは、西側の尾根続きとして設けられた支城の役割を果たしており、本支城の関係で単純な縄張りになっているとも言える。
頂部には塚状の土壇があり、それを掘り込んで小祠を安置している。曲輪の中央部に設けられた土壇は、支障物となり、平面積を減少させる邪魔者でしかない。恐らく廃城後に土壇が設けられたのではないだろうか。

　以上、文殊山城の縄張りを概説した。文殊山城のみの縄張りからは、構築年代が16世紀ということしか判別しない。ただし、登り口を防御している北茶臼山城の構築年代は16世紀後半なので、ほぼ朝倉氏に限定できる。とすれば、朝倉氏が朝倉街道（榎峠）を掌握するために、文殊山城を改修せずに使用し、登り口に北茶臼山城を構築して文殊山城の防御力を増強した、という仮説を提唱することはできないだろうか。築城者は全くの憶測だが、楞厳寺とすることも仮設の範疇であれば可能であろう。構築年代は16世紀中頃だろうか。

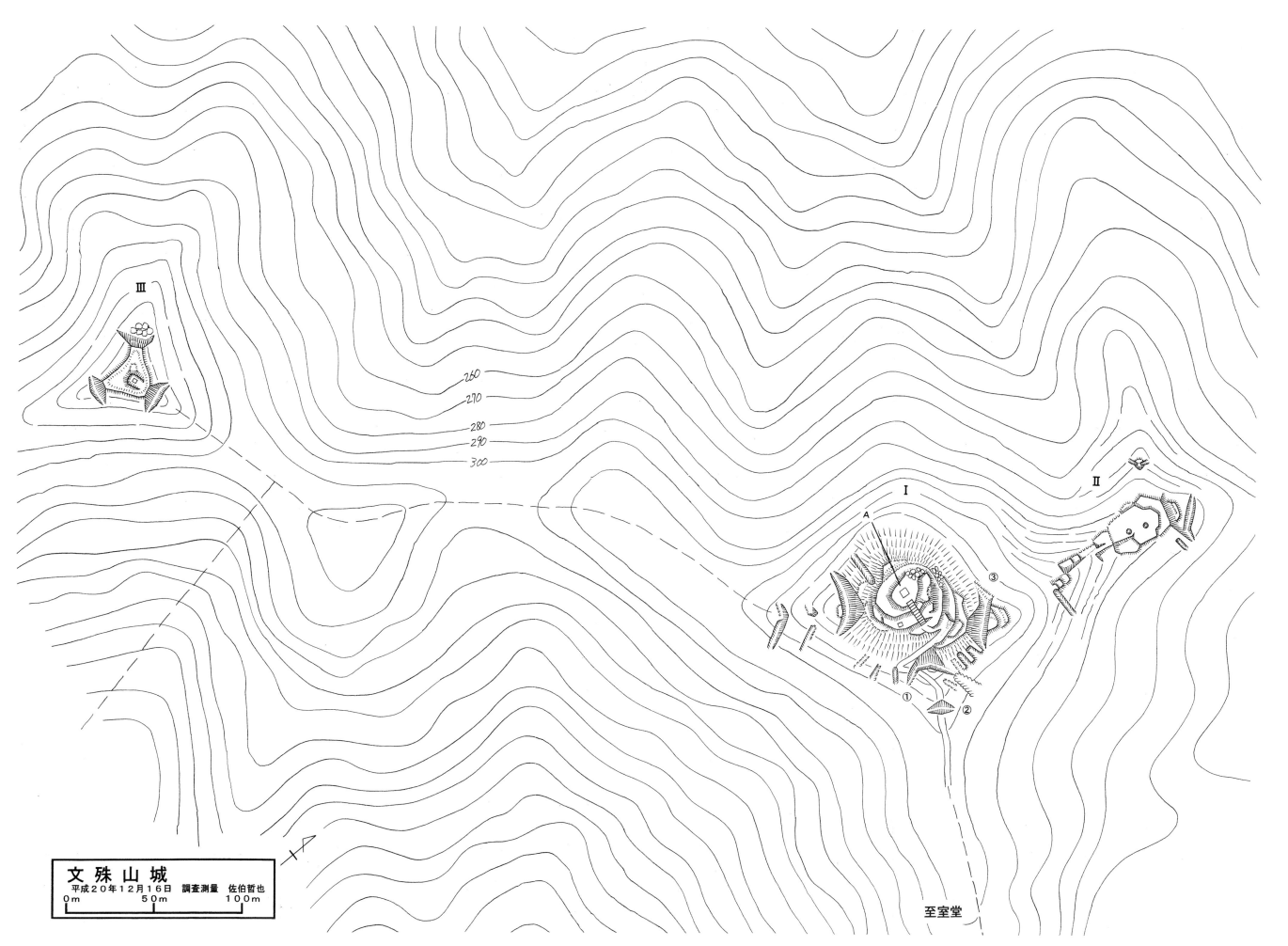

Ⅲ

Ⅰ

Ⅱ

260
270
280
290
300

文殊山城
平成20年12月16日　調査測量　佐伯哲也
0m　　　50m　　　100m

至室堂

41. 天 神 山 城 （てんじんやまじょう）

①鯖江市入　②立待城　③戦国期　④16世紀後半　⑤16世紀後半　⑥立待和泉守・千秋因幡守・魚住氏　⑦山城　⑧削平地・切岸・横堀・土塁・竪堀　⑨160m×80m
⑩標高 54.0m、比高 40m　⑪19

『城跡考』によれば、立待和泉守及び朝倉家家臣千秋因幡守が在城したと記載している。両名の詳細は不明。天神山城が位置する立町郷は、朝倉氏重臣魚住氏の知行地で、景栄・景固父子は孝景・義景の奉行衆を務めている（『古文書が語る朝倉氏の歴史』）。天神山城の築城・使用者の最有力候補として魚住氏を挙げることができよう。

城跡は通称天神山山頂に選地する。比高はわずか40mで、しかもなだらかな山容をしており、天然の要害を頼れない。この点を補完するかのように、山麓に浅水川が流れ、天然の堀の役割を果たしている。宅地造成によりⅡ地区北東側が破壊されてしまった。現況図が図1、破壊前及び発掘成果（『天神山城』鯖江市教育委員会 2005）を加味したのが図2である。以下、図2を中心に論を進める。

縄張りは、Ⅰ地区とⅡ地区に大別される。主城はⅠ地区で、主郭はA曲輪ある。主郭Aには大小様々な平坦面が雑然と並んでいる。恐らく①と②は多少加工されているが古墳であろう。古墳が残っているということは、大規模な平坦面の造成は実施されなかったことを物語る。

北側の尾根続きに竪堀を4本設けている。現在は尾根の頂部まで掘り込んでいないが、かつては土橋で連結した二重両竪堀の遮断線だったと推定させる。しかも前後の配置から喰い違いの両竪堀だった可能性が高い。土橋も直線ではなく、残存している土橋③を見れば屈曲していたと考えられる。そこへ小曲輪④から横矢が掛かっていたのである。強力な遮断構造と言えよう。

主郭Aの周囲には横堀を巡らす。⑤・⑥地点にも横堀が残っているため、かつては北・東・南側の全域に横堀と切岸を巡らしていたのであろう。この切岸は高さが5m以上もある遮断性の強いもので、敵軍が主郭Aに進攻するのを防いでいる。しかし虎口が全く確認できず、どのように主郭Aに入ったのか地表面観察では判明できない。

Ⅰ地区は東側の尾根続きに三重の横堀を設けた結果、敵軍の攻撃も遮断しているが、Ⅱ地区との連絡性も完全にしてしまっている。つまりⅡ地区はⅠ地区からの求心力を受けにくい、極めて独立色の強い地区になっている。勿論これでは合戦時等危機感を覚えていたのであろう。北側に犬走り状の通路⑦を設けて、僅かながら連絡性を確保している。但し、簡単にⅠ地区に入れないように、Ⅰ地区側に竪堀⑧を設けてガードしている。

Ⅱ地区の中心部分はB曲輪だが、ここも古墳であろう。さらに周辺に自然地形が多く残っており、大規模な造成を実施しなかったことを物語る。B曲輪より西の尾根続きはほぼ自然地形で、Ⅱ地区を防御する土塁や堀といった遮断施設は設けていない。これはⅠ地区から攻撃される恐れが無いことを証明しており、Ⅱ地区がⅠ地区より下位の地区であることを証明している。Ⅱ地区はⅠ地区を防御する前衛的な役割を果たす地区と言えよう。

Ⅱ地区も二重の横堀を巡らし、しかも⑨地点に横矢を掛けており、強力な遮断線を構築している。但し、こちらも虎口が確認できず、どのようにB曲輪に到達したのか判然としない。恐らく土塁通路⑪から尾根伝いに登り、⑩地点から土塁上を通ってC曲輪に至る。そしてC曲輪から⑨地点の横矢に狙われながらD曲輪に入ったのであろう。直接Ⅰ地区に入るには、C曲輪から横堀通路⑦を通ったのであろう。従ってC曲輪は馬出曲輪の要素を含んでいる。横堀は⑪地点で終わっている。もしここから敵軍が進攻すればⅡ地区は簡単に陥落する。Ⅱ地区最大の弱点である。

以上天神山城の縄張りを概説した。横堀を多用し、虎口が存在しないという共通点から、Ⅰ・Ⅱ地区とも同時期に同一人物によって構築されたと考えられる。三重横堀・横矢などから16世紀後半の構築として良い。大規模な城域から国人級の城郭と推定され、魚住氏を含めた朝倉氏の関与を裏付けることができたと言えよう。なお平成14・15年鯖江市教育委員会により発掘調査が実施されたが、城郭に関連する遺物は出土しなかった。

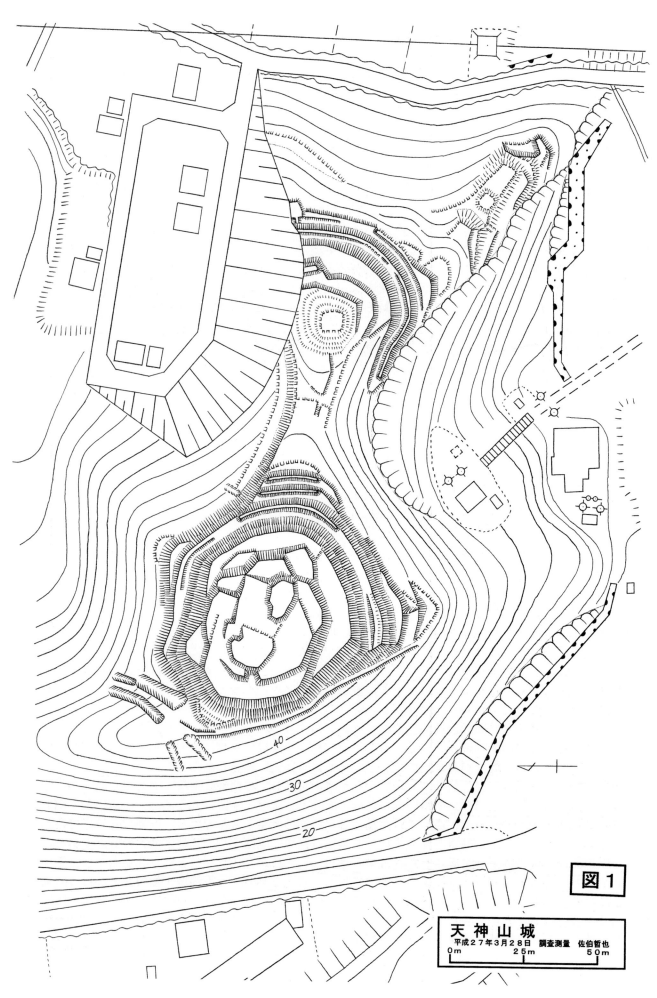

図1

天　神　山　城
平成27年3月28日　調査測量　佐伯哲也
0m　　　　　25m　　　　　50m

42. 丹波岳城 (たんぱだけじょう)

①鯖江市大野　②－　③16世紀後半　④16世紀後半　⑤16世紀後半　⑥－　⑦山城
⑧削平地・切岸・堀切・土塁・竪堀　⑨150m×50m　⑩標高290m、比高280m　⑪18

　古記録や伝承等一切残っておらず、城主等の詳細も不明である。『大系』では山麓に存在する春日明神や般若寺の存在から、城主は越前斉藤氏一族と推定しているが、根拠薄弱で賛同できない。もしこれを肯定するのならば、丹波岳城の縄張りが春日明神や般若寺と緊密な構造になっているとか、丹波岳城と春日明神・般若寺の存続期間がラップしていることを証明しなければならない。しかし、残念ながらいずれも証明できない。

　丹波岳城は、朝倉街道が通る榎坂越え道を監視する山上に選地する。対岸の春日山城と同様に榎坂越え道と密接に係わった城郭と言える。この榎坂を含む文殊山塊には、文殊山城・北茶臼山城・春日山城・丹波岳城・四方谷城（候補遺構）と5城が狭い地域にひしめき合っている。勿論全て同時に存在したと考えるのは早計である。従って文殊山城が主城で、他は支城と考えるのも早計である。特に丹波岳城は北茶臼山と違い、登拝道等で直接文殊山城と繋がっていない。同じ山塊に位置するが、主城・支城という関係は希薄といわざるを得ない。しかし、戦略上重要地点だったことは事実である。それと榎坂が重要に係わっているのも事実であろう。

　A曲輪が主郭である。北側の尾根続きには堀切②を設け、防御力を増強するために城内側に土塁①を設けている。さらに土塁を東斜面にも伸ばし、敵軍が斜面を迂回するのを防いでいる。つまり堀切と土塁がセットになった防御施設であり、現存遺構の構築年代が16世紀後半に下ることを推定させる。土塁①は主郭Aの中央で櫓台となる。ここに城兵を駐屯させて、堀切②方向を監視させていたのであろう。

　櫓台は存在するものの、主郭Aに入る虎口は明確にできない。特に枡形虎口は存在しない。従って16世紀末以降ね織豊政権武将による改修は考えにくい。

　南側の尾根続きは、堀切③・④で遮断する。堀切④は城外側に土塁を設け、土橋と連結している。土塁の脇に曲輪状の平坦面が存在するため、それと連絡するための土橋であろう。堀切③には、L字形の土塁が付属しており、城兵の駐屯地となっている。この推定が妥当なのは、上部の窪地⑥が虎口と考えられ、駐屯地と虎口⑥が連絡していたと思われるからである。堀切④の土橋の存在から、この尾根に城道が存在していたことが推定される。急峻な地形のために、とても城道が存在したとは思えないが、堀切③・④を設けて警戒していることから、やはり重要な城道が存在していたと考えざるを得ない。かつては麓の大野集落から登る登城道が存在していたのであろうか。

　C尾根方向には、両竪堀と切岸を設けているのみである。城主がこの方面を重要視していなかった証拠である。同じ急峻な地形なのに、城道が存在していたと推定される堀切④方向とは、やはり防御形態は違う。

　B曲輪は小規模な段が2ヶ所あるのみの単純な曲輪。しかし多数の城兵を駐屯できることから、主郭Aを防御できる重要な曲輪といえよう。この先は、堀切⑦・⑧・切岸⑨を設けて遮断する。堀切⑦は上幅8mの大型堀切で、城主はやはり尾根伝いを警戒していたのである。

　以上、丹波岳城の縄張りを概説した。現存遺構は16世紀後半に構築された可能性が高いことが判明した。城道が大野集落に伸びている可能性が高いことも判明した。しかし厳重な防御構造となっており、集落との親密性はあまり窺えない。それに加え、比高が280mもあるため、在地領主の城郭とも思えない。

　このように考えるなら、国人級の領主が16世紀後半に構築したと考えられる。それは当然朝倉氏関係武将であろう。文殊山城では高すぎるため、より具体的に榎坂越え道を監視・掌握するために、丹波岳城を構築したとする仮説が提唱できる。城兵達は大野集落から出入りするために城道を設け、それを防御するために堀切③・④等を設け、出入り用として虎口⑥等をもうけたのではなかろうか。

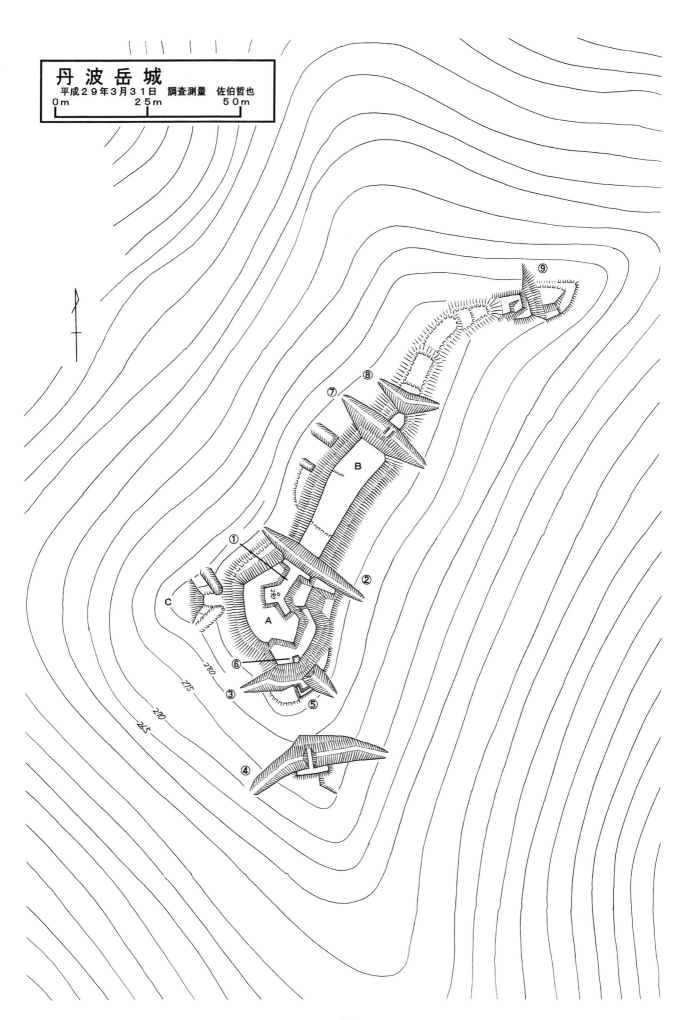

丹波岳城

平成29年3月31日　調査測量　佐伯哲也

0 m　　　25 m　　　50 m

43. 松山城（まつやまじょう）

①鯖江市下新庄　②二峰城　③平安末期？　④16世紀　⑤16世紀後半　⑥樋口兼光　⑦山城
⑧削平地・切岸・土塁・堀切・竪堀　⑨450m×70m　⑩標高293.1m、比高270m　⑪17

『城跡考』では樋口次郎、すなわち樋口兼光の城としている。これが事実とすれば平安末期の城となる。『城館跡』では標高293.1mの三角点に城跡を記載するが、実際の城域は、尾根突端から三角点までの約450mの間に散在する。

最も顕著な遺構を残すの、尾根突端のⅠ地区である。北側の尾根続きに①・②・③と三本の堀切を設けて遮断する。三本も設けていることから、戦国期、しかも16世紀の構築として良いであろう。途中にある盛土状の凸地形は古墳と推定される。AはⅠ地区の主郭。但し、ほぼ自然地形である。堀切①の東側には、古墳を利用した櫓台を設ける。南及び東側の尾根には、堀切・切岸を設けているが、いずれも一重かつ小規模なもので、北側尾根続きとは明確な違いを見せている。城主が警戒する方向は北側尾根続きで、南及び東側尾根からの敵軍の進攻はほぼ無いと考えていたのであろう。

Ⅰ地区及びⅡ地区の間には、麓に降りる尾根が伸びており、ここにも二本の堀切⑩・⑪と小曲輪が構築されている。恐らくここが大手の登り口であろう。

Ⅱ地区は明瞭な虎口④を残す。南側には櫓台を伴った平坦面を設けて城兵の駐屯地を構築し、北側には土塁を伴った竪堀を設けて敵軍が斜面を迂回するのを防止している。櫓台と竪堀が見事に連動した虎口④であり、ここだけ新しい遺構である。虎口④のみ16世紀後半に追加で構築されたのであろうか。ほぼ自然地形だが、B曲輪がⅡ地区の主郭。窪地⑦は、城兵の飲料水として天水を溜めていた池なのであろうか。

虎口④の構造は、明らかにⅢ地区を城外とし、Ⅰ地区を城内としている。さらにⅠ地区はⅡ地区方向には小規模な堀切を一本しか設けておらず、Ⅰ地区とⅡ地区の親密性を感じさせる。

Ⅲ地区は三角点のある地区で、『城館跡』が述べている松山城の位置である。しかしほとんど遺構は残っておらず、明確な城郭遺構は、両竪堀⑧しかない。土塁⑨は尾根の入り口を狭めているので、虎口とも推定される。あるいはⅡ地区の虎口④も、当初はこのような簡単な構造だったのかもしれない。

Ⅲ地区の主郭はC曲輪であるが、ほとんど自然地形。さらに南側の尾根続きに防御施設は全く設けておらず、敵軍の進攻を遮断する気配は全く見えない。

以上が松山城の縄張りである。平坦面はほとんど自然地形であり、長期間使用された形跡はない。しかしⅠ・Ⅱ地区には16世紀の遺構が残る。軍事的な緊張が高まった結果、短期間使用するために、Ⅰ・Ⅱ・Ⅲ地区に城郭遺構を構築したと考えられる。再度16世紀後半になって、Ⅰ・Ⅱ地区のみ使用するために、Ⅰ地区堀切①・②・③やⅡ地区虎口④、堀切⑩・⑪を構築したという仮説が提唱できる。

Ⅰ・Ⅱ地区は16世紀後半になっても使用されていたことが推定される。Ⅱ地区はⅠ地区側に堀切を設けず、これに対してⅠ地区はⅡ地区側に堀切を設けている。これはⅠ地区が優位な地区であることを推定させる。しかし絶対的な身分差までもは感じられない。天正元年あるいは天正三年織田信長越前進攻における土豪・一揆軍の使用ということを、仮説の範疇であれば許されるのではなかろうか。残念ながら、遺構からは平安末期に樋口兼光が在城したということを裏付けることはできない。仮に樋口兼光在城が事実であれば、それは自然地形を利用した在陣程度だったのではなかろうか。

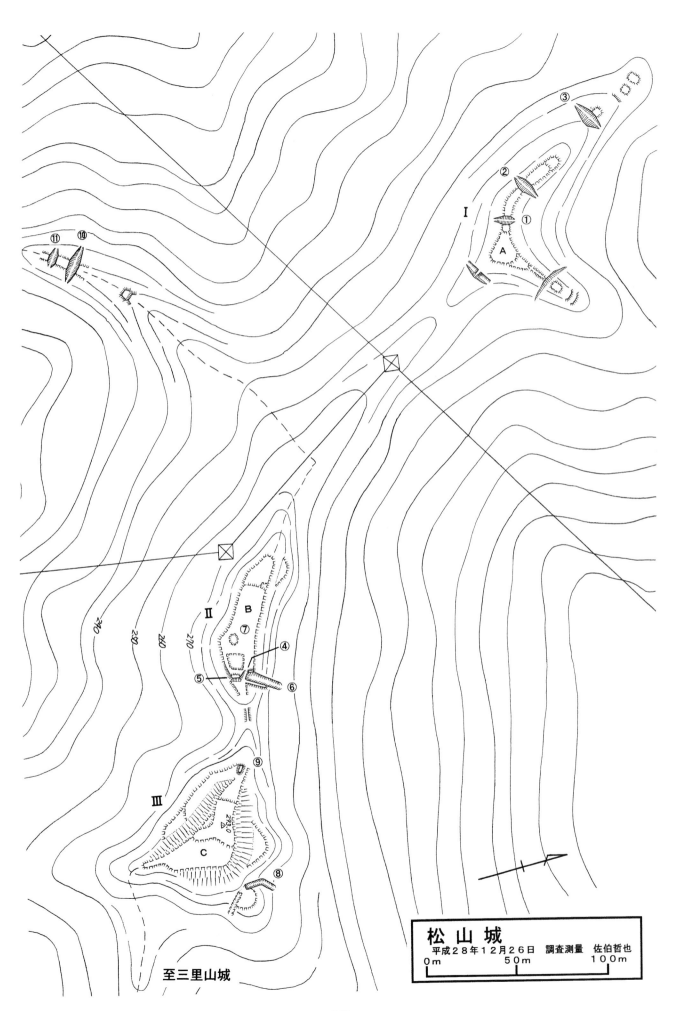

松山城
平成28年12月26日　調査測量　佐伯哲也
0m　　　　50m　　　　100m

至三里山城

44. 三 里 山 城 （さんりやまじょう）

①鯖江市下新庄　②－　③16世紀　④16世紀　⑤16世紀　⑥－　⑦山城
⑧削平地・切岸・堀切・竪堀・土塁　⑨180m×50m　⑩標高346m、比高310m　⑪17

　　通称三里山（みさとやま）山頂に位置する。古記録・伝承等は残っていない。山頂からの眺望
は素晴らしく、鯖江市や今立町・福井市方向の集落・河川・街道等を一望することができる。
　　主郭は山頂のA曲輪だが、小規模かつ削平不十分な平坦面が残るのみである。このような形態
は、同じ三里山山塊に存在する松山城と同じである。
　　平坦面はほぼ自然地形なのに対して、防御遺構は完存している。まず北側の尾根続きは、切岸
①で遮断する。しかし土橋を設けて連絡性を残す。この方向には前述の松山城があり、松山城と
の親密性を推定させる。現在は切岸だが、僅かに窪んでおり、かつては堀切だった可能性を残す。
東側の尾根は、両竪堀②で遮断し、城外側に土塁を設ける。
　　最も警備が厳重なのは南側の尾根続きで、③・④・⑤の三ヶ所に遮断施設を設けている。現在
崩落が激しいが、③・④は堀切、⑤は両竪堀だったと推定される。北及び東側の尾根続きとは明
らかに違った形態を示しており、城主は敵軍進攻の可能性の高い尾根は、南側の尾根続だったと
考えていたのである。
　　今一度、三里山全体で考えたい。松山城・三里山城は全て同じ尾根上に位置する。両城とも未
整形な平坦面を持ち、短期間使用された臨時城郭だったことを物語る。松山城Ⅰ地区は北側の尾
根続きを遮断し、三里山城は南側の尾根続きを遮断する。従って松山城・三里山城は、同一時期
に同一勢力である土豪連合が臨時的に籠城したということが推定できるのである。時期について
は三重の遮断線があることから、16世紀ということが推定できよう。

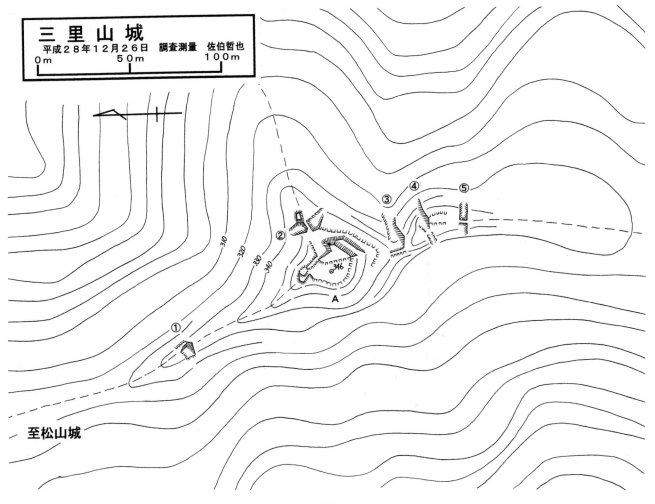

45. 春 日 山 城 （かすがやまじょう）

①鯖江市吉谷　②－　③16世紀　④16世紀　⑤16世紀　⑥－　⑦山城
⑧削平地・切岸・土塁・堀切・竪堀　⑨200m×90m　⑩標高158m、比高140m　⑪18

　『城跡考』に「時代不知」と簡単に記載のみで、城主等の詳細も不明である。春日山城は、朝倉街道が通る榎坂越え道の出入り口を監視する山上に選地する。この榎坂を含む文殊山塊には、文殊山城・北茶臼山城・春日山城・丹波岳城・四方谷城（候補遺構）と5城が狭い地域にひしめき合っている。勿論全て同時に存在したと考えるのは早計である。しかし、戦略上重要地点だったことは事実であり、それが榎坂と深く係わっているのも事実であろう。
　A曲輪が主郭。恐らく古墳を再利用したと考えられる。周囲には自然地形が多く残り、臨時城郭であることを臭わす。北及び西方向には堀切①・②を設けて警戒し、切岸を巡らして防御ラインを統一する。さらに南東尾根上にも堀切③や切岸⑤を設け、防御力を増強するために土塁⑥まで設けて警戒する。
　しかし、南側尾根のみ顕著な防御施設を設けていない。主郭A周辺の切岸も④付近に隙間を設けて入りやすくしている。明らかに他の尾根とは違った防御形態であり、南側尾根上に城道が通っていて吉谷集落と繋がっていたことを推定させる。しかも丹波岳城とは違っていることは、城道が通っているにも関わらず、吉谷集落方向を警戒していないということである。つまり春日山城は吉谷集落との親密性を窺うことができるのである。
　以上の理由により、春日山城は吉谷集落周辺を支配する在地土豪の城である可能性が高い。比高も140mと手頃である。自然地形が多く残ることから、在地土豪が臨時的に使用した城郭と言えよう。但し、16世紀後半に朝倉氏によって再利用された可能性も残す。

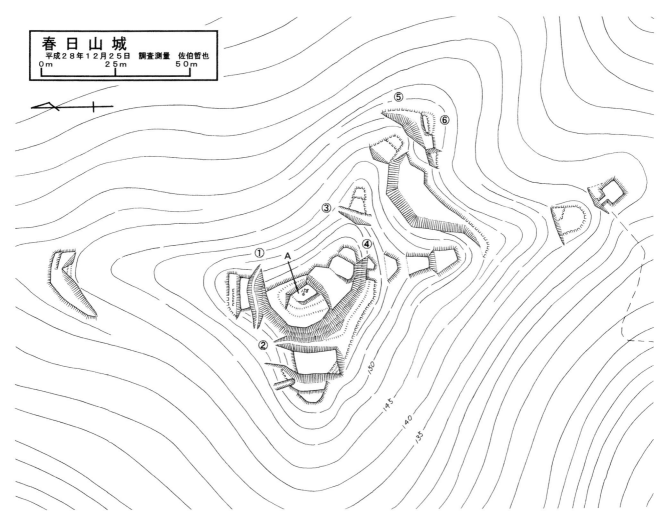

春 日 山 城
平成28年12月25日　調査測量　佐伯哲也
0m　　　25m　　　50m

Ⅱ．城館関連遺構

46. 一乗谷下城戸 （いちじょうだにしもきど）

①福井市城戸ノ内　②－　③戦国期　④16世紀　⑤16世紀　⑥朝倉氏　⑦出入口施設
⑧削平地・切岸・土塁・石垣・水堀　⑨50m×40m　⑩標高－、比高－　⑪6

1．左岸遺構

　越前一乗谷遺跡は、一乗谷川の上下流に設けられた城戸により内外が区切られている。上流が上城戸、そして下流が下城戸である。上城戸は後世の改変が著しいため、下城戸のみ紹介する。

　下城戸に関する文献史料として、次の二点が注目される。『朝倉始末記』には「寛正元年（1460）二月廿一日阿波賀城戸口合戦」と記載し、『安波賀春日之縁起』（『一乗谷の宗教と信仰』福井県立一乗谷朝倉氏遺跡資料館 1999）でも「寛正元年（1460）庚辰二月廿一日安波賀城戸口合戦」とある。いずれも一次史料とは言い難いが、城戸北隣の阿波賀（安波賀＝アバカ）で合戦があったと記載している。この「城戸」とは下城戸を指していると考えて問題なかろう。勿論現存遺構のような豪壮な虎口構造ではなく、簡単小規模な虎口構造だったと考えられる。

　小規模な虎口だったにせよ、城戸があったということは、それに防御される城館遺構の存在が推定される。朝倉氏が一乗谷に本拠を移したのが文明3年（1470）とされていることから、朝倉氏以前における一乗谷遺跡の存在も考えられよう。

　下城戸は昭和61年・平成6年に発掘調査が実施され、その成果は『特別史跡一乗谷朝倉氏遺跡発掘調査報告Ⅶ』（福井県立一乗谷遺跡資料館 1999、以下報告書と略す）にまとめられている。以下、報告書の内容に準拠して推論を進める。

　下城戸は、土塁①・②とそれに伴う石垣、そして水堀③から構成されている。土塁①は下城戸メインの土塁であり、基底部で最大幅18.5 m、上担部で14 m、高さが4.5 mもある。前面には水堀③（幅 11 m、深さ不明）を設け、城戸正面の荘厳さ、清楚さの効果を高めている。水堀底で一部砂利敷を確認している。山側との間に通路④を通し、土塁②と組み合わすことにより、鉤型に屈曲して入る、いわゆる枡形構造としている。

　枡形構造にする理由は、軍事的には横矢を効かして敵軍を攻撃しやすくするためである。しかし下城戸は敵兵が通路④を通るとき土塁①から横矢が効いており、あえて屈曲させる必要性は無い。さらに屈曲により得られる横矢区間は小範囲であり、軍事目的で屈曲させたとは考えにくい。複雑な構造にすることにより、下城戸の荘厳性を増す効果を期待したのではなかろうか。

　この折れた枡形構造部分に集中して巨石が多数使用されている。大きいもので長径が4～2 mもあり、訪来者を驚嘆させる。不必要な大きさの巨石を使用しており、明らかに構築者の権力の絶大さを誇示するための演出といえる。近世城郭の巨石石垣を熟知している我々でも驚嘆するのだから、当時の人々は突然視野に飛び込んできた巨石群に驚嘆したことであろう。

　石垣が持つ効果の一つとして、石垣上部に重量構造物が建てられるという利点がある。しかし、発掘調査により土塁①・②の上部からは、礎石や柱穴は一切検出されなかった。つまり重量構造物は勿論のこと、簡素な建物すら建っていなかったことが推定されたのである。従って巨石石垣導入の目的は、土塁では支持不可能な重量構造物を建てるためではなく、やはり権力誇示を狙った視覚効果の演出にあったと言えよう。

　報告書では⑤地点に、幅3m程度の門があったとしている。後世の破壊が激しく詳細は不明としているが、石垣上部に建物が確認できなかったことから、豪壮な櫓門があったとは考えにくい。簡単な木戸が想定される。巨石石垣とは比較にならないほど貧弱な木戸だったのであろう。

　土塁⑥は基底部を石垣で補強する。ここが下城戸と城下町の境界と考えられ、区画土塁だったと考えられる。なお基底部石垣は南北で構築年代が違っており、北側が一世代古いそうである。

　平坦面Aからは、多少の柵列と礎石建物一棟（3.8 m× 2.1 m）が検出されたのみで、文字通り広々とした平坦面だった。礎石建物は、木戸を監視する城兵の駐屯所だったのであろう。

　以上が下城戸の概要である。城戸とあることから壮大な櫓門を想像するが、石垣上に建物は存在せず、門自体は幅3m程度の貧弱な門が建っていたのみである。必要だったのは、不必要なほ

どの巨石を豪快に積み上げた石垣だった。城戸は一乗谷に訪問する者は身分の貴賎にかかわらず必ず通過する場所であり、宣伝効果抜群の場所である。豪壮な石垣を積み上げて、為政者の絶大な権力を誇示する視覚効果演出の場と考えることができよう。

２．右岸遺構

一乗谷川右岸側にも、土塁①と呼応するように土塁⑦が残る。完全に一直線に並ばず、若干ずれるようである。当たり前の話だが、一乗谷を遮断するためには、左岸側のみならず右岸側にも土塁が必要である。従って土塁①を構築した時に土塁⑦を構築した可能性を指摘することができる。土塁①東端と土塁⑦の基底幅は、共に 13 ｍであり、その可能性は高い。そして土塁⑦は、もっと一乗谷川側（西側）まで伸びてきて一乗谷を遮断していたかもしれない。報告書でも未発掘のため断定は避けるが、その可能性を指摘する。さらに⑧地点では現在も窪地が見られ、堀跡の可能性を残す。国土地理院発行昭和２３年米軍撮影の航空写真でも⑧地点の堀状の地割りを確認することができ、やはり堀だった可能性は高い。しかし、河川改修等による改変が著しく、可能性の域を越えない。

土塁⑦の周囲には、平坦面Ｂ・Ｃ・Ｄが残る。土塁⑦を警護する武将の屋敷地であろうか。特に平坦面Ｃは対岸の平坦面Ａの約３階の広さがあり、さらに⑨地点は出入り口と考えられるため、屋敷跡の可能性が高い。しかし一乗谷全体を描いた『一乗谷古絵図』では単に「櫓跡」と書かれているにすぎず、平坦面は描かれていない。出雲谷の魚住出雲守屋敷跡は、平坦面Ｄのさらに南側である。軍事構造物として土塁⑦を「櫓跡」として描いたのであろうか。

３．若干の考察

筆者は下城戸は軍事施設ではなく、為政者（朝倉氏）の絶大な権力を誇示する演出の場という仮説を立てた。このような事例は他にあるのであろうか。

まず近江守護六角氏の重要な支城であり、一時的な居城だった三雲城（滋賀県）には、石垣で構築した壮大な枡形虎口を構築しており、枡形部には特に大石を用いている。しかも構造的に石垣上部に建物は建たず、また豪壮な城門が存在していた形跡もない。これは下城戸と同様の用法である。また同じく六角氏の重要支城だった小堤城山城は、大手道沿いに石垣を集中させている。明らかに石垣を用いて視覚効果を狙った演出である。同じく六角氏の重要支城だった佐生城も城道側に大型の石材を用いた高石垣を導入するが、その裏側の石垣は、小型の石材を用いた低石垣を導入している。明らかに視覚効果を狙った演出である。

能登守護畠山氏代々の居城七尾城（石川県）には、九尺石（長径 2.7 ｍ）という巨石を用いた虎口が存在する。従来は織豊系城郭の虎口とされてきたが、構造的には塁線を屈曲させた平虎口であり、畠山氏が構築したと考えている。塁線は傾斜しているため、石垣上に建物は建ちにくい。従って巨石石垣の導入は重量構造物を建てるためではなく、視覚効果を狙った演出と考えられる。

越中守護代神保氏の居城増山城（富山県）の主郭虎口には２ｍ大の巨石を用いた石垣がある。石垣上部は傾斜しているため、石垣上に建物が存在していた形跡は無い。従って巨石石垣の導入は重量構造物を建てるためではなく、視覚効果を狙った演出と考えられる。

越中守護代椎名氏の居城松倉城（富山県）の城下町の出入口には、石垣で固めた通称「石の門」が存在する。石垣上には建物が建つスペースは全く無く、石垣導入の目的は重量構造物を建てるためではなく、視覚効果を狙った演出と考えられる。その考えは、下城戸と全く同じである。

以上５例を紹介した。いずれも守護・守護代の拠点城郭に関する虎口であり、石垣導入の目的は視覚効果を狙った演出と考えられる。その同類例として下城戸が存在するのである。

六角・畠山・神保・椎名・朝倉の四氏は、いずれも天文〜永禄年間（1532 〜 1570）に絶頂期を迎えている。従って巨石導入時期も上記期間ということが仮設の範疇なら許されるであろう。絶頂期を迎えた守護・守護代にとって、ステイタスシンボルとして巨石を正門等に導入するのが流行し、権力誇示方法の一つとして各所で導入されたのではなかろうか。

以上の理由により、下城戸の現存遺構、特に巨石石垣は天文〜永禄年間に朝倉氏が導入したと

考えたい。

４．どちらが大手か

　　現在一乗谷の大手口は上城戸という考え方が一般的である。しかし、構造的（枡形虎口・巨石の導入）には下城戸の方がはるかに優れており、下城戸が大手口だったことは明白である。勿論上城戸は破壊がひどく原型をとどめておらず、発掘調査でも詳細は判明しなかった。しかし地籍図や国土地理院昭和３７年の航空写真からも平虎口だったことが推定される。さらに巨石が全く残っていないということは、当初から使用していなかったことが推定される。やはり現状では上城戸は下城戸より下位の城戸と判断すべきである。上城戸の直上に上城戸櫓が存在し、上城戸を監視していることから、むしろ上城戸は「見せる」という行為の場所ではなく、実戦向きの防御空間だったのではなかろうか。

　　上城戸に繋がる朝倉街道を大手道とする考え方も一般的である。しかし朝倉街道を監視しているといわれる東大味城は、調査の結果純然たる古墳群と判定し、城郭ではないと推定した。勿論朝倉街道沿いの山中全てを踏査したが、城郭遺構は発見できなかった。つまり朝倉街道を監視・掌握する城郭は存在しないのである。さらに街道に石畳が残っているが、これが朝倉氏によって構築されたとする考古学的な根拠も存在しない。従って朝倉街道を大手道とする遺構的な根拠は存在しない。

　　以上の理由により、一乗谷の大手口は下城戸が改修された天文～永禄年間以降は、下城戸と推定したい。恐らく天文～永禄年間頃から美濃との繋がりが重要視され、下城戸の前面を通る美濃街道の存在が重要視されたことも要因の一つだったのであろう。この結果、下城戸が大手口として構築（あるいは改修）されたのではないだろうか。

　　筆者は天文～永禄年間以降の大手口は下城戸と推定した。それでは、それ以前の大手口はどこなのであろうか。筆者にそれを論じる知識は持ち合わせていないが、やはり上城戸であり、朝倉街道が大手道だった可能性は高いと推定する。つまり一乗谷朝倉氏百年の間で、大手口が変化したのである。それは越前の地方国人から、日本有数の戦国大名へと成長したのであれば、当然周囲の状況も変化し、大手口の位置も変化して当然であろう。

　　長々と述べてきたが、一乗谷朝倉氏当初の大手口は上城戸だったが、天文～永禄年間以降に大手口は下城戸に変化したと推定したい。

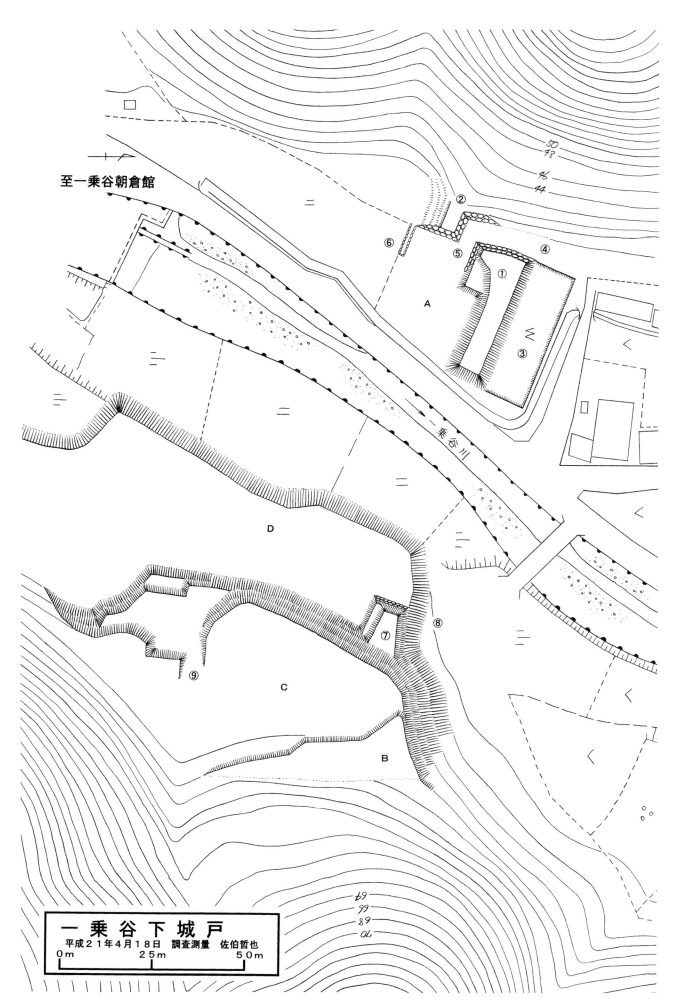

至一乗谷朝倉館

② ④ ⑥ ⑤ ① ③

A

一乗谷川

D

C ⑨ ⑦ ⑧ B

一 乗 谷 下 城 戸

平成21年4月18日　調査測量　佐伯哲也

0m　　　25m　　　50m

47. 月 見 櫓（つきみやぐら）

①福井市城戸ノ内　②－　③戦国期　④戦国期　⑤戦国期　⑥朝倉氏　⑦－
⑧削平地・切岸・土塁・竪堀　⑨ 90m × 80m　⑩標高 90 m、比高 30 m　⑪6

　一乗谷川左岸の八地谷入口に位置する。一乗谷川の対岸には朝倉義景館が存在し、両者は直線距離で僅か 200 m しか離れていない。八地谷は「八地千軒」の通称を持ち、谷の奥まで屋敷が並んでいたという。さらに谷の奥へは、一乗谷の重要支城東郷槇山城に繋がる尾根道が存在する交通の要衝でもあった。

　伝承では、朝倉義景が月見をした櫓があったと伝えている。『一乗谷古絵図』にも「月見山」と書かれている。江戸期には既にそのような伝承が固定化していたのであろう。

　それでは現存遺構から考えて、月見櫓とはどのような性格の施設なのであろうか。正直なところ「よくわからない」というのが本音である。平坦面Aについては、背後の尾根に竪堀を設け、土塁で敵軍の侵入を遮断しているため、城郭施設として良いであろう。しかし平坦面の大きさは 18 m × 11 m しかなく、曲輪としては小さすぎる。平坦面Bとは細長い通路でしか繋がっていないため、合戦時の援護はあまり期待できそうにない。両平坦面の独立性は高く、とても連動しているとは言い難い。従って、平坦面Aを城郭遺構と断言するには躊躇してしまう。平坦面Bの性格も、「人工的な平坦面」というだけで、明確にすることはできない。

　平坦面Aには、現在展望台が設けられている。比高が 30 m あることから、一乗谷城下町が良く見渡せる。特に対岸の朝倉館は、ほぼ真正面にあることから内部構造まで良く見える。朝倉当主が月見の宴を開くには最適の場所とも言える。伝承通り望楼等の施設が存在し、月見等の宴を開いていたのかもしれない。

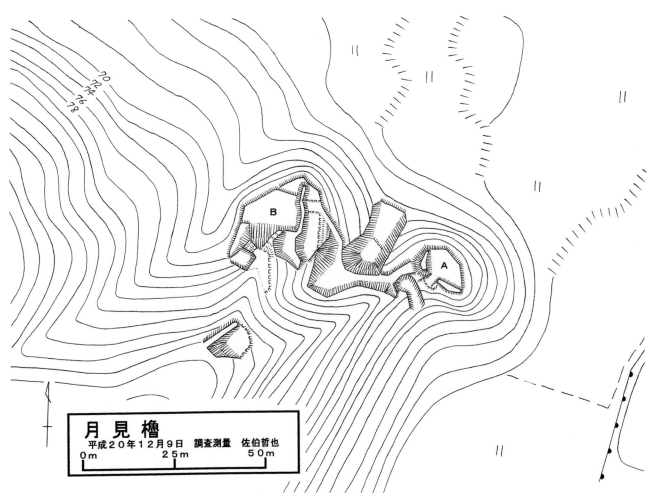

月 見 櫓
平成20年12月9日　調査測量　佐伯哲也
0m　　　　25m　　　　50m

Ⅲ．城館候補遺構

48. 安居城（あごじょう）

①福井市下市　②－　③南北朝期？　④戦国期？　⑤戦国期？　⑥－　⑦寺院？
⑧削平地・切岸・土塁　⑨160m × 140m　⑩標高 30m、比高 20 m　⑪9

　いわゆる「足羽七城」の一つとされている。足羽七城は南北朝期において使用され、福井平野に存在していたとされている。筆者には足羽七城についての知識は勿論のこと、それらを論ずる能力も持ち合わせていない。従って拙稿では安居城とされてる遺跡が、地表面観察から城郭遺構と判断できるのか、これに論点を絞って考察する。

　『城跡考』によれば、南北朝期に足利高経の家臣細川出羽守が籠城し、戦国期に朝倉景健、慶長年間に戸田武蔵守勝成が居城したとしている。尾根先端は土取りで破壊されているが、遺構の残存状況は概ね良好である。

　遺跡は下市集落背後の微高地に選地している。遺跡の東側では足羽川と日野川が合流しており、物資の集積地、そして交通の要衝だったと推定される。

　Aが中心的な平坦面と考えられる。伝承では、近年まで礎石が残っていたというが、現存していない。城郭ならば平坦面Aが主郭であろう。安居城が城であるならば、尾根頂部に位置していないため、弱点が二つ生じる。まず、平坦面Aの背後（西側）から敵軍が攻め下ってくるため、これに対する防御線（堀切等）が必要となる。しかし現状では敵軍の攻撃を遮断するような施設は確認できず、防御を意識した構造にはなっていない。周囲の切岸は平坦面を造設にするにあたって必然的に生じた切岸であり、防御施設ではない。

　第二に、平野部から尾根伝いに敵軍が攻めのぼってくるため、これに対する防御線（堀切等）が必要となる。比高はわずか 20 mしかないため、その可能性は高い。なるほど①と②は堀切の残存なのかもしれない。しかし敵軍がもっとも進攻しそうな尾根頂部で堀切が途切れており、これでは遮断線の役割を果たしていない。従って防御施設としての堀切とは言えない。頂部で途切れているということは、尾根越えの道と考えられる。土塁⑤も防御施設としての役割は果たしていない。③地点には多少の窪地が見えるが、遮断線としては甘すぎる。

　④地点に石碑が残る。従って北側に残る土塁は石碑造成に伴う土塁と考えられ、城郭遺構ではない。さらに④地点は出丸に相当し、これを防御する遮断施設も必要となる。しかし、これも現状では確認できない。

　以上、安居城の概要を述べた。城郭遺構としては否定的な意見ばかり述べた。それでは城郭としての要素は無いのであろうか。若干ながら存在する。まず②は道跡であるが、出入り口であることには違いない。そこに土塁⑤を設けるということは、出入り口を防御しているという判断も可能である。つまり防御施設としての虎口という判断が可能となる。

　次に⑥・⑦地点に小平坦面を設けて入り口を狭くしており、両脇からの大人数での出入りを厳しく制限している。これも出入り口の防御施設という判断もできる。

　このように見方を変えれば、防御施設と判断できる遺構も残っており、完全に城郭施設の可能性を否定できないのも事実である。

　しかしながら、山麓斜面に切り込んで大規模な平坦面を造成する方法は、まさに山寺の造営方法であり、当該遺構は山寺の可能性が高い。平坦面Aに本堂、土塁⑤に鐘突堂が建っていて、そして⑧地点には奥の院が建っていたと推定することも可能であろう。西側谷筋にかつて弘祥寺が存在していたことが判明しており、それに関連する寺院が平坦面Aに存在していた可能性が高い。城郭には不向きな礎石が存在していたのも、そのためであろう。

　いずれにせよ、今後は発掘調査による調査によって結論を出すべきであり、拙論では候補遺構として態度を保留させていただきたい。

　なお、奥須奈神社周囲に残る土塁も現地調査を行った。その結果、土塁は社殿を建設した際の削り残しの地山と判断し、城郭遺構ではないと判断したため図化しなかった。カット面が新しく、戦国期まで遡らないことも理由の一つである。

安居城
平成29年11月9日 調査測量 佐伯哲也

0m 　　　　25m　　　　50m

49. 小宇坂城 (こうさかじょう)

①福井市美山町小宇坂　②ー　③戦国期？　④戦国期？　⑤戦国期？　⑥ー　⑦古墳群？
⑧削平地・切岸・堀切　⑨130m × 70m　⑩標高170m、比高80 m　⑪8

　　通称城山山頂に位置する。当該地は美濃街道と池田庄道が交差する交通の要衝でもある。『大系』所収『足羽郡誌』によれば、応仁年間の落武者多田氏の城跡ではないかと推定している。
　　『大系』にも記載しているように、尾根中央部は比較的広い平坦面で、禅宗の寺院跡とされている。城跡はその東端で、縄張図にあるように、段と平坦面、土饅頭があるのみである。①・②・③は古墳であろう。他の段と平坦面は耕作地であろうか。
　　このように当該地に残る遺構は、城郭遺構の可能性は低い。但し、気になるのが堀切④である。これだけは角度が45度もあり、古墳の周濠としては異質である。しかし城郭の堀切ならば、①や②の西側にも堀切が存在していなければならない。残念ながら地表面観察では堀切は確認できず、従って城郭と断定するわけにはいかない。城郭と判断する材料が不足しているため、候補遺構とした。城跡としての最適地は、禅宗寺院跡地である。寺院建立により城跡が破壊されたのではなかろうか。
　　なお『城館跡』では、小宇坂島館跡比定地を3ヶ所記載しているので、3ヶ所全て調査した。その結果、全て自然地形あるいは耕作地と判断し、城郭遺構は確認できなかった。

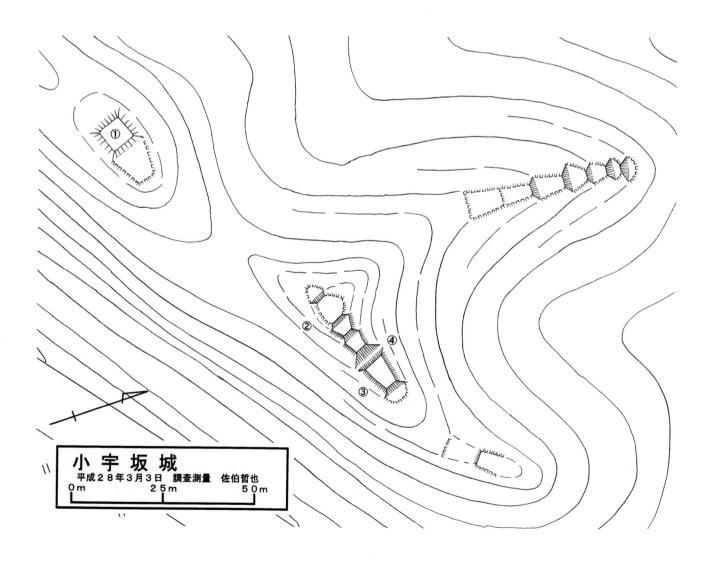

小宇坂城
平成28年3月3日　調査測量　佐伯哲也
0m　　　25m　　　50m

50. 四方谷城 （しほうだにじょう）

①鯖江市四方谷　②－　③16世紀後半？　④16世紀後半？　⑤16世紀後半？　⑥－　⑦山城
⑧削平地・切岸・堀切・土塁・竪堀　⑨110m×50m　⑩標高60m　比高30m　⑪18

　通称城山山頂に位置する。四方谷集落との比高は僅か30mしかないため、城跡は集落によって再利用されている。すなわち城跡には石碑が建ち、墓地として利用されており、その結果、遺構は破壊されている。その中で確実に城郭遺構なのは、堀切①であり、城内側に若干土塁が残っている。一部しか土塁が残っていないので断定はできないが、土塁とセットになった遮断線ならば、16世紀後半の遺構となる。

　尾根続きを堀切①で遮断しているのなら、その反対側、すなわち集落側の尾根続きを遮断しなければならない。現在搬入路で破壊されて詳細は不明だが、竪堀②と③が残っていることから、ここに遮断線が存在していた可能性は高い。さらに半壊状態の堀切④と⑤も確認できる。つまり集落側には三重の遮断線が存在していたのである。これが事実ならば、やはり16世紀後半の遺構となり、Aが主郭となる。しかし破壊前の遺構図（『文殊山とかたかみ』片上公民館 1999）には２本の堀切しか描かれていない。今となっては確認は不可能だが、２～３本の堀切で遮断していたのは事実であり、やはり16世紀後半の可能性は高いと言える。

　Bは墓地となっており、従って土塁⑥は墓地区画の土塁と考えられる。B周辺は墓地・石碑によって改変が著しいが、横堀の一部と考えられる⑦が残っているため、何らかの曲輪が存在していたと考えたい。

　以上のように改変が著しく断定はできないが、16世紀後半の城郭が存在していた可能性は高い。今後は発掘等で詳細を確認するのが重要な課題となろう。

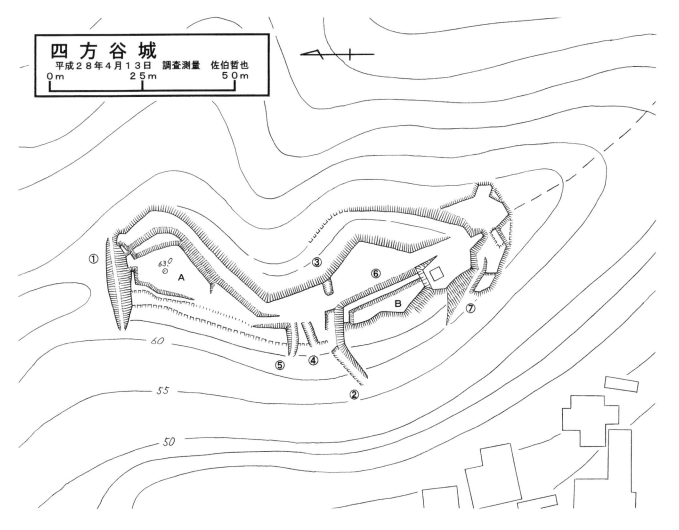

四方谷城
平成28年4月13日　調査測量　佐伯哲也
0m　　　25m　　　50m

51. 天 神 山 砦 （てんじんやまとりで）

①福井市清水町大森　②－　③戦国期？　④戦国期？　⑤戦国期？　⑥－　⑦宗教施設？
⑧削平地・切岸・堀切　⑨ 60m × 30m －　⑩標高 80 m　比高 60 m　⑪ 14

　通称天神山と呼ばれている山頂より、少し下がった場所に位置する。当該遺跡には、神社建築
及びその参道が残る。神社の社殿は、恐らく廃屋になっているのであろう、深刻な損傷状態に陥
っている。福井県遺跡地図には、「天神山砦　城跡　中近世」と記載され、『城跡考』には「掘
割あり」と記載されている。一見したところ、純然たる神社遺構である。北直下に、かなり使用
した尾根道が通っているため、山麓の集落と密接に繋がっていた神社と考えられる。集落を見守
る「山の神」のような存在だったのであろうか。

　当該遺構で注目したいのは、溝状遺構①である。上幅が６mもあり、完全に尾根を断ち割って
いるため敵軍の攻撃を遮断できる。従って城郭遺構の堀切とみなすこともできる。しかし肝心の
尾根方向に防御施設は設けておらず、敵軍の進攻に対してはガラアキとなっている。特に尾根上
には、前述の尾根道が通っており、敵軍の進攻が最も想定される方向である。つまり城郭として
の弱点部にあたる。なのに東西の尾根続きには、敵軍の攻撃を遮断する防御施設を設けていた形
跡は全く認められない。これでは城郭施設と断定するわけにはいかない。

　それでは溝状遺構①は、どのような性格の遺構なのであろうか。神社境内の区画用の溝、神界
・限界を区画する結界等々の可能性が考えられる。それにしても上幅６m、長さが２３mもあり、
大規模すぎる。十分城郭用の堀として通用する。

　天神山砦は尾根続きを遮断していないという致命的な欠陥が存在する。しかし城郭ではないと
断定もできないため、候補遺構として態度を保留したい。

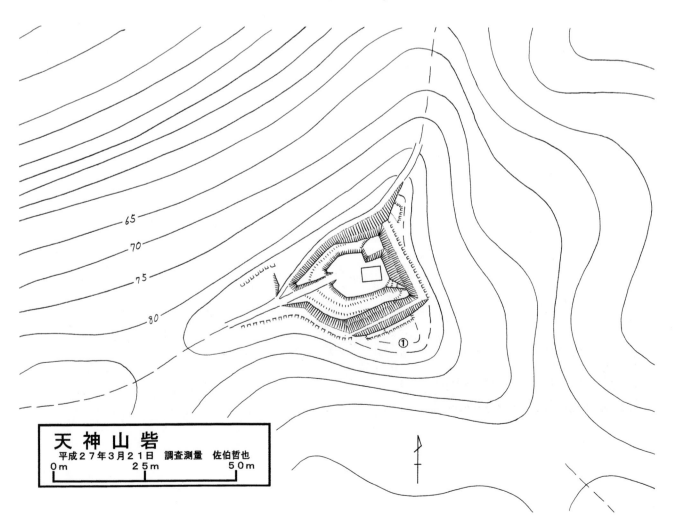

天 神 山 砦
平成２７年３月２１日　調査測量　佐伯哲也
0m　　　　　25m　　　　　50m

52. 砥 山 城 (とやまじょう)

①福井市浄教寺　②－　③戦国期？　④戦国期？　⑤戦国期？　⑥朝倉氏？　⑦山城　⑧堀切
⑨ 60m × 30m －　⑩標高 435 m　比高 33 m　⑪ 7

　　砥山(465.1m)の南西に派生した枝峰頂部に位置する。福井県遺跡地図によれば、「種別　生産
・城跡　　時代　中世」と記載されている。
　　尾根が細くなった部分に、小規模な堀切を設けて敵軍の進攻を遮断している。明確に城郭遺構
と判断できるのは、この堀切だけで、他は全て自然地形である。筆者には当遺構を城郭と断定す
る自信はなく、従って候補遺構とさせていただいた。
　　仮に城郭遺構ならば、一乗谷川左岸丘陵遺構群にも当遺構と同型のものが多数存在しているた
め、朝倉氏が 16 世紀に構築したという仮説が成り立つ。当遺構からは、金谷集落や一乗谷に繋
がる街道を眼下に見下ろすことができるため、その可能性は高い。
　　しかし、堀切は江戸期に境界線としても使用されていることが確認されている。ここでは即断
せず、城郭・境界線の両方の可能性を記載しておくこととする。

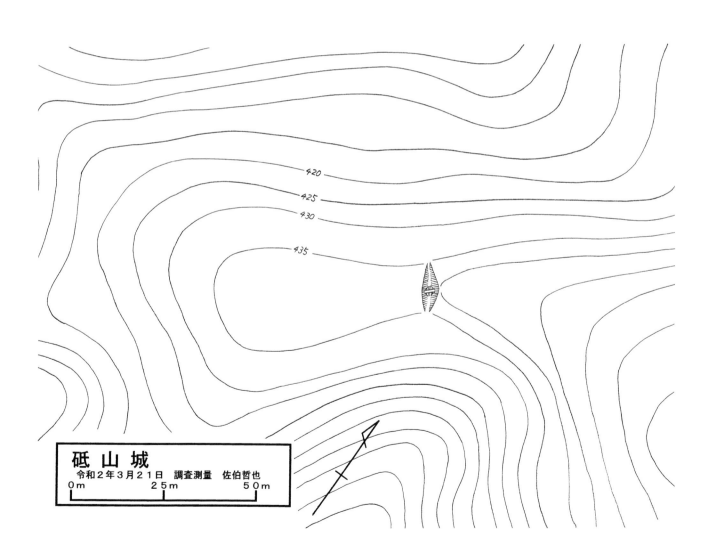

砥 山 城
令和2年3月21日　調査測量　佐伯哲也
0m　　　　　25m　　　　　50m

- 117 -

Ⅳ．城館類似遺構

53. 烏ヶ岳山頂遺構 （からすがだけさんちょういこう）

①福井市清水町坪谷　②−　③−　④−　⑤−　⑥−　⑦小堂跡？　⑧削平地・土塁・横堀
⑨ 15m × 15m　⑩標高 151m、比高 110 m　⑪ 14

　福井県遺跡地図には、「烏ヶ岳城跡　城跡　中近世」と記載されている。当該遺構は烏ヶ岳山頂に位置する。北・西・南側に土塁と横堀を巡らせ、平面形状はコの字形となっている。これは山頂に位置する神社施設に多数見られる遺構であり、風が強い山頂にあって小祠を強風から守る風除け施設と考えられる。当該遺構の土塁・横堀もこれに該当すると考えられる。横堀は土塁構築用の土を採取した跡であり、小祠周辺の景観を美化するために横堀として整えたのであろう。従って当該遺構は宗教施設に伴う遺構であり、城郭遺構ではない。

　山頂には烏ヶ嶽権現が祭られていたが、維持管理が困難となり、昭和初期に麓の寺武周西雲寺に下ろしたという（『清水町史下巻』清水町 1979）。コの字形土塁は、この烏ヶ嶽権現の跡と考えて間違いなかろう。土塁・横堀の方位を正確に東西南北にあわせているのも、宗教施設ということを示している。小祠を強風から守る有名な施設は白山山頂施設で、神社施設の周囲に石垣を構築している。「20．文殊山城」の別山遺構もその類で、こちらは土塁で囲っている。

　山頂の宗教施設は、近年維持管理ができなくなった結果、建物等移築できるものを山麓に下ろすことが多くなってきている。その結果、土塁や横堀だけが残り、城郭遺構に間違われることが多くなってきている。当該遺構はまさにこうしたケースである。今後こうしたケースが増加することが想像されることから、城郭遺構との区別を明らかにすることが必要になってこよう。なお、当該遺構は宗教遺構であるが、烏ヶ岳城は別地点に存在していた可能性も残る。そちらの調査も必要と言えよう。

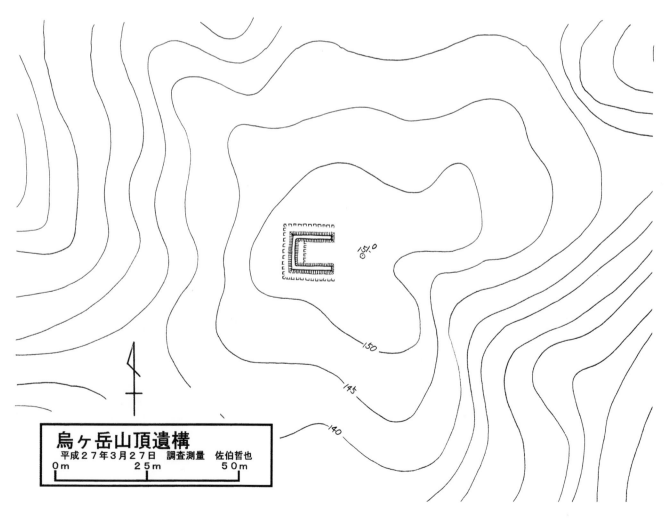

烏ヶ岳山頂遺構
平成27年3月27日　調査測量　佐伯哲也
0m　　　25m　　　50m

Ⅴ．特別論文

一乗谷城現存遺構の構築年代について

佐伯哲也

1. はじめに

越前朝倉氏代々の居城・一乗谷城で有名な防御施設は、なんといっても畝状空堀群であろう。畝状空堀群は一乗谷城だけでなく、戌山城にも大規模な畝状空堀群が存在し、朝倉氏城郭の特徴の一つにもなっている。

一乗谷城の畝状空堀群の構築年代は、元亀年間(1570 ～ 73)織田信長との抗争にあたり、朝倉氏が構築したとする考え方が支配的である。しかし筆者はこの考え方に否定的な見解を持っていた。従来の考え方は、畝状空堀群に注目するあまり、他のパーツにはほとんど注目してこなかった。確かに畝状空堀群は重要な防御施設ではあるが、縄張り全体の一つのパーツにすぎず、一つのパーツに注目するだけで正確な構築年代は判明しない。城郭全体の縄張りを解明することによって、正確な畝状空堀群の構築年代が判明するものと確信している。

拙稿では、年代がある程度判明する朝倉氏城郭を紹介し、年代における朝倉氏城郭の特徴を特定する。それらの縄張りと一乗谷城を比較検討することにより、一乗谷城の縄張り、そして畝状空堀群の構築年代を推定するものである。

2. 事例紹介

(1) 永禄年間(1558～69)の朝倉氏城郭

①加賀南部の朝倉氏城郭

朝倉氏は天文～永禄年間にかけて加賀一向一揆と抗争を繰り広げ、加賀南部(江沼郡・能美郡)に幾つかの城郭を築いている。その中である程度年代が判明する城郭が存在する。永禄10年(1567)12月、朝倉義景は足利義秋(義昭)の仲介により、加賀一向一揆と和睦する。和睦の条件として、加賀一向一揆は柏野・松山城(いずれも石川県加賀市)、朝倉氏は黒谷・日谷・大聖寺城(いずれも石川県加賀市)を破却する。つまり永禄10年の段階で、黒谷・日谷・大聖寺城は朝倉氏の城郭だったことが判明する。もっとも朝倉氏は加賀南部全土を制圧した時期もあるので、柏野・松山城も朝倉氏の城郭だった時期があるはずである。

慶長5年(1600)まで使用された大聖寺城は省略することとして、柏野(図1)・松山城(図2)・黒谷(図3)・日谷城(図4)の特徴を下記に記す。
a) 柏野城 意味不明の切岸・段が目立つ。虎口は明確でない。
b) 松山城 主郭の周囲に横堀を巡らす。土塁は構築していないが、虎口は明確。
c) 黒谷城 畝状空堀群を構築。虎口は明確でない。
d) 日谷城 曲輪の周囲に横堀を巡らす。虎口は明確でない。

上記4城は、虎口の明確・不明確、畝状空堀群を持つ城・持たない城、横堀を持つ城・持たない城、バラエティに富んでいる。ただし、いずれの城にも塁線土塁や、土塁で構築した虎口は残っていない。なお、日谷城は信長公記によれば天正3年(1575)織田信長の家臣戸次右近等を入城させている。現存遺構はこのときのものかもしれないが、いずれにせよ朝倉氏は、永禄10年段階において加賀南部の城郭で、塁線土塁や土塁を構築しなかったことは事実である。

②若狭における朝倉氏城郭

『国吉籠城記』によれば、朝倉氏は永禄6年(1563)若狭に進攻し、国吉城(福井県美浜町)を攻める。ところが城主の粟屋越中守勝久が堅守したため、朝倉氏は永禄11年まで国吉城を攻め続けることになる。

このとき朝倉氏が国吉城を攻める付城として築城したのが、中山の付城・狩倉城・馳倉城(いずれも福井県美浜町)であり、中山の付城が永禄7年、狩倉城・馳倉城が永禄9年の築城とされている。もっとも信長公記によれば、天正元年(1573)8月織田信長が落城させた朝倉氏城郭の中

で、「若州粟屋越中所へさし向ひ候付城」とあり、朝倉氏による国吉城攻めが天正元年まで継続されており、付城も存在していたことが判明している。この付城が中山の付城・狩倉城・馳倉城だった可能性は高い。この仮設が正しければ、中山の付城等に残る現存遺構の構築年代は、天正元年まで下る可能性を持つ。

　中山の付城（図5）は、塁線土塁を巡らし、土塁で構築した明確な虎口（以降、拙稿では土塁虎口と呼ぶ）を持つ。しかし虎口は櫓台で防御力を増強しているものの、枡形までには発達しておらず、ほぼストレートに入るものばかりである。この点、実質的には朝倉氏が元亀元年（1570）に築城した上平寺城・丈比城（いずれも滋賀県）の虎口は枡形状に発達しており、中山の付城の虎口は技術的には古い形状の虎口と言える。従って中山の付城の築城は元亀元年（1570）以前と言え、永禄7年（1564）築城は妥当と言える。

　狩倉城（図6）は、曲輪の周囲に横堀（一部二重）を巡らしているが、塁線土塁は巡らしていない。虎口は明確だが、土塁で構築しておらず、平虎口である。ただし、馬出曲輪を伴っている。

　馳倉城（図7）は塁線土塁を巡らし、土塁虎口を持つ。虎口①は櫓台で防御力を増強しているものの、ほぼストレートに入り、中山の付城と同型のものである。ただし虎口②は、土塁通路を付属させて長時間横矢が掛かるように設定している。明らかに技術的に進歩の差を認めることができる。虎口①は永禄9年築城当時のもので、虎口②はそれ以降の改修と想定することも可能であろう。

　以上見てきたように、元亀年間の朝倉氏城郭で顕著化する塁線土塁・土塁虎口、この2点が既に中山の付城・馳倉城で見られることに注目したい。これが永禄年間における若狭で使用した朝倉氏城郭の特徴である。なお狩倉城では上記2点は見られず、固定化した築城技術までには至っていなかったようである。

　岩出山砦（図8、福井県美浜町）は、永禄9年頃粟屋氏が築城した陣城とされている。しかし塁線土塁・土塁虎口、この2点が中山の付城・馳倉城と一致することから、朝倉氏城郭と推定したい。朝倉氏が放棄した後に粟屋氏が使用し、それが粟屋氏築城と誤伝されたのではなかろうか。

③小結

　元亀年間には顕著化する塁線土塁・土塁虎口、この二つの特徴は、永禄年間では固定化されておらず、該当する城、該当しない城が存在する。ただし、該当する城全てが若狭に存在するという事実は重要である。

　朝倉氏自体に二つの特徴を持つ縄張り思想が存在していたのなら、加賀南部の城郭にも、二つの特徴を持つ城が存在していなければならない。それが若狭にしか存在していないということは、朝倉氏自体に存在せず、若狭という地方に特徴があったことを物語る。つまり朝倉氏は、若狭地方に存在していた築城技術を自分の城郭に取り入れ、それをさらに発展させて元亀年間に近江で大々的に使用したと考えられよう。

（2）元亀年間（1570〜72）の朝倉氏城郭
①壺笠山城・一乗寺城

　元亀元年（1570）から朝倉氏は織田信長との全面対決、いわゆる元亀の争乱に突入する。朝倉義景は浅井長政と協力し、湖西を通って京都山科まで南下して入洛の機会をうかがっていた。当時摂津に出陣中だった信長は急遽京都に戻り、朝倉・浅井連合軍と対峙した。

　直接の対決を避けた朝倉・浅井連合軍は比叡山の後方支援を取り付け、9月24日「はちが峯・あほ山・つほ笠山」に陣取る（信長公記）。このときの「つほ笠山」が壺笠山城、「あほ山」が一乗寺城と考えられている（福島克彦「一乗寺城」『近畿の名城を歩く　滋賀・京都・奈良編』仁木宏・福島克彦編 2015）。朝倉氏重臣の山崎吉家書状（『発給文書』）には「同二十四日京表相越、於青山・将軍山、此方相図之煙揚之半」とあり、「青山」等で相図のため煙（狼煙か）を揚げたことが判明している。ちなみに両者の対峙はこう着状態に陥ったため、同年12月13日和議が成立し、朝倉・浅井連合軍は撤退する。

　壺笠山城（滋賀県大津市　図9　福島克彦氏作図　『近畿の名城を歩く　滋賀・京都・奈良編』吉川弘文館 2015 より転載）には、明確な虎口は存在するが、それは土塁で構築されておらず、

また、塁線土塁も構築されていない。一方、陣城には似つかわしくない石垣が残っている。当城には明智光秀が改修したという伝承も残っていることから、石垣は光秀が構築したのかもしれない。

　一乗寺城（京都府京都市　図10　福島克彦氏作図　『近畿の名城を歩く　滋賀・京都・奈良編』吉川弘文館 2015 より転載）は、塁線土塁・土塁虎口、この二つの特徴を備え持つ。さらに朝倉氏城郭の特徴の一つとされる畝状空堀群も構築している。遺構からも元亀元年朝倉氏築城として良いであろう。なお、前述のように同城から相図用の狼煙を上げていることが確認されている。しかし狼煙施設と思われる遺構が、地表面観察からは確認できないことは、重要な事実として捉えなければならない。

②長比城・上平寺城

　元亀元年（1570）6月、浅井長政は美濃・近江の国境に城郭を構築し、織田信長の通路を遮断する作戦に出る。『信長公記』元亀元年六月条には、「浅井備前越前衆を呼越し、たけくらべ・かりやす両所に要害を構へ候」とあり、朝倉氏技術指導により、たけくらべ（長比城）・かりやす（上平寺城）を築城したことが判明する。『信長公記』によれば、元亀3年7月朝倉義景は当初浅井長政の本拠小谷城に入城する予定だったが、「此表の為躰見及び、抱えへ難く存知」と築城レベルの低さに呆れ、より標高の高い大嶽城に入る。このような有様だから、浅井氏単独で長比城・上平寺城は築城できず、実質的には朝倉氏に築いてもらったのであろう。

　朝倉氏に築いてもらった長比城・上平寺城だが、城主堀秀村・樋口直房は調略により織田軍に寝返ってしまう。『信長公記』は「信長公御調略を以て堀・樋口、御忠節仕るべき旨請なり。六月十九日、信長公御馬を出だされ、堀・樋口謀叛の由承り、たけくらべ・かりやす取物も取敢へず退散なり」と記載する。浅井・朝倉氏の思惑とは裏腹に、長比城・上平寺城は調略によりあっけなく落城するのである。

　長比城（滋賀県米原市　図11）・上平寺城（滋賀県米原市　図12）の両城は、塁線土塁・土塁虎口、この二つの特徴を見事に備え持つ。特に虎口は単なる平虎口ではなく、土塁を喰い違いに配置して屈曲して進む枡形状に発達させている。また上平寺城には朝倉氏城郭の特徴の一つとされる畝状空堀群も構築している。上平寺城は京極氏の城郭として既に存在していたが、現存遺構は元亀元年朝倉氏改修として良いであろう。

　ここで注目したいのは、畝状空堀群の存在である。長比城・上平寺城はほぼ同時期に朝倉氏によって築城（改修）されていると考えて良い。両城共に塁線土塁・土塁虎口は存在するが、畝状空堀群は上平寺城にしかない。なぜ上平寺城にしかないのか筆者にもわからないが、元亀年間における朝倉氏城郭にとって畝状空堀群とは、必要不可欠な防御施設ではなくなっていたことは事実である。

③大嶽城・福寿丸・山崎丸

　元亀3年7月 29 日、朝倉義景は一万五千の大軍を率いて浅井長政の居城小谷城に入城する。しかし『信長公記』によれば、「然りといへども此表の為躰見及び、抱えへ難く存知」と築城レベルの低さに呆れ、「高山大づくへ取上り居陣なり」と標高の高い大嶽城に入る。勿論大嶽城は初期小谷城として大永5年(1525)から既に存在していたことが知られている。ただし、義景の大嶽在陣は同年12月3日まで及び、一万五千の大軍を率いて約4ヶ月間も在陣しているのだから、相当改修しているとみなさなければならない。なお、義景の大嶽入城は多少遅れ、8月2日とされている。

　『信長公記』によれば、義景退城後、大嶽城には番手として斉藤・小林・西方院五百人が籠城していたが、天正元年(1573)8月 12 日織田信長の攻撃により落城している。最終局面を向かえた朝倉攻めは、織田信長は大嶽城を最初の攻撃目標に定め、「先大嶽へ攻上、則内攻崩、悉討果候事」（「織田信長条書」『上越市史別編1上杉氏文書集一』上越市 2003）と落城させている。「内攻崩」とあることから、内応者がいたのかもしれない。

　大嶽城（滋賀県長浜市　図13）も塁線土塁・土塁虎口、この二つの特徴を備え持つ。特に虎口は単なる平虎口ではなく、内枡形虎口にまで発達させている。ただし、塁線土塁には一部石垣

が使用されている。管見の限り朝倉氏の陣城に石垣はほとんど存在しない。前述の壺笠山城ぐらいである。本国越前でもほとんど確認できない。逆に浅井氏は鎌刃城等に古くから石垣を導入していた。このようなことを考えれば、大嶽城には朝倉・浅井両氏の遺構が混在していると考えられる。

　大嶽城から南西に延びる尾根に、福寿丸・山崎丸が築かれている。『嶋記録』所収「浅井長政書状」（高田徹「越前朝倉氏築城術の一考察」『中世城郭研究』第27号　中世城郭研究会 2013）によれば、「義景去晦日（7月30日）御着城、知善院尾筋被寄陣候」とある。「知善院尾筋」とは福寿丸・山崎丸が位置する尾根と考えられ、従って福寿丸・山崎丸は元亀3年大嶽城の支城として朝倉氏が築城したと考えて良い。

　福寿丸（図14）・山崎丸（図15、いずれも滋賀県長浜市）は、小規模ながら完結した城郭である。塁線土塁・土塁虎口、この二つの特徴を備え持つ。特に虎口は単なる平虎口ではなく、内枡形虎口にまで発達させている。この特徴からも朝倉氏城郭として良いであろう。

④田上山砦・田部山砦・丁野城

　『信長公記』によれば、天正元年(1573)8月10日朝倉義景は二万の大軍を率いて、「与語・木本・たべ山」に陣取る。しかし同月12日朝倉方の大嶽城が陥落したことにより義景は退却し、さらに13日刀根坂の戦いで朝倉軍が大敗したことにより、朝倉氏の滅亡は決定的となる。13日に落城した朝倉氏城郭を『信長公記』では、「大づく・やけ尾・つきがせ・ようの山・たべ山・義景本陣田上山・引壇・志津が嶽・若州粟屋越中所へさし向ひ候付城共に拾ヶ所退散」と述べる。この中で明確に遺構を残すのは、大づく（大嶽城）・ようの山（丁野山城）・たべ山（田部山砦）・義景本陣田上山（田上山砦）・引壇（疋田城）・若州粟屋越中所へさし向ひ候付城（中山の付城等）である。大嶽城・中山の付城等は説明済みであり、疋田城は後述するので、ここでは丁野山城・田部山砦・田上山砦を説明する。

　『信長公記』に記載された「木本」は田上山砦、「たべ山」は田部山砦として良いであろう。前述の「織田信長条書」でも田上山砦・田部山砦は登場する。すなわち織田信長は「去十日江北小谷取詰候処、朝倉義景罷出、木本多部山陣取候条、小谷与敵陣之間取切候、義景及難儀候キ之事」と述べる。つまり義景が木本（田上山砦）・多部山（田部山砦）に陣取ったところ、小谷城と敵陣（田上山砦・田部山砦）の間を切り取ったため、義景は苦境に陥ったという。『信長公記』では、小谷城と田上山砦・田部山砦の間に位置する地蔵山を占拠したと述べている。そして信長は8月12日に「木本多部山与此方陣取之間、節所候条、先大嶽へ攻上、則内攻崩、悉討果候事」と述べる。

　このように田上山砦・田部山砦はペアで紹介され、共に重要な存在だったことが判明する。田部山砦はその後使用された形跡は無い。従って田部山砦の使用期間は8月10～12日の僅か3ヶ日間だったことが判明し、同時期の朝倉氏城郭を研究する上で指標となる城郭と言えよう。また田上山砦は、天正11年(1583)となったことで有名だが、義景の本陣としても使用されていたことが判明する。現存する田上山砦の遺構にも、義景時代のものが残っていることも考慮しなければならない。

　丁野山城は『信長公記』によれば、平泉寺玉泉坊が籠城していたが、これも8月12日に落城している。丁野山城の場合、二次史料だが元亀3年にも名前が見え、使用期間は1年間以上あったと考えられる。完成度の高い縄張りは、このためとも考えられよう。

　田上山砦（図16　滋賀県長浜市）の北側の曲輪にはL字形の外枡形、さらにその北側の外郭ラインにもL字形の外枡形が設けられている。これらは天正元年では出来すぎであり、やはり天正11年賤ヶ嶽合戦で羽柴秀長が本陣として使用したときの遺構とみなしたい。一方、高田徹氏は、A・B曲輪は、義景時代の遺構と推定しておられる（高田徹「賤ヶ嶽城塞群の評価に関する一考察」『賤ヶ嶽合戦城郭群報告書』滋賀県長浜市教育委員会 2013）。この部分にも塁線土塁・土塁で構築した明確な虎口、この二つの特徴を備え持つ。従って少なくともA・B曲輪部分は、天正元年義景時代の遺構としたい。

　田部山砦（図17　滋賀県長浜市）は一次史料により、朝倉氏城郭が確実な城である。塁線土塁・土塁虎口、この二つの特徴を備え持つ。意味不明の段、削り残しの段が各所に残るのは、や

はり使用期間が僅か三日間だったことを如実に物語る。

　丁野山城（図 18　滋賀県長浜市）も塁線土塁・土塁虎口、この二つの特徴を備え持つ。虎口は上平寺城と同形の虎口を持っていることから、上平寺城改修と同時期（元亀元年）に朝倉氏によって改修されたことが推定される。さらに櫓台とセットで使用された内枡形虎口も残っていることから、天正元年までの複数回の改修も推定されよう。

⑤小結

　以上、元亀年間（天正元年）に朝倉氏の築城・改修が認められる城郭を紹介した。紹介した9城の内、壺笠山城を除く8城に、塁線土塁・土塁虎口、この二つの特徴を備え持っていることが判明した。従ってこの二つは、元亀年間（天正元年）に築城・改修する朝倉氏城郭にとって必要不可欠のパーツだったと言えよう。

　勿論虎口は単なる平虎口だったり、内枡形虎口といった違いはある。そして塁線土塁も主郭だったり、外曲輪だったりという違いはある。しかし塁線土塁を巡らして防御ラインを統一し、その延長線上に虎口を構築して、塁線土塁と虎口を連動させて、縄張り全体で防御しようとする考え方は完全に一致する。この考え方を元亀年間に朝倉氏はほぼ全ての城郭で実施しているのである。そこには朝倉氏の徹底された築城術を見ることができよう。しかし、この築城術を用いていないのが、現存する一乗谷城の遺構である。これは見逃してはならない、重要な事実である。

　一方、一乗谷城で重要な防御施設である畝状空堀群は、9城の内、わずか2城にしか残っていない。元亀年間において畝状空堀群は、もはや必要不可欠の防御施設ではなくなっていたことを示す。これも現存する一乗谷城の遺構の構築年代を推定する上で、重要な事実となろう。

（3）永禄年間以前～元亀年間に使用された朝倉氏城郭
①金ヶ崎城・疋壇城

　永禄年間以前に朝倉氏によって築城（使用）され、さらに元亀年間においても朝倉氏によって使用された城郭はどうであろうか。ここでは金ヶ崎城・疋壇城（共に福井県敦賀市）について紹介する。

　金ヶ崎城は南北朝期の軍忠状にも見え、16 世紀前半において敦賀郡司朝倉氏の重要城郭として使用されていた（『史跡金ヶ崎城跡保存活用計画書』敦賀市教育委員会 2017）。『信長公記』によれば、元亀元年(1570) 4 月 26 日織田信長の攻撃をうけ即日落城。城主朝倉景恒（中務大輔）は越前に退却する。

　その後の金ヶ崎城を詳らかにすることはできない。しかし天正3年(1575)の『越前国相越記』に敦賀城は登場するが、金ヶ崎城は登場しないこと、さらにその後の史料にも全く登場しないことを考慮すれば、天正元年(1573)朝倉氏滅亡とともに廃城になったと考えられよう。

　疋壇城（福井県敦賀市）も若狭国関所の要衝として古くから注目され、16 世紀前半において敦賀郡司朝倉氏の重要城郭として使用されていた。『信長公記』によれば、元亀元年(1570) 4 月 26 日織田信長の攻撃をうけ即日落城。織田方により城内にあった「塀・矢蔵」が破却されている。

　疋壇城はその後朝倉氏によって再び使用される。しかし天正元年(1573) 8 月 13 日織田軍の攻撃により再び落城する（『信長公記』）。『信長公記』によれば、8 月 13 日刀根坂の戦いで戦死した朝倉軍の部将の中に「引壇六郎二郎」の名が見える。恐らく疋田城主だったのであろう。

　金ヶ崎城（図 19）・疋壇城（図 20）の両城に塁線土塁・土塁虎口、この二つの特徴は全く見当たらない。もっとも両城は後世の改変を受けて消滅してしまった可能性を持つ。特に金ヶ崎城は、明治 42 年東宮（後の大正天皇）の行啓にあたり、かなり改変されたことが推定される。しかし主郭に古墳（円墳）が残っているように、戦国期においてあまり改修されず、遺構そのものが少なかったのも事実のようである。土塁は削平によって消滅しやすいが、虎口は残存しやすい。虎口すら残っていないのは、後世の改変で消滅したのではなく、従来から存在していなかったのではなかろうか。

　金ヶ崎城で目立つのは、尾根続きを遮断する大堀切と、その後方に位置する畝状空堀群である。堀切を迂回する敵軍を捕殺するために畝状空堀群を設けたもので、堀切と畝状空堀群が連動した見事な防御施設である。これほど明瞭に残っているのだから、曲輪群の削平が曖昧なのは、破壊

されて曖昧になったのではなく、当初から曖昧だったのであろう。とすれば、やはり塁線土塁・土塁で構築した明確な虎口も当初から存在していなかったと考えて良い。なお尾根続きには、離れ小島のように虎口状の土塁が残る。これは関所のようなもので、筆者が従来から述べているような曲輪に付属した虎口ではない。従って対象外の虎口遺構である。

　疋壇城で目立つのは、横堀と石垣である。破壊が激しく詳らかにできないが、主郭を取り巻く内堀と外郭を取り巻く外堀の存在が確認できる。しかし既に小学校やJR北陸本線によって大きく破壊されているため、詳細は不明である。それでも塁線土塁・土塁虎口は確認できない。

　現在石垣が各所に見られるが、その多くは後世の積み直しである。そのような中で、主郭東直下に残る石垣の一部は当時のものである。朝倉氏城郭で石垣はほとんど使用されていないことから、織田政権が一時的に使用して、石垣を導入したのかもしれない。

②小結

　以上、金ヶ崎城・疋壇城を紹介した。僅か2城だが、朝倉氏が永禄年間以前から使用し、元亀年間に至っても使用している城郭には、塁線土塁・土塁虎口が存在しない確立がきわめて高いことが判明した。

　なぜ元亀年間に使用するとき、塁線土塁・土塁虎口を設けないのか、筆者にもよくわからない。しかし戦国期の未熟な土木技術では、塁線土塁・土塁で構築した明確な虎口を設けるということは、新築に等しい大改修であり、既存の城を潰すに等しかったのではないかと推定される。それが由緒正しき名城であればなおさらのことであり、既存のまま使用せざるをえなかったのではなかろうか。それは塁線土塁・土塁虎口を持たない一乗谷城にも十分あてはまろう。

（4）天正元年（＝元亀4年）朝倉氏滅亡以降の可能性
①村岡山城・野津又城

　一乗谷城は天正元年（＝元亀4年）朝倉氏滅亡によって廃城になったわけではない。少なくとも翌天正2年(1574)まで前波吉継（桂田長俊）によって使用されていた可能性がある。従って現存遺構は、前波吉継により構築された可能性は指摘できる。その可能性について検証してみる。

　村岡山城（福井県勝山市　図21）は、天正2年北袋衆と呼ばれる一向一揆に加担する在地土豪集団によって築城された城である。

　従来の考え方として、塁線土塁及び土塁虎口は天正3年以降に柴田勝家方により構築されたと考えられてきた。しかし筆者は『越前中世城郭図面集Ⅰ』「10．村岡山城」の中で、虎口と畝状空堀群が見事に連動していることから、虎口と畝状空堀群は同時期に同一人物により構築されたと推定した。つまり現存する塁線土塁及び土塁虎口・畝状空堀群は天正2年北袋衆が構築したと考えて良い。北袋衆の中に朝倉氏重臣の嶋田氏も含まれている。嶋田氏等の朝倉氏旧臣により塁線土塁及び土塁虎口等の構築技術がもたらされたのであろう。

　野津又城（福井県勝山市　図22）も天正3～4年に北袋衆と呼ばれる一向一揆に加担する在地土豪集団によって築城されたと考えられる。塁線土塁は存在しないものの、土塁内枡形虎口が存在する。つまり北袋衆は畝状空堀群と同時に、土塁で構築された明確な虎口を構築したのである。

②小結

　以上、村岡山城・野津又城を紹介した。僅か2城だが、畝状空堀群を構築すると同時に、塁線土塁及び土塁虎口を構築していることが判明した。このような事例からは、朝倉氏の築城技術が朝倉旧臣や在地土豪により継承されていたことが推定できる。とすれば、前波吉継が一乗谷城を改修したのであれば、畝状空堀群を構築したと同時に、少なくとも土塁虎口を構築したはずである。しかし一乗谷に土塁虎口が存在しないのは、吉継が一乗谷城を改修していないことを物語っているのであろう。

（4）中結

　以上、各地の事例を紹介してきた。まとめると下記のようになる。

①永禄年間（1558～69）の朝倉氏城郭

　加賀南部の朝倉氏城郭では、塁線土塁・土塁虎口、この二つの特徴を備え持つ城郭は存在しない。畝状空堀群を持つ城郭は一部存在する。

　若狭における朝倉氏城郭で、塁線土塁・土塁虎口、この二つの特徴を備え持つ城郭は、存在する城郭、存在しない城郭、この両方が存在する。ただし、畝状空堀群は存在しない。

　元亀年間に顕著化する塁線土塁・土塁虎口、この二つの特徴は、永禄年間では固定化されておらず、該当する城、該当しない城が存在する。ただし、該当する城全てが若狭に存在するという事実は重要である。朝倉氏は、若狭地方に存在していた築城技術を自分の城郭に取り入れ、それをさらに発展させて元亀年間に近江で大々的に使用したと考えられよう。

②元亀年間（1570～72）の朝倉氏城郭

　紹介する9城の内、8城に塁線土塁・土塁虎口、この二つの特徴を持つ。この二つの特徴は朝倉氏にとって必要不可欠なパーツであり、元亀年間の朝倉氏城郭で徹底された築城技術と言って過言ではない。若狭で試験実施した築城パターンを近江で大々的に導入したと考えられる。

　一方、一乗谷城で大々的に導入された畝状空堀群は、僅か2城でしか確認できない。既に必要不可欠な防御施設ではなくなっていたのである。

③永禄年間以前～元亀年間に使用された朝倉氏城郭

　朝倉氏が永禄年間以前から使用し、元亀年間に至っても使用している城郭には、塁線土塁・土塁虎口が存在しない確立がきわめて高いことが判明した。

④天正元年（＝元亀4年）朝倉氏滅亡以降の可能性

　天正2～4年にかけて築城された村岡山城・野津又城には畝状空堀群の他に、塁線土塁・土塁虎口が存在する。塁線土塁・土塁虎口が存在しない一乗谷城は、天正元～2年前波吉継（桂田長俊）によって改修された可能性は低い。

３．一乗谷城の縄張り

　一乗谷城の縄張りについては、「13．一乗谷城」で詳述したので、ここでは結果のみを記述する。筆者は「13．一乗谷城」の2－（4）で一乗谷城の縄張りをまとめた。本稿の該当箇所は下記のとおりとなる。

　e)尾根上曲輪群には、曲輪の周囲に巡らした塁線土塁や、土塁虎口は全く見られない。

　f)各曲輪間に堀切を設けて遮断している。しかし堀切の端部に通路状の平坦面を残しており、尾根全体までも遮断していない。

　g)居住区域とF・G・H・I曲輪及び畝状空堀群は、ほぼ同時に構築された可能性が高い。

　h)主郭J・K曲輪及び畝状空堀群はほぼ同時に構築された可能性が高い。

　i)主郭はJ曲輪（通称二ノ丸）。しかしI曲輪と比較しても、さほど身分差は感じられない。

　ここで一番重要なのは、e)あろう。元亀年間に新築あるいは改修された朝倉氏城郭において、塁線土塁や土塁虎口を設けるということは、ほぼ徹底された築城思想だったことが判明した。そして永禄年間以前から存在している朝倉氏城郭には、この二点の特徴は必ずしも存在していないことも判明した。一乗谷城に塁線土塁・土塁虎口の特徴が存在しないのなら、一乗谷城の現存遺構は当然永禄年間以前に構築されたと考えるのが、素直な解釈であろう。それは永禄年間以前から存在し、元亀年間も使用され続けた城郭（中結の③参照）に、塁線土塁・土塁虎口の特徴が存在しないことからも明白である。

　もっとも各パーツの構築年代が違い、F～M曲輪が先に（永禄年間以前）に構築され、畝状空堀群が後（元亀年間）に構築されたとする仮説も存在する。しかし筆者はf)・g)・h)から、一乗谷城の現存遺構は居住区域も含めて全遺構は、ほぼ同時期に構築されたものと推定した。仮に畝状空堀群を元亀年間に構築したのなら、それと同時に主要曲輪群には塁線土塁や土塁虎口も設けたであろう。元亀年間に畝状空堀群のみを設けるということは、紹介した事例から有り得ない話

である。

　紹介した事例は純軍事的な臨時城郭で、しかも一部将にすぎない人物が築城したので、朝倉氏の本拠である一乗谷城と比較するのはおかしい、という意見もあろう。しかし大嶽城は、当主朝倉義景が一万五千の大軍を率いて約四ヵ月間も籠城していることが確認されている。やはり当主が籠城すれば、塁線土塁や土塁虎口を設けるのである。それをしていない一乗谷城の現存遺構は、永禄年間以前とせざるをえないであろう。

　以上の理由により、ほぼ全ての現存遺構は、永禄年間以前に構築されたと推定したい。この推定が正しければ、全国の守護・守護代が天文〜永禄年間に山上に居住空間を求め、山頂に居住施設を備えた大規模城郭を築城（改修）したという事実と一致する。i）は守護・守護代の拠点城郭の特徴の一つであり、一乗谷城も守護・守護代が天文〜永禄年間に大改修したことの傍証となろう。

　それでは、なぜ朝倉氏は一乗谷城を天文〜永禄年間に大改修したのであろうか。それは戦国期になると戦争が大規模かつ熾烈化して、平地の居館では防御できなくなったと判断し、山上に居住施設を持つ居城を必要としたのであろう。さらに天文〜永禄年間は加賀一向一揆と本格的な戦闘状態に入り、国境線を破られ、越前国内に一揆軍の進攻を許す事態も発生している。このような危機感から、同時期に一乗谷城の大改修を行い、居住施設や畝状空堀群を備えた本格的な山城を構築したのではなかろうか。

　一乗谷城は天正元年（＝元亀4年）朝倉氏滅亡により廃城になったわけではない。少なくとも天正2年(1574)まで前波吉継（桂田長俊）が使用していた可能性がある。ほぼ同時期の天正2〜4年に在地土豪集団によって築城された村岡山城・野津又城には畝状空堀群の他に、塁線土塁・土塁虎口が存在する。塁線土塁・土塁虎口が存在しない一乗谷城は、天正元〜2年前波吉継（桂田長俊）によって改修された可能性は低い。吉継は改修せず一乗谷城に在城していたと考えられよう。もっとも吉継の一乗谷在城は天正元年8月から翌天正2年1月までの僅か6ヶ月間しかない。混乱期であったことも考慮すれば、改修の可能性はほとんど無かろう。

４．まとめ

　以上、一乗谷城現存遺構の構築年代について推定してきた。結論としては、居住区域・尾根上曲輪群・畝状空堀群等ほぼ全ての遺構を天文〜永禄年間に大改修したと推定したい。ただし、築城年代は不明である。これは発掘調査等の考古学的調査により判明されるものであり、今後の研究に期待したい。

　現存遺構が天文〜永禄年間であれば、朝倉氏は織田信長と本格対決を向かえた元亀年間に、なぜ一乗谷城に塁線土塁・土塁虎口を導入しなかったのであろうか。

　結論は保留したいが、朝倉義景は、こうもあっさりと織田軍が越前に進攻し、滅亡するとは毛頭思っていなかったのではなかろうか。『信長公記』によれば天正元年(1573) 8月10日朝倉義景は二万の大軍を率いて、田上山砦等に陣取る。つまり二万の大軍を国外に派遣するほどまだ余力があったわけである。当然国境線は厳重に防御され、少なくとも数年間は持ち堪えれるとかんがえていたのではなかろうか。戦線が国境線に後退した段階で一乗谷城を大改修し、塁線土塁・土塁で構築した明確な虎口を導入する予定だったのではなかろうか。一乗谷城に畝状空堀群を導入したのは、加賀一向一揆と本格的な戦闘状態に入り、国境線を破られ、越前国内に一揆軍の進攻を許したす天文〜永禄年間である。

　義景が田上山砦を退去したスキをついて織田信長は、刀根坂の戦いで朝倉軍を完膚なきまでにたたき、一挙に越前進攻を果たす。朝倉軍に防御態勢を立て直す暇を与えなかった信長の作戦勝ちといえるのではなかろうか。

　以上、長々と述べてきた。これは全て地表面観察が主体となっているため、仮説の範疇とさせていただきたい。

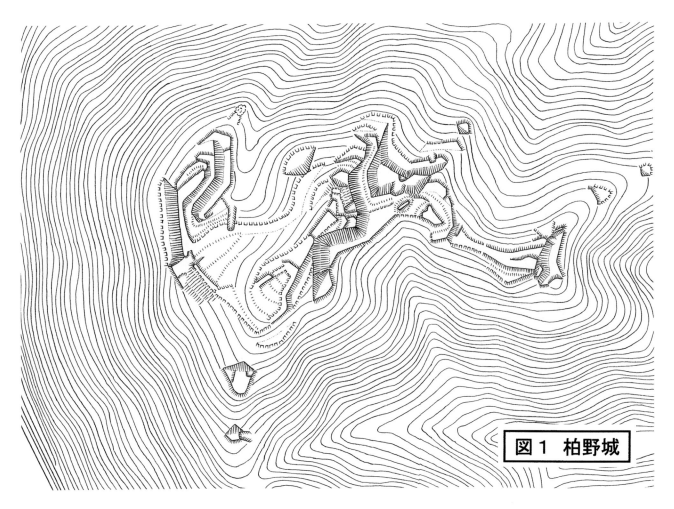

図1 柏野城

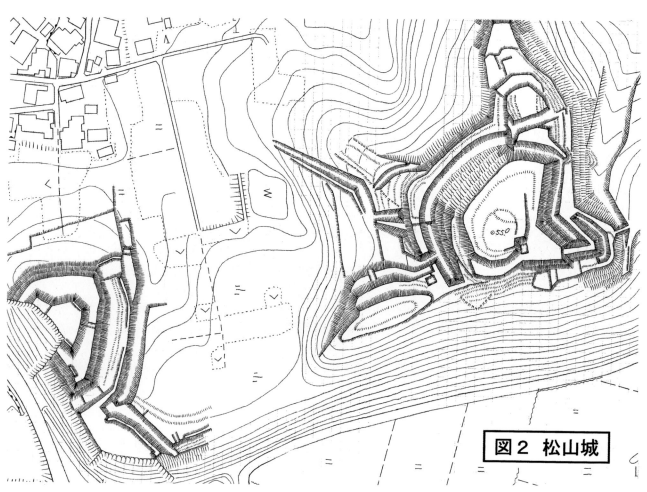

図2 松山城

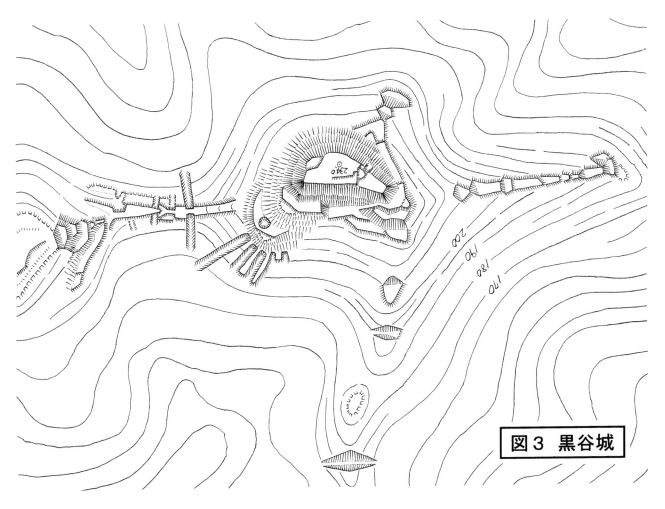

図3 黒谷城

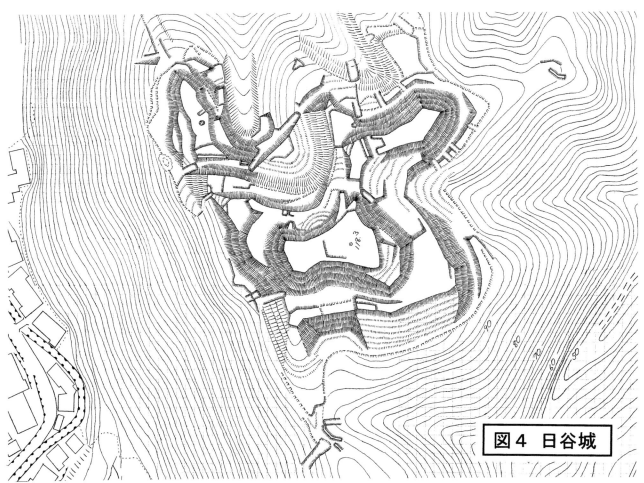

図4 日谷城

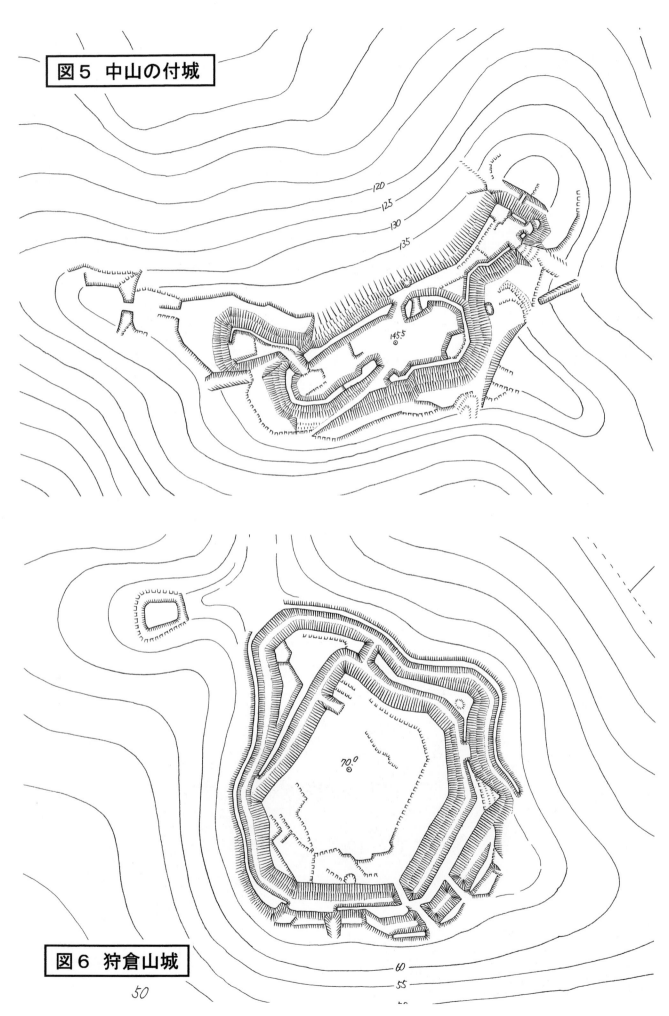

図5 中山の付城

図6 狩倉山城

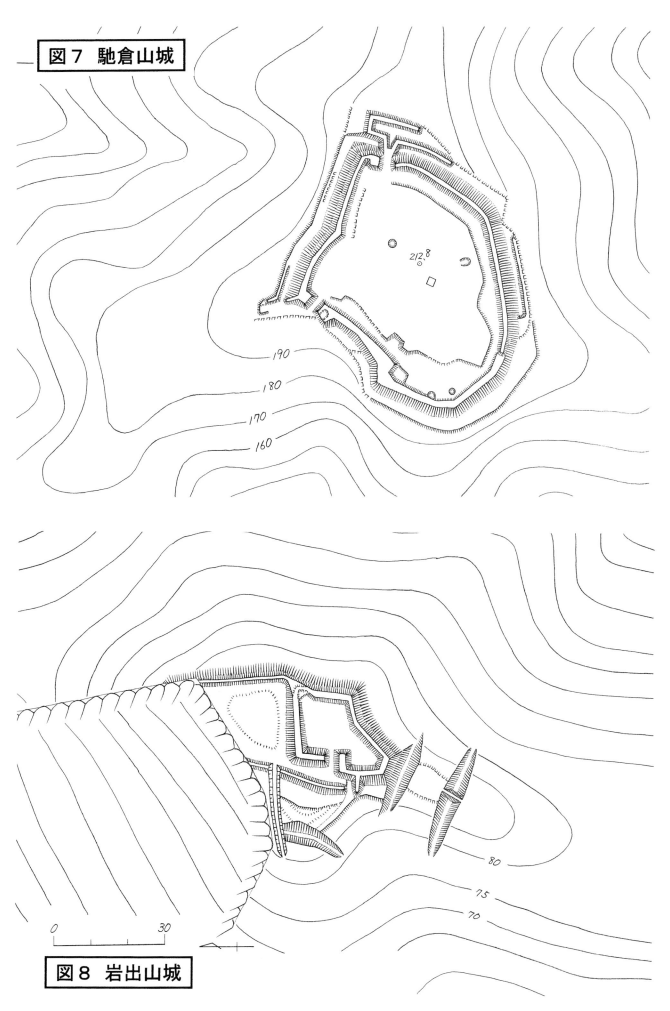

図7　馳倉山城

212.8

190

180

170

160

0　　　　　　　30

図8　岩出山城

80

75

70

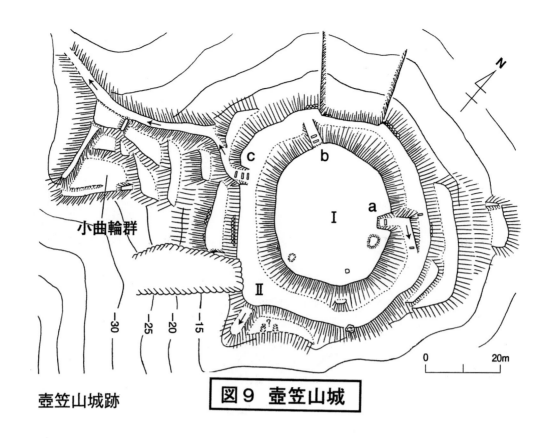

小曲輪群

壺笠山城跡

図9 壺笠山城

福島克彦氏作図
（吉川弘文館『近畿の名城を歩く　滋賀・京都・奈良編』「壺笠山城」より転載）

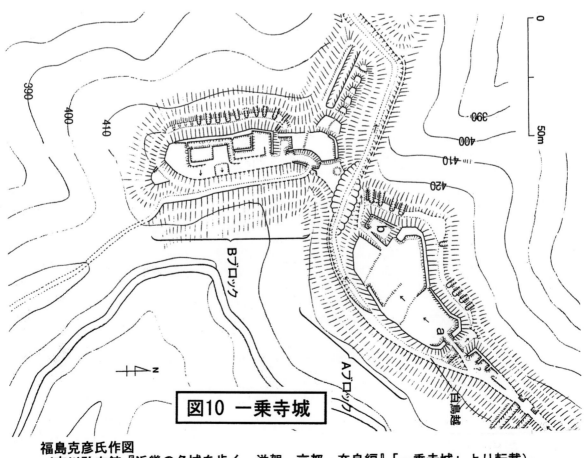

図10 一乗寺城

福島克彦氏作図
（吉川弘文館『近畿の名城を歩く　滋賀・京都・奈良編』「一乗寺城」より転載）

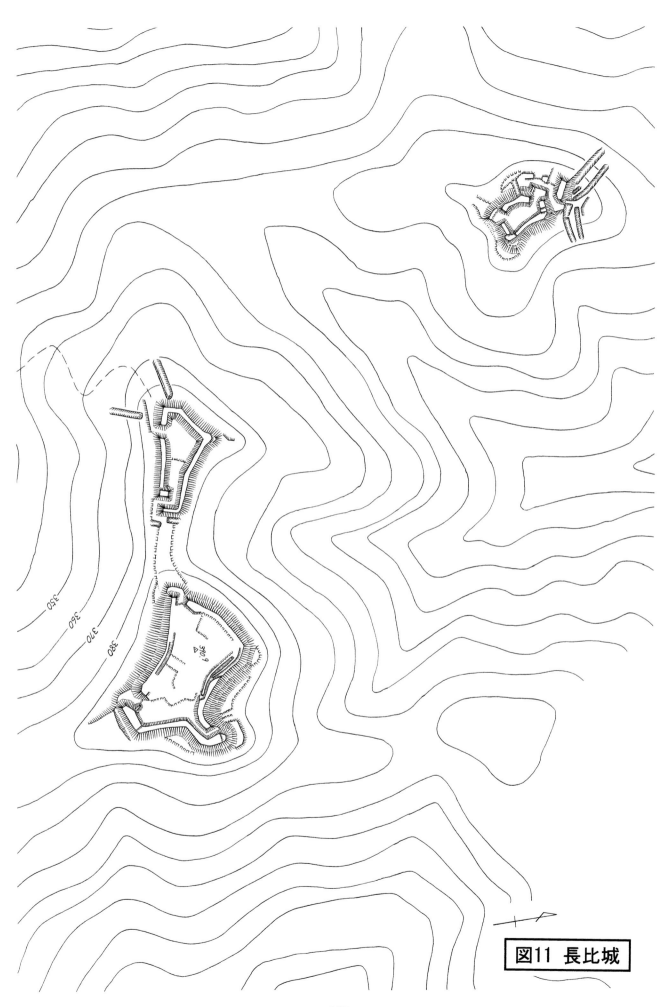

350
360
370
380
590.9

図11 長比城

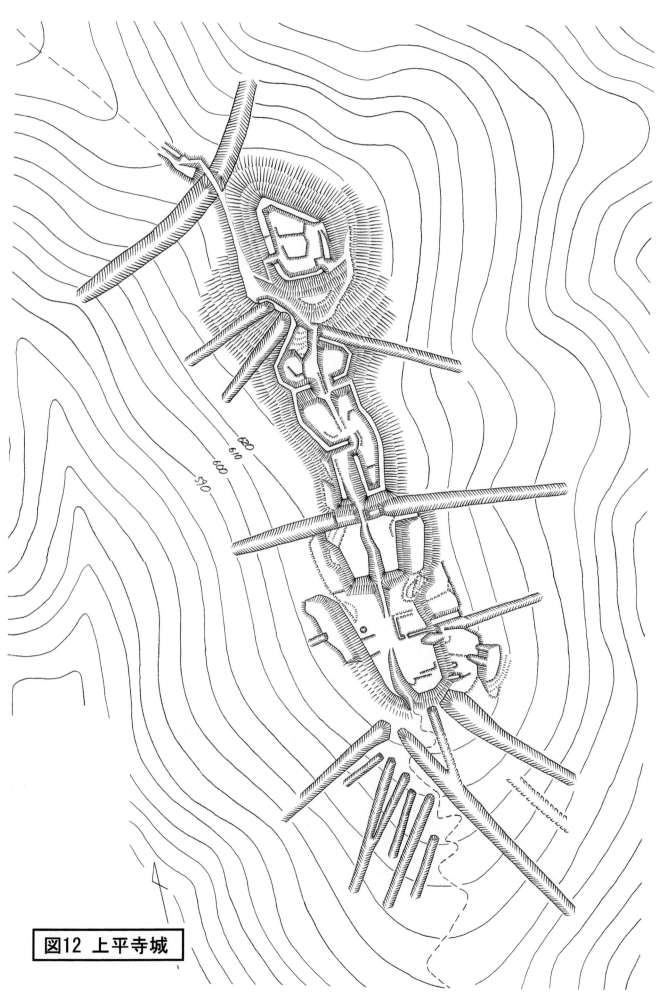

図12 上平寺城

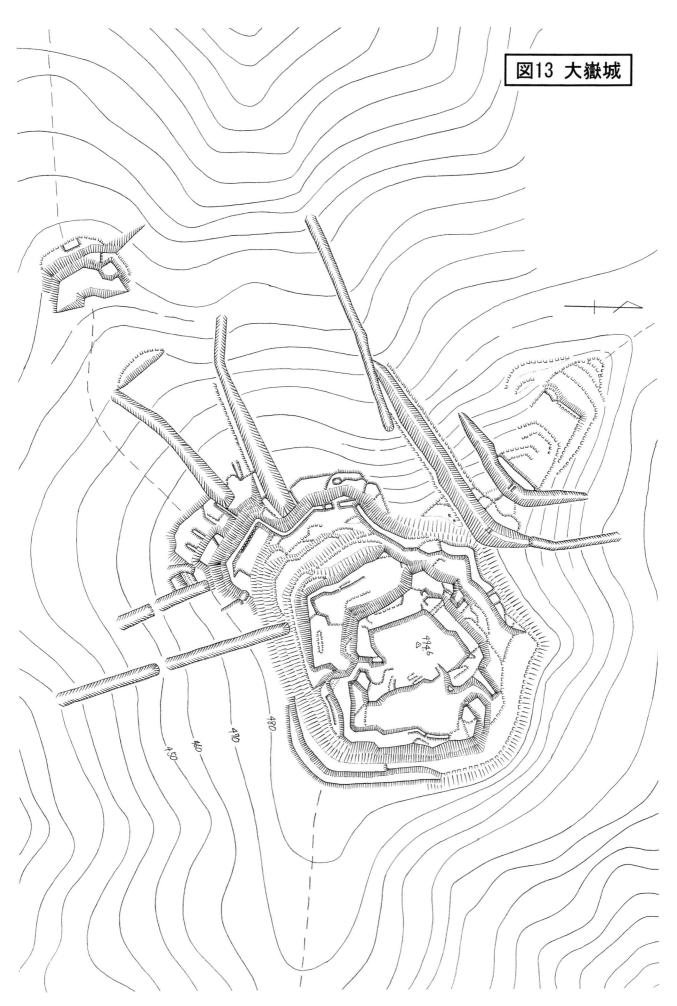

図13 大嶽城

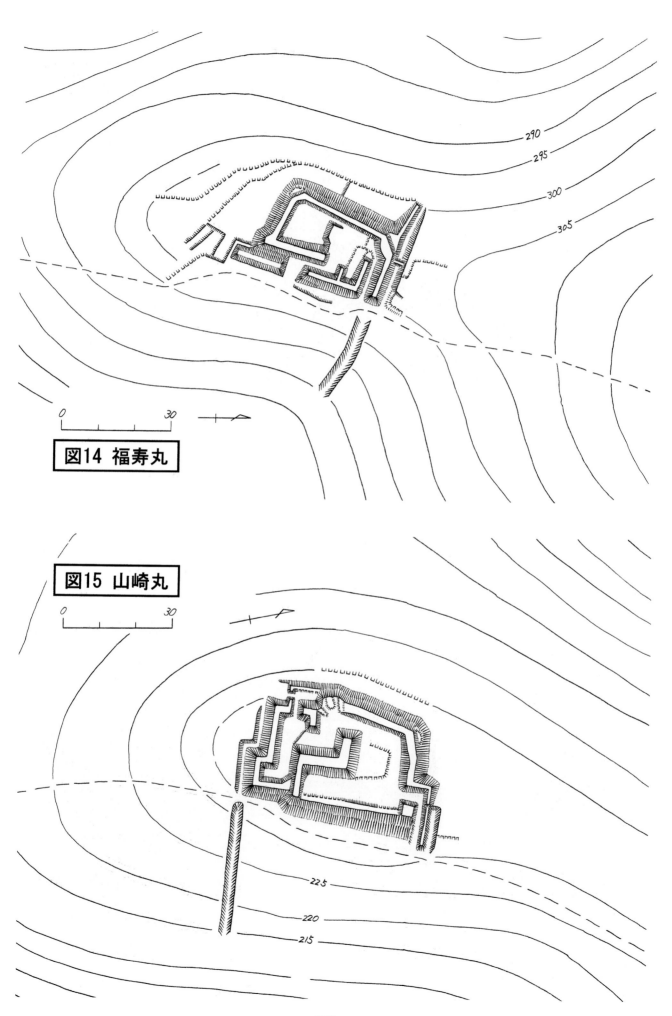

図14 福寿丸

0　　　　　30

図15 山崎丸

0　　　　　30

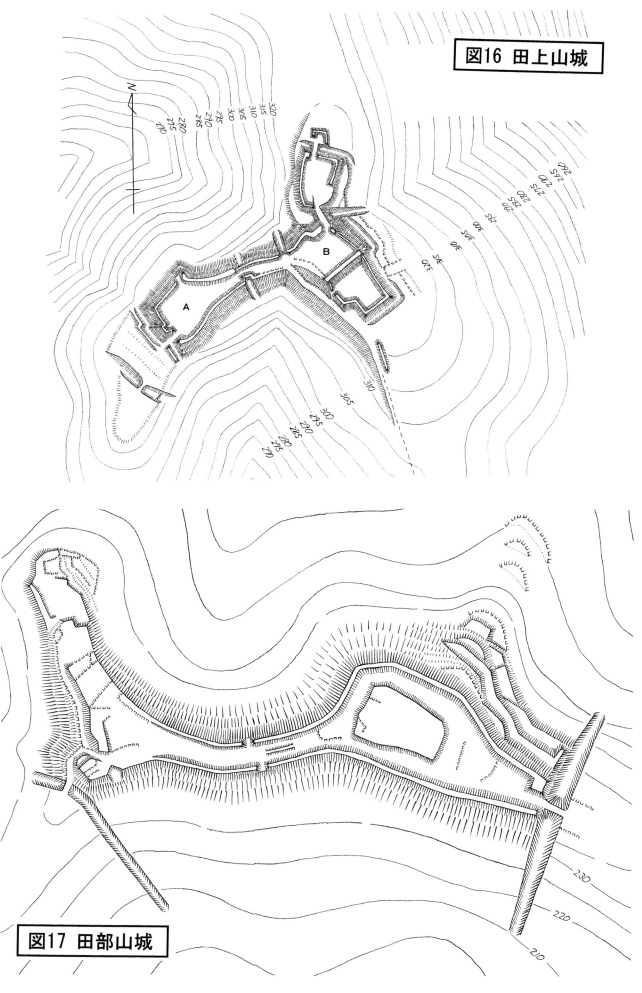

図16 田上山城

図17 田部山城

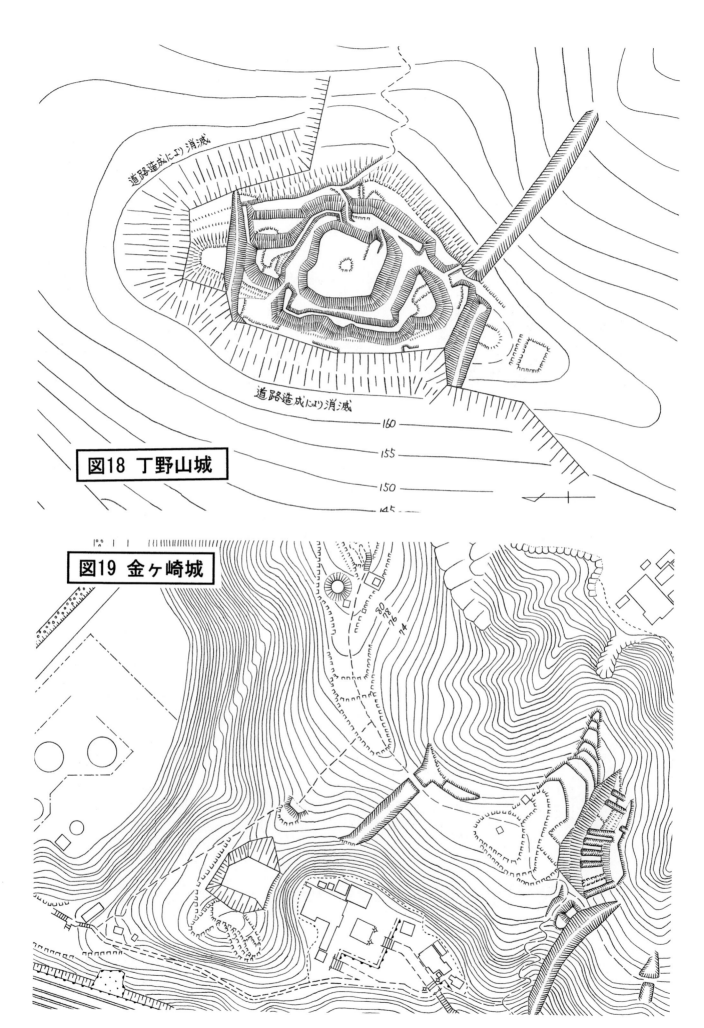

図18 丁野山城

道路造成により消滅

道路造成により消滅

160

155

150

145

図19 金ヶ崎城

80
78
76
74

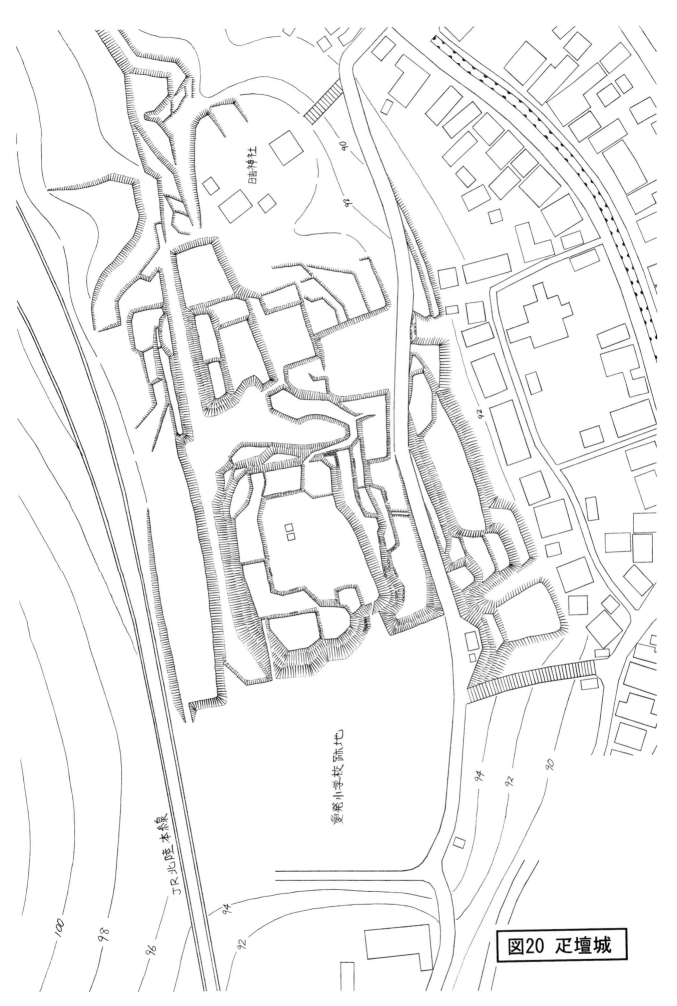

図20 疋壇城

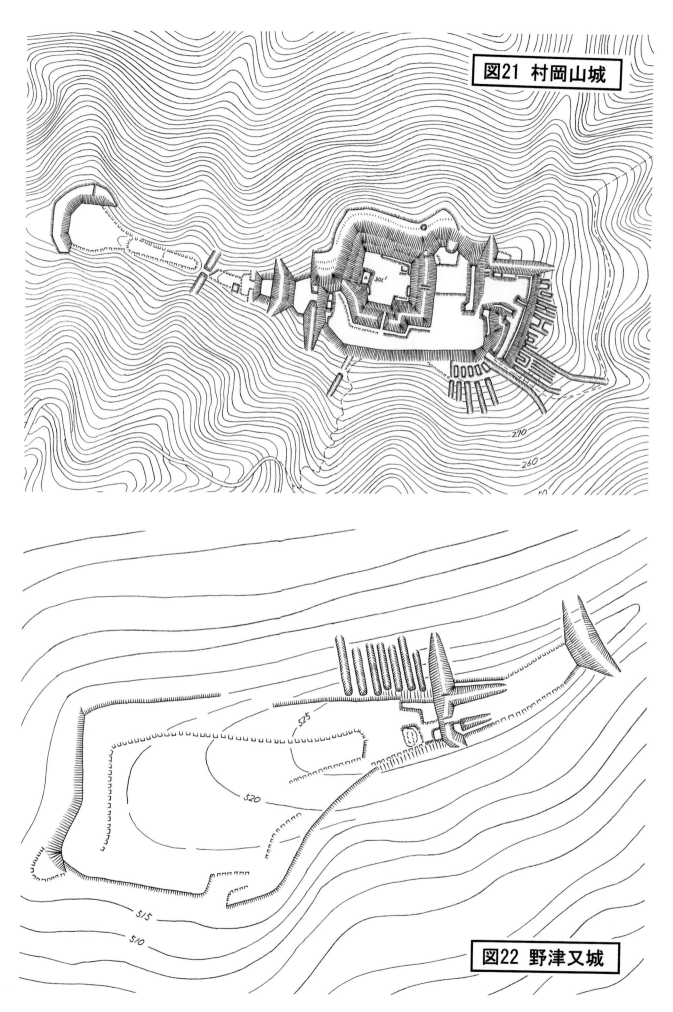

図21　村岡山城

図22　野津又城

VI．位置図

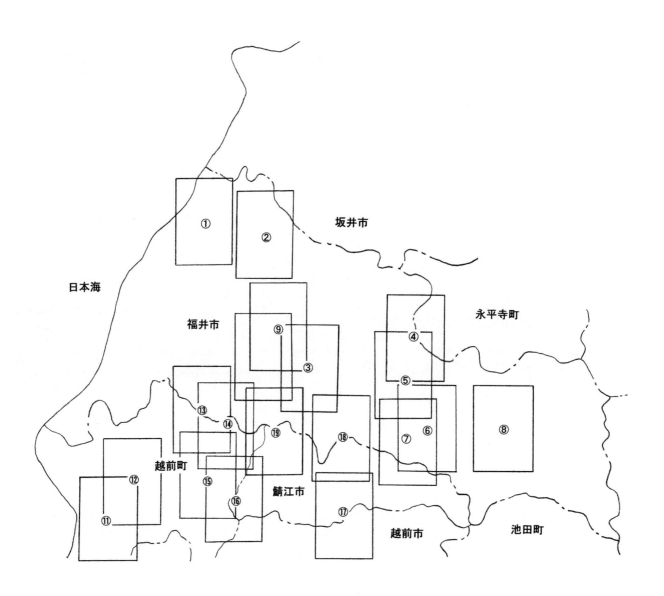

日本海

坂井市

福井市

永平寺町

越前町

鯖江市

越前市

池田町

① ② ③ ④ ⑤ ⑥ ⑦ ⑧ ⑨ ⑪ ⑫ ⑬ ⑭ ⑮ ⑯ ⑰ ⑱ ⑲

全 体 位 置 図

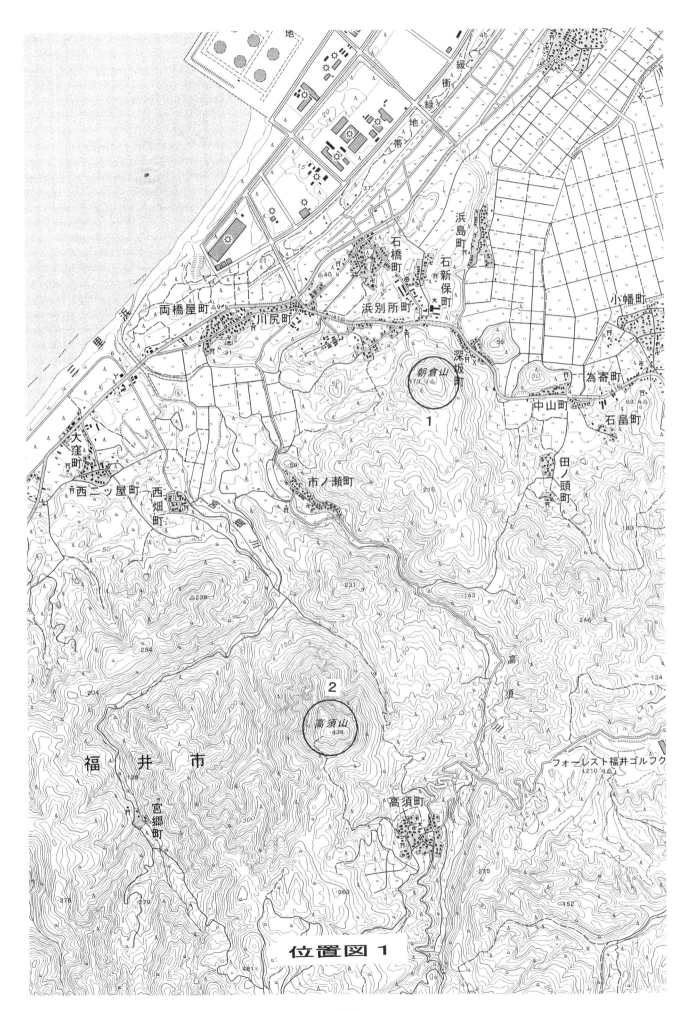

位置図 1

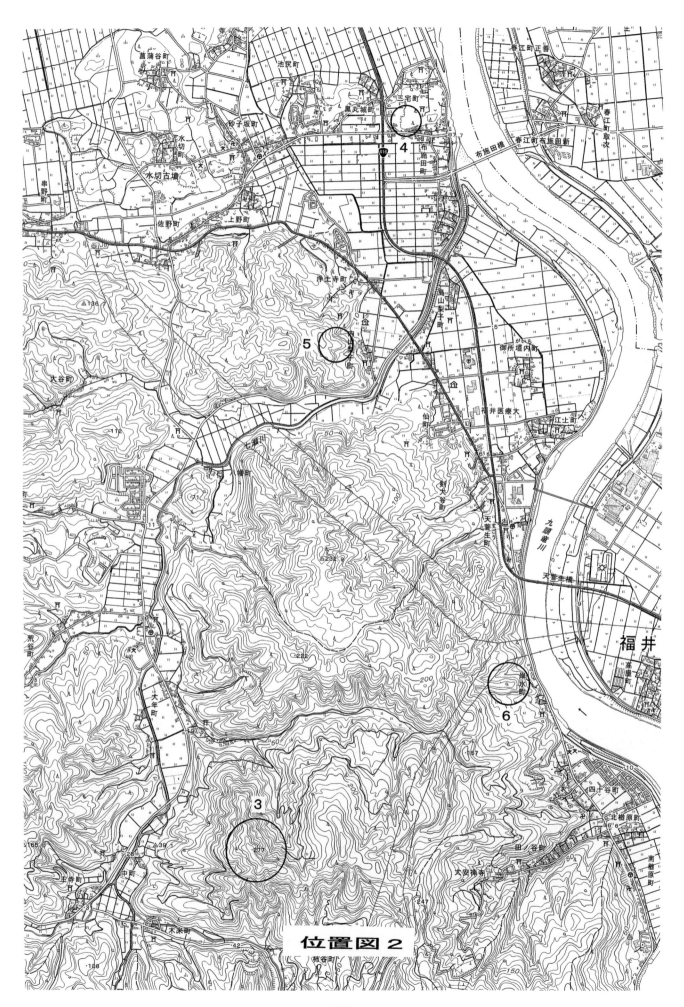

位置図２

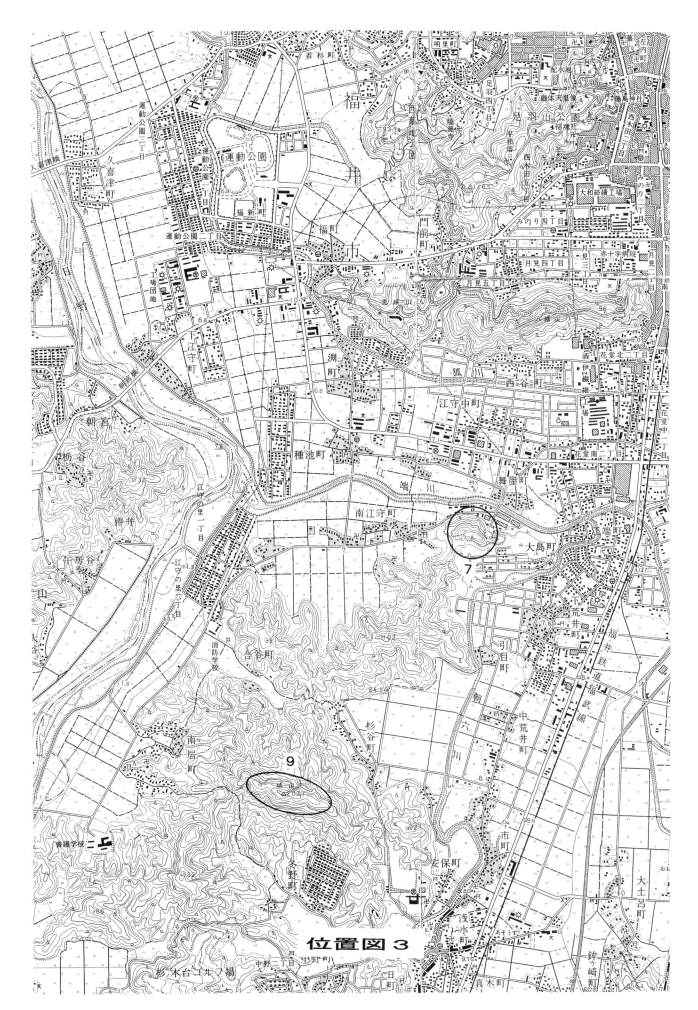

位置図３

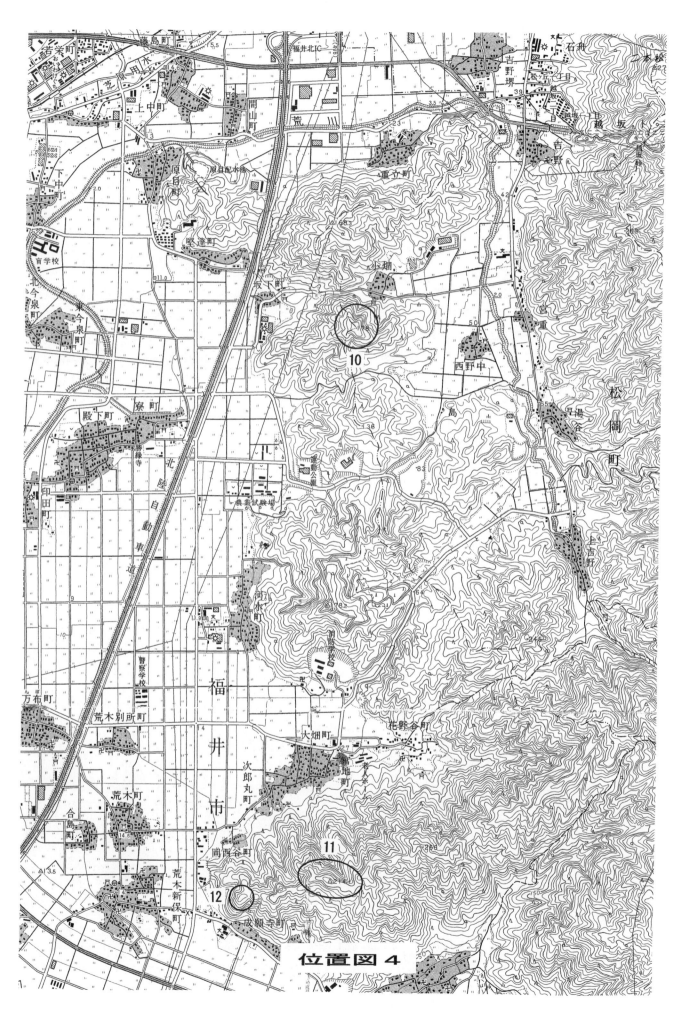

位置図 4

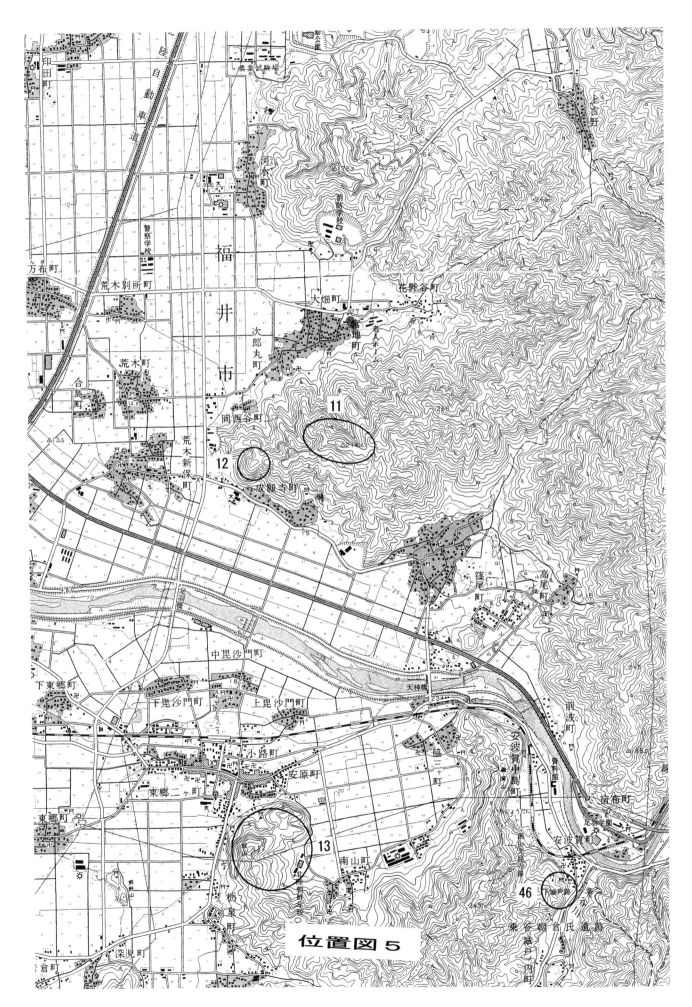

位置図5

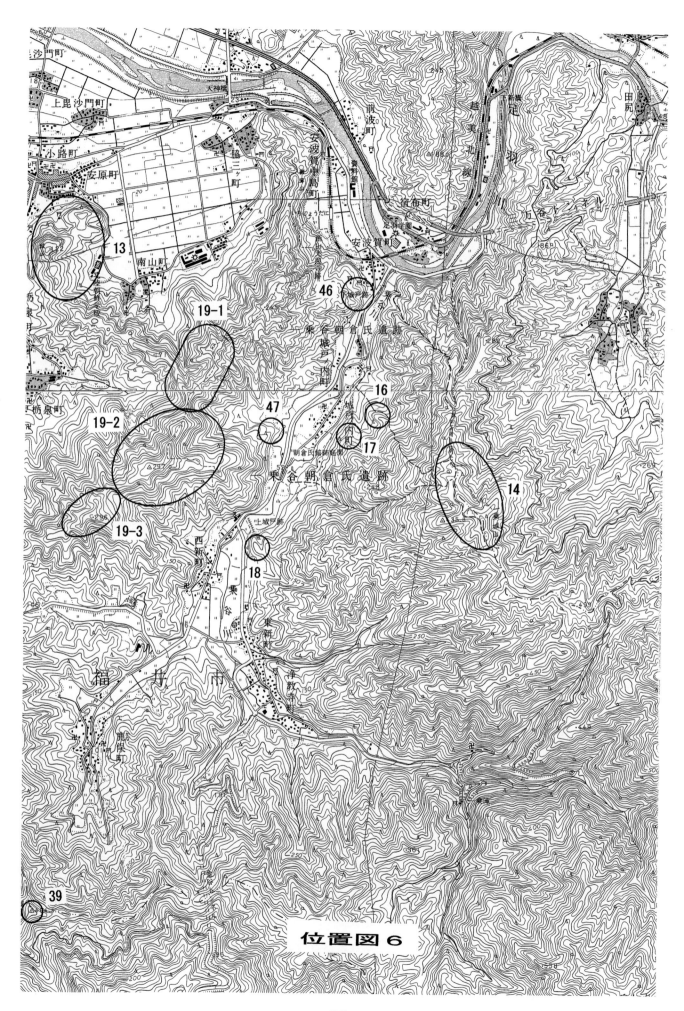

位置図6

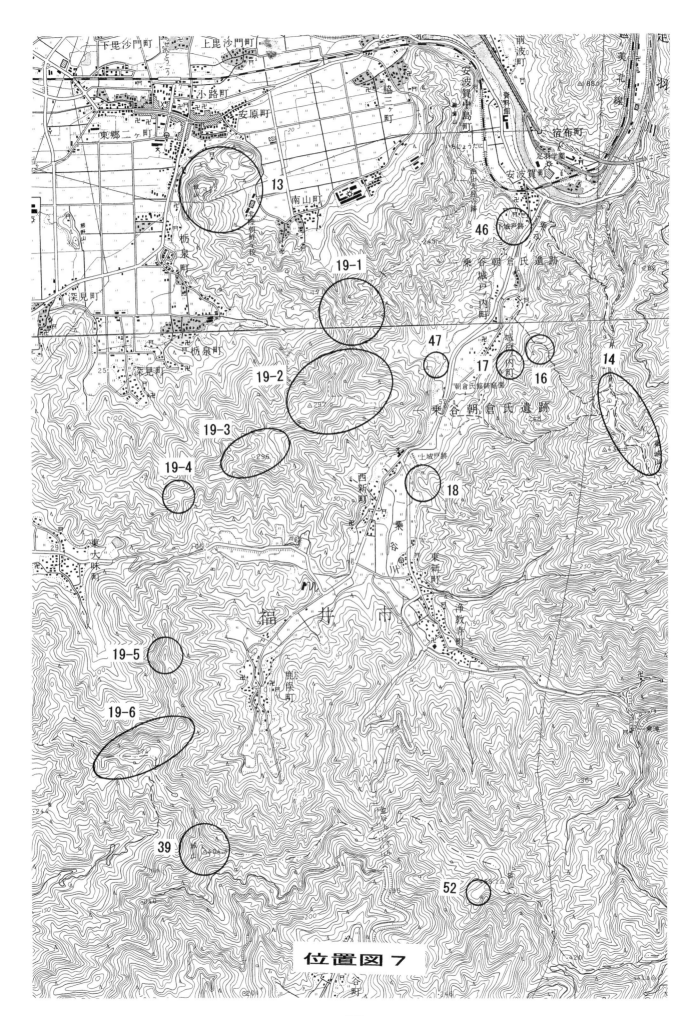

位置図7

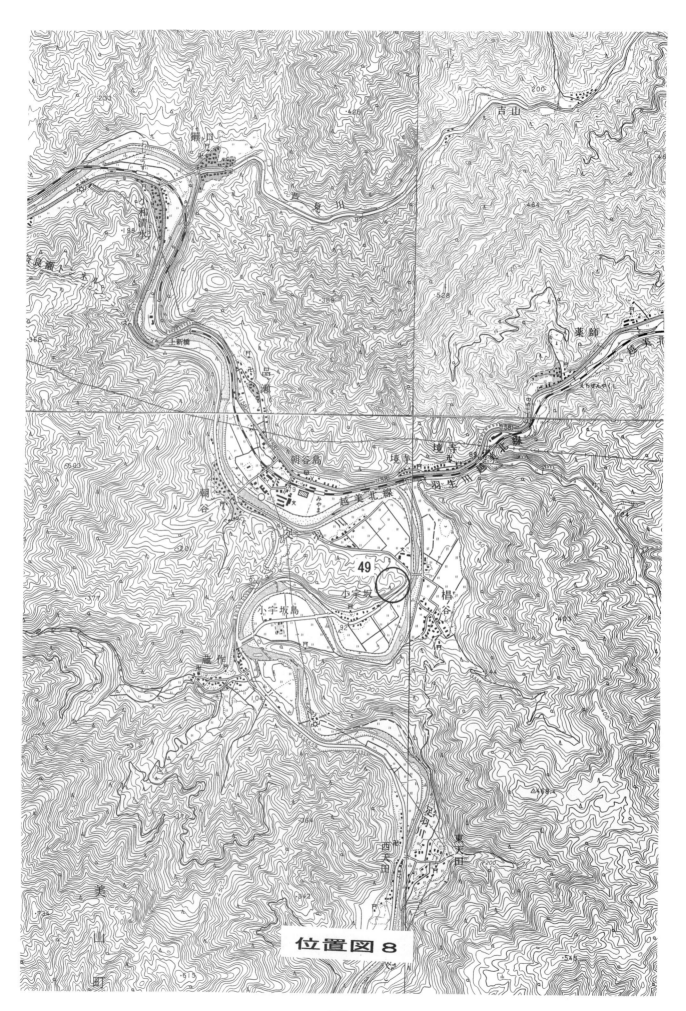

位置図8

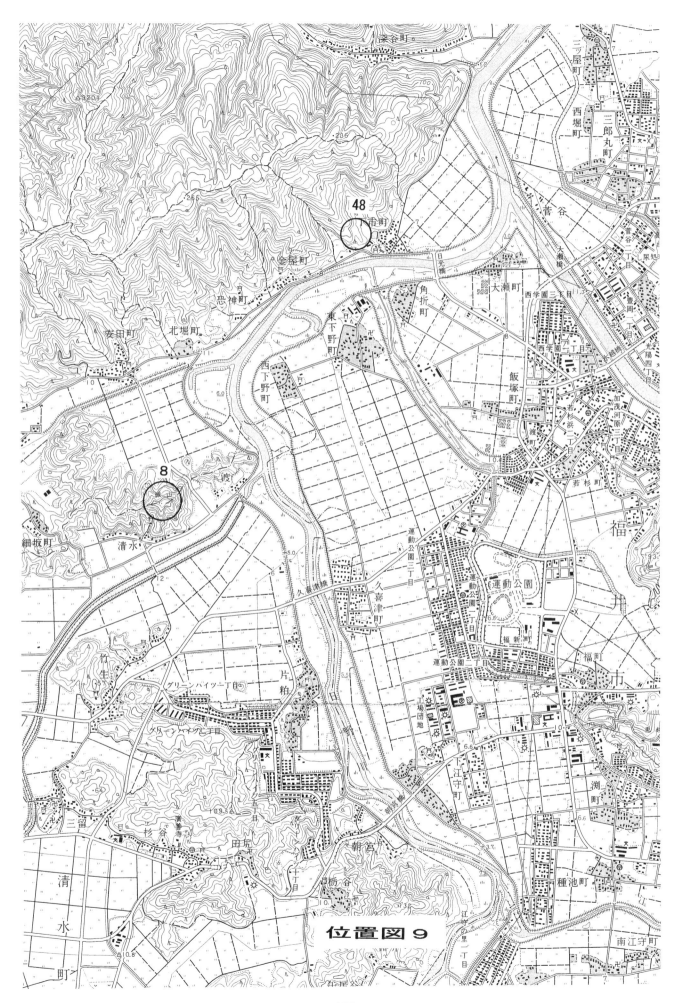

位置図9

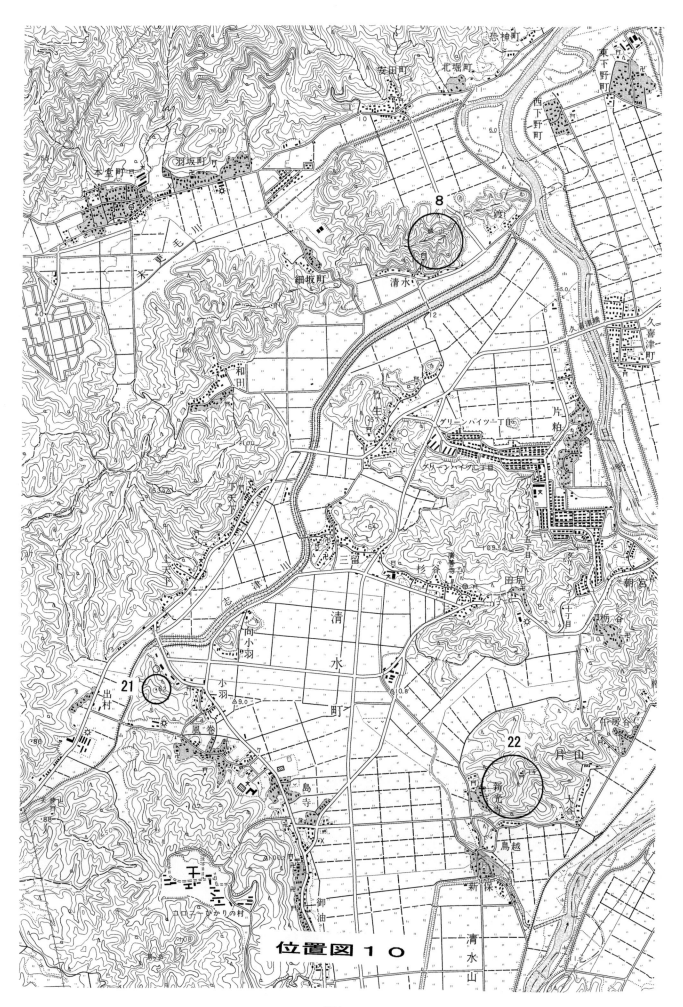

位置図１０

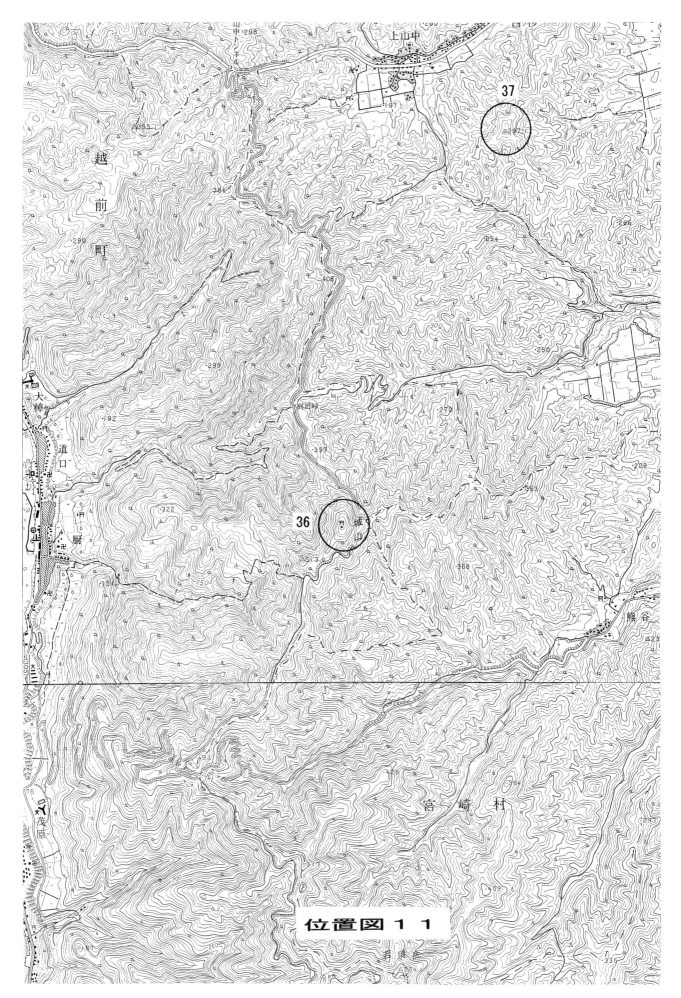

位置図１１

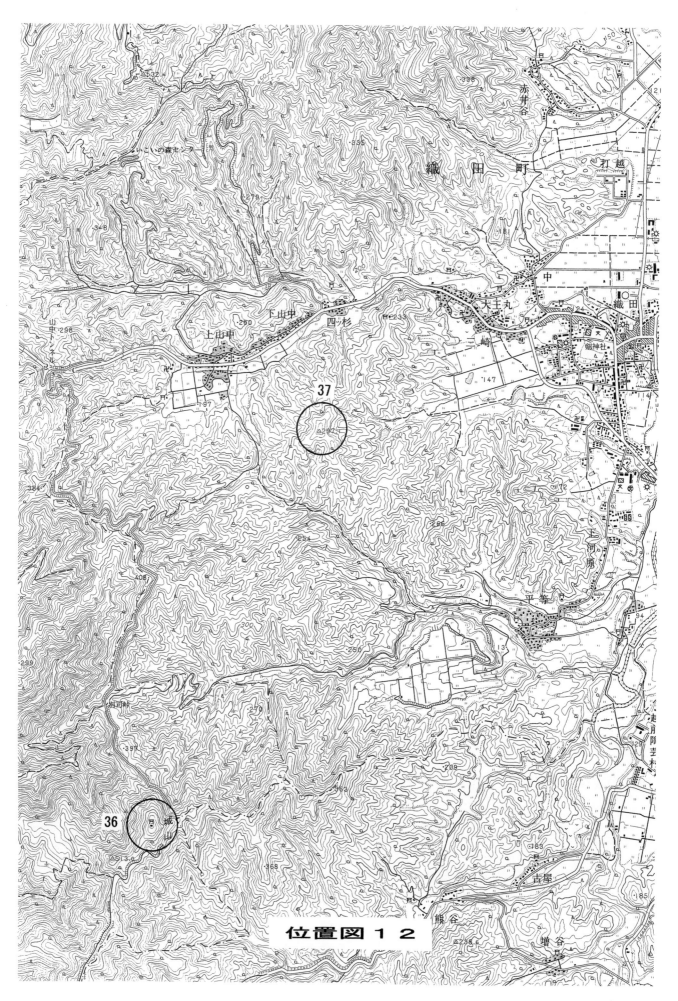

位置図１２

桂書房の本・ご注文承り書

3千円以上のご注文は送料サービス。
代金は郵便振替用紙にて後払いです。

書名	本体価格	注文○
ある近代産婆の物語	二、六〇〇円	
戦国越中外史	二、六〇〇円	
越嵐 戦国北陸三国志	二、六〇〇円	
越中富山 山野川湊の中世史	五、六〇〇円	
富山城の縄張と城下町の構造	五、〇〇〇円	
石垣から読み解く富山城	一、三〇〇円	
加賀藩を考える	二、〇〇〇円	
加賀の狂歌師 阿北斎	八〇〇円	
立山信仰史研究の諸論点	二、五〇〇円	
浄土と曇鸞	一、八〇〇円	
宗教・反宗教・脱宗教（岩倉政治論）	三、〇〇〇円	
堀田善衞の文学世界	三、〇〇〇円	
棟方志功・越中ものがたり	三、〇〇〇円	
越中萬葉と記紀の古伝承	五、五〇〇円	
富山の探鳥地	二、〇〇〇円	
水橋町（富山県）の米騒動	三、〇〇〇円	
女一揆の誕生	三、〇〇〇円	
北陸海に鯨が来た頃	三、〇〇〇円	
加賀藩前田家と八丈島宇喜多一類	三、〇〇〇円	
加賀藩社会の医療と暮らし	三、〇〇〇円	
加賀藩の十村と十村分役	一〇、〇〇〇円	
立山の賦―地球科学から	三、〇〇〇円	
越中史の探求	三、四〇〇円	

書名	本体価格	注文○
スペイン風邪の記憶	二、三〇〇円	
地図の記憶	二、〇〇〇円	
山姥の記憶	一、八〇〇円	
鉄道の記憶	二、四〇〇円	
有峰の記憶	一、八〇〇円	
おわらの記憶	二、四〇〇円	
となみ野散居村の記憶	二、四〇〇円	
蟹工船の記憶	二、五〇〇円	
越中の古代勢力と北陸社会	一、八〇〇円	
ためされた地方自治	二、五〇〇円	
越前中世城郭図面集Ⅰ	三、五〇〇円	
越前中世城郭図面集Ⅱ	三、五〇〇円	
越前中世城郭図面集Ⅲ	四、〇〇〇円	
若狭中世城郭図面集Ⅰ	四、四〇〇円	
棟方志功 装画本の世界	三、八〇〇円	
小矢部川上流域の人々と暮らし	三、〇〇〇円	
黒三ダムと朝鮮人労働者	二、〇〇〇円	
悪の日影 翁久允叢書1	二、〇〇〇円	
元禄の『グラミン銀行』	一、五〇〇円	
学校をつくった男の物語	一、五〇〇円	

ご注文者
住所氏名

〒　　　－

930-0190

（受取人）

富山市北代三六八三－一一

桂　書　房　行

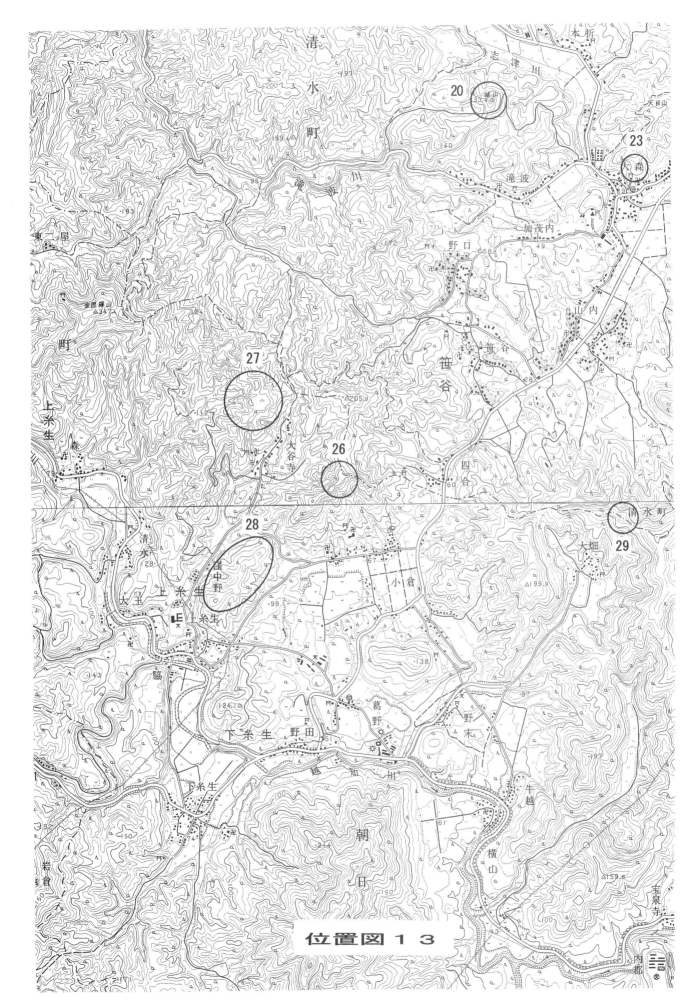

位置図１３

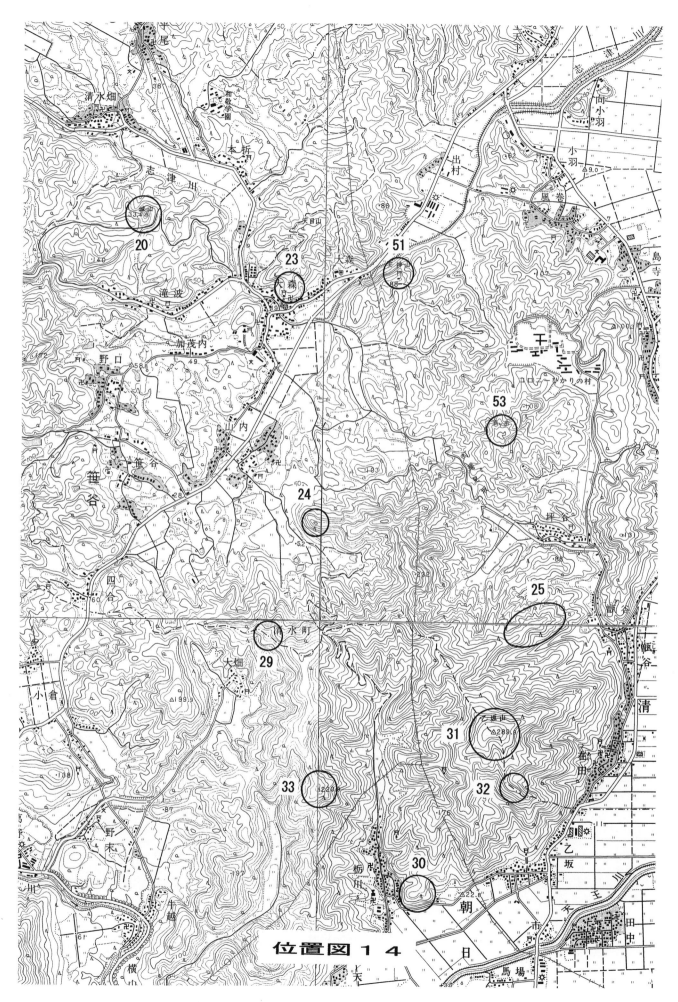

位置図１４

位置図１５

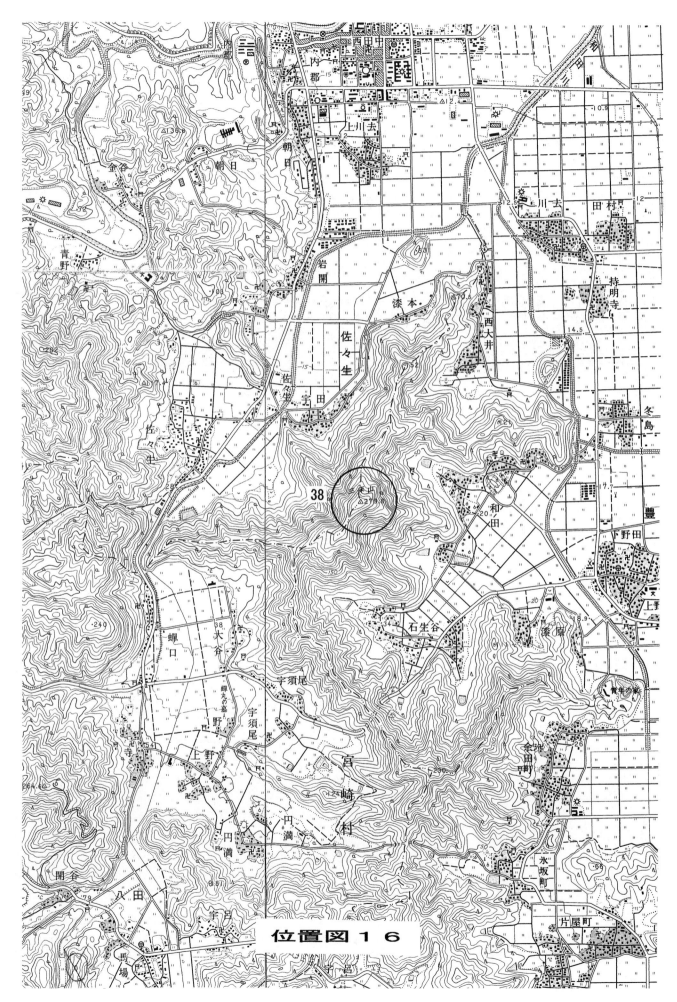

位置図１６

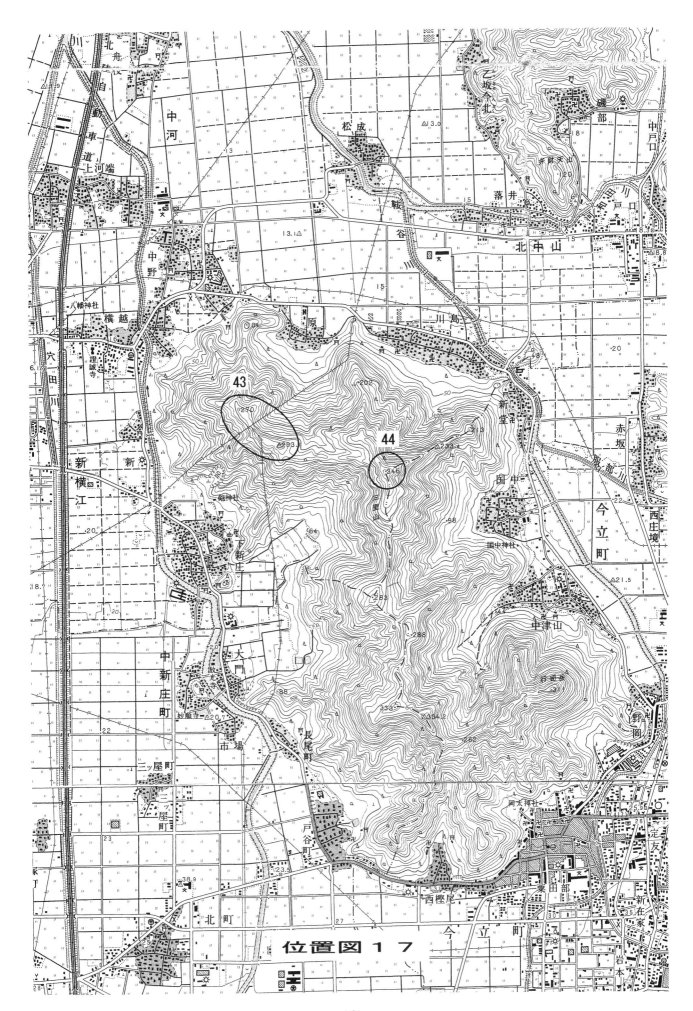

位置図17

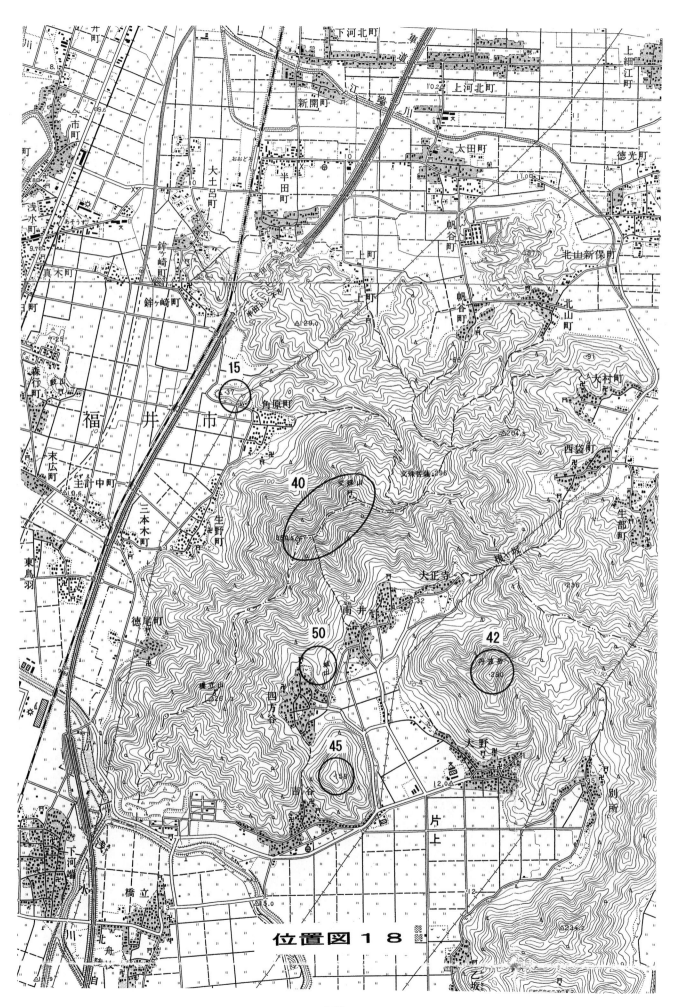

位置図１８

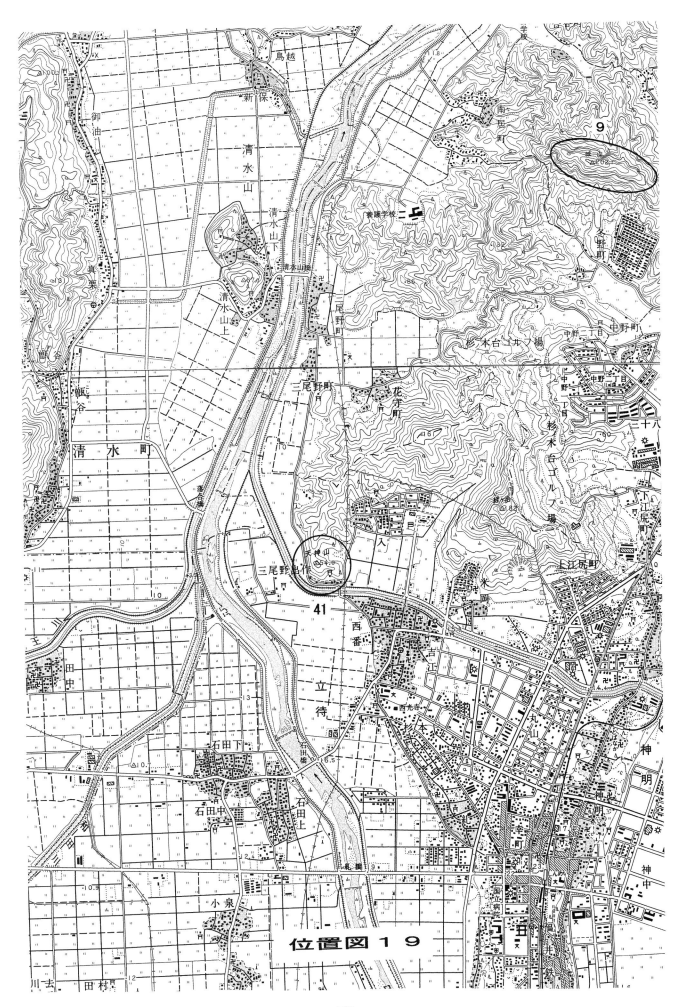

位置図１９

あとがき

　一年に一冊、という恐怖（？）のノルマを課し、無事図面集IIを発行できたことに安堵している。特に図面集IIは越前シリーズでも中核をなし、そして注目される地域となっている。それは言わずと知れた朝倉氏の本拠一乗谷城があるからだ。

　一乗谷城とその周辺は、北陸最強（と筆者は思っている）とされた朝倉氏の本拠であるがため、様々な説が入り乱れ、各城の位置・形状・性格等については諸説紛々としているのが実情である。その多くは昭和50年代の調査結果からさほど脱却せず、そのまま使用しているため、城郭の構造を正確に読み取っているとは言い難いものだった。

　このような曖昧模糊とした現状を打破するには、何はともあれ正確な現状把握が必要であり、一乗谷城周辺の山々を全て踏査した。全ての山々を踏査するには、足掛け30年の歳月を要した。2～3日程度入山して縄張図を書いたわけではないことを知ってほしい。その30年間の努力の結晶が本書である。万感の思いである。

　図面作成で迷ったのが、古墳の存在である。一乗谷周辺は古墳群の名所でもあり、多くの城は古墳群とラップする。その結果、城の数・広さ・形が既存図と大きく異なってしまったものがある。それは古墳群を城郭として再利用した痕跡が、地表面観察で確認できるかどうか、これが各研究者によって大きく見解が分かれているからである。顕著な例が成願寺城で、筆者が考える城域は、既存図の1／4程度でしかない。広く諸賢の意見を聞かせていただき、修正すべき点は修正していきたいと思っている。

　今回も既存の研究では城とされながら、単なる自然地形や古墳と考え、城から除外したケースがある。従って城郭数が大きく減少してしまった。しかし知ってほしい。筆者は『福井県の中・近世城館跡』及び『福井県遺跡地図』に記載されている城館全てを調査し、調査個所数は500ヶ所以上に及んでいることを。その中で城館と認めて良いものを本書に記載しているのである。決して調査不足や現地調査もせずに除外しているわけではないことを知ってほしい。

　朝倉氏城郭で最も注目される防御施設は、やはり畝状空堀群であろう。しかし畝状空堀群は朝倉氏の専売特許ではなく誰でも構築しており、どの時代でも使用している。つまり畝状空堀群のみに注目しても、構築年代は判明しないのである。朝倉氏は永禄・元亀年間において、加賀・若狭・近江でほぼ年代が確定する城郭を構築している。筆者はこれらの城郭を用いて一乗谷城の現存遺構（畝状空堀群含む）構築年代を推定した。その結果、既存研究成果と大きく異なってしまった。広く諸賢の意見を聞かせていただき、修正すべき点は修正していきたいと思っている。

　現在福井県は大河ドラマフィーバーで沸き立っており、恐らく本書が刊行される時は頂点に達していると思われる。それにより地元が活性化され、地元産業が大いに潤うことは大賛成であり、筆者も異論はない。このことは無名の城館が周知され、不慮の破壊から免れることにも繋がる。しかし明らかに史実と違った内容が過大に宣伝されていることも目立ってきており、さらに地元自治体が後押しをしているのだから始末が悪い。本書はこのようなお祭り騒ぎに流されず、あくまでも現地調査に基づいた事実のみで構成している。その結果、大河ドラマの内容と全く違った内容となっている部分もあることを、お断りしておく。

　他書だが、福井県の城の本を出すことになり、筆者は編者を務めることになった。全く異なった考え方で再調査する必要性を痛感していた筆者は、執筆陣にあえて若い研究者・県外研究者を多用した。これにより停滞していた福井県城館調査がリフレッシュし、再スタートすることを希望している。

　図面集IIを発刊できたことにより、越前図面集はヤマ場を越えたと言って良い。次は図面集III（越前市・南越前町・池田町・敦賀市）であり、筆者の目は既に若狭図面集・美濃図面集に向いている。いったい何時になったらヒマになるのであろうか。ヒマがないにもかかわらず、週2で登山をこなしている。イヤハヤ、大したもんである。自分で自分を褒めてやりたい。

　今回も多くの方にお世話になり、ご協力いただいた。そして桂書房代表勝山敏一氏には、筆者のワガママを全面的に受け入れていただいた。感謝・感謝しかない。今後も続くであろう（？）図面集発行のお願いに、ひたすら平身平頭する次第である。

筆者紹介

佐 伯 哲 也 (さえきてつや)

①昭和３８年１１月２３日　富山県富山市に生まれる

②昭和５７年４月関西電力株式会社に入社する。

③平成８～１５年、富山・石川・岐阜県の中世城館跡調査の調査員として各県の城館を調
　査する。

④北陸を中心として、全国の中世城郭を約２，０００ヶ所調査する。

⑤主な在籍団体
　　北陸城郭研究会（会長）　越中史壇会　富山考古学会　石川考古学会

⑥主な著書
　　越中中世城郭図面集Ⅰ～Ⅲ　能登中世城郭図面集　加賀中世城郭図面集
　　飛驒中世城郭図面集　越前中世城郭図面集Ⅰ・Ⅱ　戦国の北陸動乱と城郭

⑦現住所
　　富山県富山市小杉２１４３－６　　℡（０７６）４２９－８２４３

越前中世城郭図面集II 越前中部編
（福井市・越前町・鯖江市）

© Saeki Tetsuya 2020　ISBN 978-4-86627-088-3

定　価　二、五〇〇円＋税

初版発行　二〇二〇年八月一日

著　者　佐伯哲也

発行者　勝山敏一

発行所　桂　書　房
　　　　〒930-0103　富山市北代三六八三ノ一一
　　　　TEL 〇七六-四三四-四六〇〇
　　　　FAX 〇七六-四三四-四六一七

印　刷　株式会社すがの印刷

地方小出版流通センター扱い